江苏"十四五"普通高等教育本科规划教材
江苏省高等学校重点教材

课程设计与评价

(第二版)

主　编　顾书明
副主编　罗　刚　孙启进

南京大学出版社

图书在版编目(CIP)数据

课程设计与评价 / 顾书明主编. —— 2版. —— 南京：南京大学出版社，2023.7(2025.1重印)
ISBN 978-7-305-27212-7

Ⅰ.①课… Ⅱ.①顾… Ⅲ.①课程设计－高等学校－教材②课程评估－高等学校－教材 Ⅳ.①G423

中国国家版本馆CIP数据核字(2023)第140818号

出版发行	南京大学出版社		
社　　址	南京市汉口路22号	邮　编	210093

书　　名 课程设计与评价
KECHENG SHEJI YU PINGJIA
主　　编 顾书明
责任编辑 钱梦菊　　　　　　编辑热线　025-83592146

照　　排　南京南琳图文制作有限公司
印　　刷　丹阳兴华印务有限公司
开　　本　787 mm×1092 mm　1/16开　印张16　字数360千
版　　次　2023年7月第2版　2025年1月第2次印刷
ISBN 978-7-305-27212-7
定　　价　45.80元

网址：http://www.njupco.com
官方微博：http://weibo.com/njupco
官方微信号：njupress
销售咨询热线：(025) 83594756

* 版权所有，侵权必究
* 凡购买南大版图书，如有印装质量问题，请与所购图书销售部门联系调换

前言 PREFACE

为了适应教育部颁发的《教师教育课程标准》和《教师教育专业标准》等的要求,我们在"十二五"期间编写江苏省高等学校重点教材《课程设计与评价》并于2015年在南京大学出版社出版。该书出版以来,一直在江苏省内外众多教师教育院校使用并受到相关专业众多师生的欢迎。应众多院校和出版社的要求,我们对该教材进行了修订,并于2024年获评江苏"十四五"普通高等教育本科规划教材。

目前,大学教师教育专业的课程改革体现出以下特点:一是课程结构趋于合理。教师教育专业以通识通修课程、学科基础课程、学科专业课程、教师教育课程为课程平台,以必修课程、选修课程为课程形态,以"适切"为学分分配依据。二是课程内容不断优化。教师教育专业不断推动课程内容的基础性、全面性、先进性和实践性的发展。

与之相应的,其教材的改革发展思路自然应注重:其一,要依据高等教育改革发展以及教师教育课程改革的发展趋势,注重落实立德树人根本任务,追求能更贴近当代社会对大学生的能力和综合素养的发展需求以及当代大学生的个人发展及社会适应性需求,注重教材能体现教育理论知识的系统性与基础教育课程改革及当代教师专业发展趋势要求的结合;其二,注重理论实践的融合,注重学习者知识的提升与能力培养的结合,注重教师教育专业大学生的自主学习与教师引领指导的结合;其三,注重推动"教材"向"学材"的转变,注重推动从学科逻辑向问题逻辑的转变,注重课程学习中的问题讨论;其四,在教材的形式结构安排上,能注重课程学习目标的导引,注重学习中重、难点的指向和拓展问题的思考。

按照上述考虑,本教材的研究和修订坚持以习近平新时代中国特色社会主义思想为指导,强化课程思政要求,进一步致力于从教材的发展史中汲

取前人教材开发的智慧,以更好地发挥教材的信息源功能,从而为学习者选择和传递有价值的真实的信息;同时致力于更好地发挥教材结构化功能,以帮助学习者建构并梳理自己课程知识的结构化体系;进而致力于更好地发挥教材的指导性功能,以帮助学习者在相应的专业领域学会认知、学会做事、学会做人。本教材系统介绍了关于课程设计与评价的理论及实践知识,学习者通过学习能很好地理解和掌握课程设计与评价的基本原理,提高其课程设计与评价的理论水平,同时也能了解国内外课程改革实践的发展趋势,能初步学会分析现实中的课程问题,以提升课程设计与评价的方法素养及实践能力,同时推动其不断提升自己做好教育和课程工作的综合的专业品质。本教材每章设置了二维码,学习者可以获取本章配套的资料链接等学习资源,有利于学习者自主拓展学习。

  本书第一、二章由顾书明编写,第三、四、六章由罗刚编写,第五章由赵正新编写,第七章由王会亭、赵正新编写,第八章由张中迅编写,第九、十章由孙启进编写。在书稿修订的过程中,罗刚做了协助性工作,全书由顾书明审改并定稿。本教材由顾书明任主编,罗刚、孙启进任副主编。

  由于编著者的理论水平和学识修养的限制,本书的不足之处在所难免,恳请读者及学界同仁批评指正,以便能不断完善。

  本书的再版得到淮阴师范学院教务处、教科院及南京大学出版社诸多同志的关心支持,谨致诚挚谢意!

编　者

目 录 CONTENTS

第一章　课程及课程设计、评价概述 / 1

　　第一节　课程及课程设计与评价 / 2

　　第二节　课程的功能及课程设计、评价的意义 / 9

　　第三节　课程发展的客观基础 / 19

　　第四节　课程发展及研究的理论基础 / 31

第二章　课程的历史演进及课程理论的发展 / 37

　　第一节　课程的历史演进 / 38

　　第二节　课程理论的历史发展 / 48

第三章　课程设计与评价模式 / 60

　　第一节　目标模式 / 61

　　第二节　过程模式 / 68

　　第三节　实践与折中模式 / 73

　　第四节　批判模式 / 79

　　第五节　情境模式 / 84

第四章　课程背景情境分析与目标设计 / 89

　　第一节　中小学课程设计的背景情境分析 / 90

　　第二节　中小学课程的目标设计 / 96

第五章　课程内容设计(一) / 111

　　第一节　课程内容的选择 / 112

　　第二节　课程类型的划分 / 119

第三节　课程结构的设计与安排 / 131

第六章　课程内容设计(二) / 140

第一节　学科课程设计 / 141

第二节　综合实践活动课程设计 / 146

第三节　研究性学习课程设计 / 153

第七章　课程实施方式及策略设计 / 159

第一节　课程实施程序的设计 / 160

第二节　课程实施方式的设计 / 164

第三节　课程实施策略的设计 / 169

第四节　课程学习方式的研究设计 / 177

第八章　校本课程开发 / 182

第一节　课程开发的类型 / 183

第二节　校本课程开发的含义与意义 / 186

第三节　校本课程开发的基础、原则及课程组织结构 / 193

第四节　校本课程开发的模式及程序、方法 / 199

第九章　课程评价(一) / 208

第一节　课程评价的含义、功能 / 209

第二节　课程评价的发展 / 211

第三节　课程评价的取向、类型及模式 / 215

第十章　课程评价(二) / 228

第一节　课程评价的内容专题及标准 / 229

第二节　课程评价的过程及实施原则 / 239

第三节　课程评价的技术与方法 / 244

第一章
课程及课程设计、评价概述

※ 本章导航

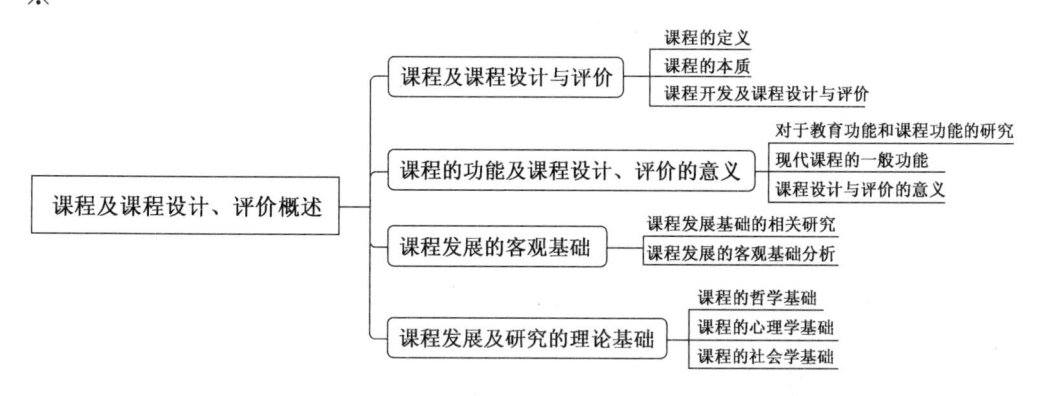

```
                                                    ┌─ 课程的定义
                          ┌─ 课程及课程设计与评价 ─┼─ 课程的本质
                          │                         └─ 课程开发及课程设计与评价
                          │
                          │                              ┌─ 对于教育功能和课程功能的研究
                          ├─ 课程的功能及课程设计、评价的意义 ─┼─ 现代课程的一般功能
课程及课程设计、评价概述 ─┤                              └─ 课程设计与评价的意义
                          │
                          │                         ┌─ 课程发展基础的相关研究
                          ├─ 课程发展的客观基础 ──┤
                          │                         └─ 课程发展的客观基础分析
                          │
                          │                              ┌─ 课程的哲学基础
                          └─ 课程发展及研究的理论基础 ─┼─ 课程的心理学基础
                                                         └─ 课程的社会学基础
```

※ 学习目标

1. 了解课程定义的多样性及其原因；
2. 掌握课程设计与评价的含义；
3. 理解课程的基本功能；
4. 理解课程设计与评价的意义；
5. 掌握课程发展的客观基础与理论基础，并能用相关理论对教育中的课程现象进行分析。

※ 学习重点

1. 在理解课程内涵的基础上，掌握和理解课程设计与课程评价的本质。
2. 认识和了解课程、课程设计、课程评价对学生发展多方面的意义。

※ 学习难点

由于人们对课程的传统理解根深蒂固，在学习过程中，如何打破对课程理解的刻板印象，进而全面、深刻地理解课程的本质是学习课程设计与评价的关键。

就教育实践系统而言,课程可以说是教育系统的"软件"和教育循环系统的"心脏"。要系统地研究教育问题,自然应高度关注和研究在教育实践系统中占据重心和实力地位的课程问题。本书致力于对中小学课程理论及中小学课程设计、评价的研究。什么是课程,什么是课程设计、评价?这自然是本书的逻辑起点问题,本章亦由对此问题的讨论而进入课程设计与评价的体系。

第一节 课程及课程设计与评价

一、课程的定义

(一) 课程定义的多样性

在教育科学体系中,"课程"是课程理论中最基本的概念,也是含义最为复杂、人们对其认识存在最多歧义的一个概念。从词源学上讲,在我国讲起课程,人们往往会提及唐代的孔颖达为《诗经·小雅·小弁》中"奕奕寝庙,君子作之"一句所作疏:"维护课程,必君子监之,乃依法制。"其喻义为:"伟大的事业,乃有德者维持。"也会提及宋代朱熹在《朱子全书·论学》中所谓"宽着期限,紧着课程""小立课程,大作工夫"。其意为读书不能求速成,但必须抓紧时间,学习内容要精简,但又要下大功夫去钻研、思考。孔颖达所说的"课程"与现在通常所说的课程的意思相去甚远,而朱熹的"课程"主要指功课及其进程,这与现代日常语言中"课程"的意思已极为相近。

在西方,在英语世界,"课程"(curriculum)一词最早出现在英国著名哲学家、教育家斯宾塞(H. Spencer)于1859年发表的一篇著名文章《什么知识最有价值?》(What Knowledge is of Most Worth?)中。它是从拉丁语"currere"一词派生出来的,意为"跑道"(race)。根据这个词源,西方最常见的课程定义是"学习的进程"(course of study),简称学程。由于斯宾塞最早使用的"curriculum"一词的原意是静态的跑道,重点在"道"上,它在教育过程中过多地强调了课程作为静态的、外在于学习者的层面,相对地忽视了学习者与教育者动态的经验和体验的层面,因此,在当代课程文献中,这种界说受到越来越多的不满和批评。许多课程学者对"curriculum"的词源"currere"表现出浓厚的兴趣,因为"currere"指"跑的过程与经历",重点在"跑"上,这样,着眼点就放在了学生与教师在教育过程中的经验和体验上。词根的不同选择反映了不同的课程思想,当然也就会有不同的课程实践。

课程的定义是相当多样化的。正如美国学者指出的那样:"课程是一个用途最普遍、最不明确的术语之一。"[1]据美国学者鲁尔(Rule,1973)统计,课程这一术语至少有

---

[1] [美]理查德·D. 范斯科德,等. 美国教育基础——社会展望[M]. 北京师范大学外国教育研究所,译. 北京:教育科学出版社,1984:298.

119种定义。[1] 到目前,课程定义的种类当然已不止这些。

资料链接 1-1:国外课程学者和我国学者的课程定义

课程本身的复杂性、研究者的出发点及研究角度的不同,导致课程定义的多样性。

上述各种课程定义,从不同的角度或多或少都涉及课程的某些本质,但也都会有一些问题。事实上,每一种定义,可以说都有其社会背景,都有一定的指向性,也都是指向当时特定社会历史条件下课程所出现的问题,当然有一定的合理性,但有的也存在着某种局限性。此外,每一种定义也都有其一定的认识论基础和方法论依据,隐含着课程学者的一些哲学假设和价值取向。

列出上述的课程定义,并非要得出一个大家都能认同的、精确的课程定义——事实上这也是不易做到的,而更在于如有的课程学者所说的,"仔细考察人们是如何使用'课程'这个术语的,以及这些定义的实际含义,这有助于拓展我们对课程的理解"[2]。同时亦有助于我们认识到"不同的课程定义,是指在不同层次上起作用的课程",从而使我们能充分"关注不同层次上的课程",以免"只注意某一层次而完全忽略其他",从而"见不到课程的全貌",而"有扭曲课程的危险"。[3]

古德莱德认为存在着五种不同的课程即理想的课程、正式的课程、领悟的课程、运作的课程及经验的课程。这五种课程都具有不同的价值取向,且是处于不同层次上的课程。

可以说,课程既非纯粹的客观事物,也非彻底的观念形态。学者们对课程所进行的各种不同层次和角度的研究,都有助于我们揭示课程的特征和规律,从而有助于我们较全面正确地了解和认识课程,进而达到把握课程的本质。

(二)课程定义的发展性

课程的定义一方面表现出多样性的特点,另一方面还表现出发展性,即课程含义是不断发展的。正如有的课程学者所说的,"课程定义的科学化是一个不间断的过程"[4]。事实上,课程定义之所以表现出多样性,就是因为课程定义具有发展性。课程作为构成教育活动的三要素(教育者、受教育者、教育内容或教育影响)中的教育内容或教育影响的最重要的成分,它在教育活动中的地位和作用一直是稳定的和永恒的,从而使得课程定义总是围绕着教育内容和教育功能而展开,因而表现出相应的稳定性。但课程定义的含义始终是发展变化的,因为社会在发展,教育在发展,课程也在发展。

纵观20世纪以来人们对课程的理解及认识的不断深化,课程含义表现出的发展性特点主要有:[5]

---

[1] [美]乔治·A.比彻姆.课程理论[M].北京:人民教育出版社,1989:169.
[2] 施良方.课程理论——课程的基础、原理与问题[M].北京:教育科学出版社,1996:3-7.
[3] 黄政杰.课程评鉴[M].台北:师大书苑,1993:52-60.
[4] 丛立新.课程论问题[M].北京:教育科学出版社,2000:5.
[5] 顾书明.校本课程开发实践系统论[M].徐州:中国矿业大学出版社,2002:5-6.

（1）课程从强调教师的教程而逐步发展到更强调教师指导下学生的学程，从单纯地强调学科内容到强调学习者的经验和体验，从强调目标、计划到强调过程本身的价值；

（2）课程从只关注有计划的课程到自觉地将计划外的教育影响也纳入课程之中，从只注重显课程到同样关注潜课程；

（3）课程从强调实际课程到强调实际课程和"虚无课程"（在课程变革中被学校和社会有意或无意排除于学校课程体系之外的课程）并重；

（4）课程从只强调学校课程到强调学校课程与校外课程的整合；

（5）课程从注重影响课程的个别因素到全面研究影响课程的社会政治经济、科学文化知识、教育对象的身心特点和课程工作者以及社区环境等诸多的因素并注重其整合；

（6）课程从单纯的国家课程开发到国家课程、地方课程、校本课程的全面开发和拓展。

本书第二章将讨论研究课程的历史演进及课程理论的历史发展，从中可进一步看出课程含义的发展性。

课程定义的发展性，正是对课程本身的变化发展的反映，同时也反映了人们在课程认识上的不断深化的进程。课程定义的不断变化，使得人类关于课程的认识得以不断补充和完善，课程定义也将不断提高其科学化、合理化的程度，而且这种发展性，这种科学化、合理化的趋势还将不停顿地继续下去。

二、课程的本质

课程的定义是多样化的，也是具有发展性的。但究竟什么是课程，课程的本质内涵究竟是什么？这仍然是不能回避的问题。在当代中国的教育背景和课程持续改革背景下，究竟应当怎样认识和把握课程，这确是研究课程的核心问题。

前述的各种关于课程的定义，在一定程度或一定范围内都可以说是正确的，但都是从不同的角度和层次上而言的。如何从当代中国教育特别是基础教育的实际出发，并以"系统"和"整合"的思想把握课程的本质呢？有的学者运用逻辑学上属加种差的方法，摆列出关于课程本质的诸如"课程是知识""课程是活动""课程是经验"等几种不同的观点，并经过比较分析从而将课程的本质确定为"经验"。①

关于"课程是知识"。应该说这是最普遍使用，也是最为常识化的定义，同时也是比较传统的观点。这在我国是最具代表性和广泛性的，也是应致力于改革的。这种定义的基本思想是，学校开设的每门课程是从相应科学中精心选择的，并且按照学习者的认识水平加以编排，其通常的纵向结构和表现形式是课程计划、课程标准（以往叫教学大纲）和教科书。其一般特点为，课程体系是以科学逻辑组织的，体现社会选择和社会意志，课程强调既定的、先验的、静态的学科内容，并且是外在于学习者与教育者的。其最大的缺陷就在于对学习者的经验重视不够，课程凌驾于学习者之上，在课程面前，学习者只能服从，只能成为接受者。

---

① 丛立新.课程论问题[M].北京：教育科学出版社，2000：5.

关于"课程是活动"。这种观点的基本思想是，课程是受教育者各种自主性活动的总和。此种观点强调学习者是课程的主体，以及作为主体的能动性，强调以学习者的兴趣、需要、能力、经验为中介实施课程，强调活动是人的心理发生和发展的基础，强调活动的完整性，突出课程的综合性和整体性，反对过于详细的分科。应该说此种观点的课程定义还是较为周全的，但也有不足，包括"活动"的范围易于宽泛，若对活动加以某些限定，则又会使人对课程的理解仅局限于活动本身而忽略活动的目的及结果。

关于"课程是经验"。杜威、卡斯威尔（H. L. Caswell）、坎贝尔（D. S. Campbell）和福谢依（A. W. Foshay）都是这种观点的代表。此种观点强调学习者的学习主体角色，强调从学习者角度出发设计课程，强调课程与学习者个人的经验相联系、相结合。其突出的特点就是把学生的直接经验置于课程中心位置，消除了课程中"见物不见人"的倾向，也消解了内容与过程、目标与手段的二元对立，但不足的是容易忽略系统知识在学生发展中的意义。

对上述三种课程观点进行选择和整合之所以将课程的本质确定为"经验"，正在于如有的课程学者所主张的"对现代的课程和课程设计的概念应当作广义的理解和把握。它不仅指从制度上规定学校教育的'公共框架'或是定型的'教育计划'，而且还突出了三个观点：'扎根于教师实践的教师编制的课程''儿童学习经验的总体''师生创造性经验的手段与产物'"①。显然，作为课程本质的"经验"，实际上是"在'课程是经验'的基础上的扩充"②。而这种扩充包括：

(1) 作为课程的经验，既要考虑学习者最终获得的经验（名词），也要考虑学习者经验的过程——即体验、感受、获得、占有的过程（动词）；

(2) 作为课程的经验，是在教育情境中实现的，这就强调了作为课程的经验是区别于、高于学习者在日常生活中的经验的；

(3) 作为课程的经验，具有极强的目的性，是在教育者的干预和引导下实现的，无论是作为学习者获得的结果还是体验的过程和方式，都应当是经过选择和计划，且是对学习者个体以及社会的存在和发展最有价值的。

通过以上讨论，作为反映课程本质的课程定义可以表述为：所谓课程，是指在教育情境中教育者按照一定社会的需求和受教育者的身心发展水平所组织的有目的、有计划的教育活动中，受教育者在教育者的引导下所获得的经验。需要说明的是，这里的"经验"既是作为"知识"的同义语使用（即经验包含了知识）的，同时，也是作为名词（学习者个人经验）和动词（经验过程）使用的，在这里，经验表现为学习者主体和学习对象的统一。

可以说，这是一种"大"课程和"活"课程的课程界定思路。这种课程界定，包括影响学生发展的整个受教育环境，是一种综合的课程思路；它包含了课程问题的多元角度，同时也强调了学校教育与社会环境的交融性。在这种课程界定下，一方面，课程的内容

---

① 钟启泉，李雁冰.课程设计基础[M].济南：山东教育出版社，2000：11.
② 丛立新.课程论问题[M].北京：教育科学出版社，2000：81.

是活的,课程的范围既可以微观到某一门教学科目,也可以中观到课程计划,还可宏观到学校对学生施加的全部影响。另一方面,课程的形式也是活的,它可以是随机应变、不断调整的。此外,这种课程观较为关注影响学校课程内容及结构的源泉并不断地开源以使学校教育可利用的资源不断地增多,并致力于形成学校的课程特色。这种课程界定,虽然不一定是最准确和合理的,也不一定都被大家所认同,但其明显的优点是从一定程度上整合了各种关于课程定义的观点,更为主要的是较为切实地从我国当前的教育特别是基础教育持续改革和发展的实际出发,这也有利于我国素质教育的持续全面推进。

三、课程开发及课程设计与评价

(一)有关课程开发的界定

"开发",我国的汉语词典将其解释为"使埋藏着的显露出来"。在《牛津英语词典》中,将"开发"解释为"一项计划、方案的具体细节的确定或小说情节的全部展开"。

而"课程开发"是在世界各国的课程论中普遍使用的术语,我国台湾以及香港的一些学者习惯上用"课程发展",它与"课程开发"之间应该说没有什么不同。对"课程开发"通常的理解是"适应社会的变化,不断地评价、改革学校教育活动的计划——课程的持续性活动"[①]。有的学者将"课程开发"(Curriculum Development)界定为"借助学校教育计划、课程的实施与评价,以改进课程功能的活动的总称"[②]。1974年在日本东京举行的"课程开发国际讨论会"认为"课程开发"是表示新的课程的编订、实验、检验、改进、再编订、再实验、再检验,这一连串作业过程的整体,是大体相当于课程改造、课程改革之类的概念,总的是意味着伴随科学技术的进步与社会的发展而展开的新课程研究。[③] 与课程开发相同或相近的概念还有课程编制、课程编订、课程探究、课程研制等。

经济合作与发展组织"教育研究革新中心"(CERI)的《课程开发指南》将现代的课程开发解释为"学校必须负责任的儿童的一切经验",其开发是同"师生之间实际产生的事件和一切所设想的事件相关的"。因此,现代课程开发强调三个条件:① 某种程度的组织化、制度化;② 指向改善的变化过程,必须包含反馈和评价的功能;③ 必须同学校和教室中的实践相结合。

(二)课程开发的含义

综合相关的研究成果,一般可以认为,课程开发是指将通过国家、地方教育行政机构或学校以及相关人员等课程开发主体精心设计而形成的课程方案(或计划)付诸相关教育机构(如学校)的教育实践,并通过课程实施和课程评价等环节或职能活动而不断

---

① [日]吉田升·村井实.教育学用语词典[M].岩内高一,等编辑.学文社,1986:47.
② 钟启泉.现代课程论[M].上海:上海教育出版社,1989:319-320.
③ 钟启泉.现代课程论[M].上海:上海教育出版社,1989:319-320.

改善和优化课程的实践进程或实践系统。

由此,课程开发的含义包括以下几个要点:

(1)课程开发的主体可以是国家、地方教育行政机构或学校,也可以是机构的相关人员;

(2)课程开发的目的在于不断地改善和优化课程;

(3)课程开发是一个包括课程设计、课程实施、课程评价等环节(阶段)或职能活动的完整的实践进程或实践系统。

可以看出,课程开发的具体环节或阶段有:

(1)课程设计阶段。课程设计主要解决"教什么"的问题,具体包括课程设置依据的选择,课程标准、课程目的、课程目标的确立及课程内容的选择与组织等。

(2)课程实施阶段。课程实施主要解决"怎样教"的问题,具体包括课程实施程序的设计和课程实施方式、方法的选择等。

(3)课程评价阶段。课程评价主要解决的是课程设计方案及实施方案的适切性问题,其实施是在教学过程结束后进行的,包括评价指标的确立、评价方法的选择和评价结果的反馈等。

(三)课程设计的含义

关于"设计",《现代汉语词典》将其界定为:"在正式做某项工作之前,根据一定的目的要求,预先制定方法、图样等"。可以看出,设计是以问题为起点,以解决问题的实施计划或方案为终点。将对"设计"的认识移植到"课程设计",则课程设计既属于课程建设的系统工程,又包括设计的目的、规范、方法、策略及其结果等。

《简明国际教育百科全书·课程》将"课程设计"界定为:"课程设计是指拟定一门课程的组织形式和组织结构",进而指出"它决定于两种不同层次的课程编制的决策,广义的层次包括基本的价值选择,具体的层次包括技术上的安排和课程要素的实施"[①]。

国内外学者对"课程设计"的界定是多种多样的,但主要的认识有以下几个方面:其一,关注课程设计的理论基础和价值取向的研究;其二,关注课程设计过程中所涉及的要素和技术等;其三,关注课程设计的结果。

前文对课程开发含义的讨论认为,课程设计与课程评价都是课程开发的重要的环节或职能活动。一方面,课程开发是一个系统性工程,会涉及很多因素和环节,可以说是一个很笼统的指称,而课程设计是既可以具体到课程开发的任何一个要素和环节,又可以是针对总体"课程开发"进行的"设计",由此可以说,在课程开发的整个过程中,都是离不开课程设计的。另一方面,课程设计的结果,也可以视为一种课程开发,从这一角度,课程设计与课程开发之间的层次划分又是较为困难的。

通过以上的讨论,本书将课程设计界定为:课程设计是按照育人的目的要求并在分

---

① [瑞典]T.胡森等.简明国际教育百科全书·课程[M].江山野,编译.北京:教育科学出版社,1991.

析课程内外各要素、各成分之间联系的基础上而制订的一定学校课程计划、课程标准和编制各类教材，进而制订具体的课程实施方案包括确定课程实施方法策略等的系统全面的过程。

由此，可以给出中小学课程设计的界定：中小学课程设计是按照中小学阶段育人的目的要求并在分析课程内外各要素、各成分之间联系的基础上而制订的中小学课程计划、课程标准和编制中小学各类教材，进而制订具体的课程实施方案包括确定课程实施方法策略等的系统全面的过程。

（四）课程设计的层次

课程设计有不同的层次之分。一般可以将课程设计分为狭义和广义的课程设计。狭义的课程设计是指把课程各组成部分安排成一个实际的整体，是对课程各组成要素的组织，从而形成完整的课程内容、明确的课程类型及结构；而广义的课程设计还包含课程情境及要素分析、课程目标研究及目标建构、课程具体实施方案确定及方法策略选择等。

从广义的角度和范围把握课程设计，则课程设计有以下几个任务：① 课程背景情境及要素分析、课程目标设计；② 课程内容设计；③ 课程实施程序及方法策略设计；④ 校本课程开发设计。

也可以将课程设计分为宏观、中观、微观三个层次，自然，三个层次的课程设计其任务和结果也会不同。

宏观层面的课程设计主要解决课程设计的基本理念问题，包括课程设计的价值取向、课程的根本目的、课程的主要任务、课程的主要结构等等。课程设计的价值取向主要有学科中心、社会中心和学生中心等三种，这在后边相关章节将进行具体讨论。这里所说的课程结构则主要是指确定学校课程的宏观结构，即以文件形式表现的如中小学的课程计划。

中观层面的课程设计是以宏观的课程设计为前提和基础，其主要任务是将宏观的课程设计化为各门课程的标准（或大纲），并以教科书等形式为物质载体体现出来。

微观层面的课程设计主要是指学校的教师按课程标准和教科书设计并实施具体的课程，即进行具体的课程目标确定、课程内容组织、教学过程安排、教学方法运用、教学评价实施等的设计安排。也就是说微观层面课程设计的主体主要是基层学校的教师。而宏观和中观层面课程设计的主体主要是国家教育行政部门。直接操作的则是由国家或地方教育行政部门所委托的教育专家。

（五）课程评价的含义

1. 评价和教育评价

评价是日常较为普遍的社会现象和活动。人们买回一件衣服，要对其款式、质量和价格进行一番评论；人们买了一本书，也要评论一下其思想水平、科学水平和艺术水平；人们有时评价着他人，也会评价着自己。在教育领域，教育管理部门和教育工作者也经常进行各种教育评价活动，如教师要评价自己的教学水平、评价学生的学业发展状况，教育行政部门要评价所属各学校的办学水平和教育质量等。

"评价"（evaluation）一词原来是指对商品价格进行估计，后泛指对人或事物的价值进行判断。评价和教育评价同价值和教育价值密切相关，而"价值"这一概念与"需要"密切相关。价值由客体的属性满足主体需要的程度所决定，当主体在某一方面存在某种需要，而客体的属性能在某种程度上满足主体的需要，这就形成了客体对于主体的价值。同样，教育价值是由教育满足人们需要的程度决定的，个体对教育的需要形成了教育的个体价值，国家与社会（或社区）对教育的需求形成教育的社会价值。

可见，评价是一种价值判断的活动，是对客体满足主体需要程度的判断。教育评价是对教育活动满足社会与个体需要的程度做出判断的活动，是通过系统地收集教育活动的信息资料，对教育活动现实的或潜在的价值做出判断，并进行教育价值增值探索的过程。如果用数学表达式表述的话，则是：教育评价＝客观描述（事实判断）＋价值判断＋增值探索。教育评价中的"客观描述"包括量的记述（即教育测量）和质的记述（即非测量）；"价值判断"则是在客观描述的基础上，根据评价者的需要和愿望对客观事物做出评判，因此价值判断具有客观性（即在客观描述对象基础上进行）和主观性（即评价结论反映评价者的主体需要与愿望）；"增值探索"则是着眼于通过评价以获得新的增加值，即促进教育事业及教育活动的发展。

2. 课程评价

课程评价是教育评价的重要组成部分，它是指通过一定的方法途径对课程计划（方案）、活动以及结果等有关问题的价值或特点做出判断，并追求和促进课程发展的过程。

可以看出，课程评价有以下几层含义：

（1）课程评价是一个活动过程；

（2）这一活动过程是有目的、有计划的；

（3）活动的主要内容是依据教育目的、培养目标和课程目标等，对课程计划（方案）、活动及其效果进行状态描述和价值判断；

（4）课程评价的根本目的是促进教育目的、培养目标和课程目标等的实现以及促进课程的发展。

关于课程评价问题的研究讨论，将在本书的第九章、第十章系统展开，这里只做简单的概念介绍。

第二节　课程的功能及课程设计、评价的意义

一、关于教育功能和课程功能的研究

（一）课程功能与教育功能的关系

所谓功能，是指"有特定结构的事物或系统在内部的联系和关系中表现出来的特性

9

和能力"[1]。一般而言,功能即事物做功的能力。教育功能是教育学科的一个基本问题,它是教育内部各要素的相互作用和在与外部的各种关系中表现出的特性和能力。课程功能则是课程在教育活动中与教育各相关因素的相互作用关系上所表现出的特性和能力。课程功能和教育功能二者在功能上是一致的,一定意义上可以说,课程对于教育而言,就是实现其功能的工具。自然,教育的功能决定着课程的功能。

(二)关于教育功能的研究

关于教育的功能,国内的研究一般将其归结为促进社会发展的功能和促进个体发展的功能两个大的方面。在这两大功能的关系问题上研究较多,但大多倾向于教育功能整体性的认识,并认同教育促进个体发展这种由教育自身结构决定的功能是其本体功能或基本功能,而教育促进社会发展这种由社会结构决定的功能是教育的衍生性功能。同时还认为教育促进社会发展的功能对教育促进个体发展的功能有定向作用,应寓于其中。教育活动中,只有发挥了教育在人的发展中定向、形成、诱发、矫正、改造等多种具体功能,使人的发展符合社会前进的方向,使个体特质及潜能优势在社会提供的可能范围内得到充分的真实发展,教育的两大功能才有可能协同地发挥。另外,教育的功能发挥状态与社会水平以及社会对教育的重视、支持,对教育活动内在规律独特性的尊重等方面都紧密相关,这强调了社会应对教育提供应有的相关保证及对教育独特性的尊重。还有的研究者从性质上将教育功能分为正功能和负功能,即对社会进步和学生发展产生积极影响的为正功能,而对社会进步和学生发展产生消极影响的为负功能。也有的研究者对教育功能从具体方面进行研究,将其划分为政治功能、经济功能、文化功能、调整人才结构和流动功能、促进个体身心发展功能等。

(三)关于课程功能的研究

关于课程功能的研究,有的学者将课程功能概括为:课程功能是通过文化的传递培养人。这种观点强调了两点即:课程的本体功能是培养人亦即教育功能;课程的基本功能是传递和选择文化。[2] 这种观点认为课程是为了培养人和教育人而产生、发展的,培养人是课程的本体功能,而其他的功能都是通过培养人的活动而实现的,离开了培养人的功能,课程也就不复存在,当然课程的政治、经济等其他功能也就不复存在了。课程本体功能的发挥,决定着其他各种功能的发挥。而所谓的课程的其他各种功能亦即与教育功能相对应的政治、经济、文化等功能。在所有这些功能中,又以课程的文化功能更为重要,因为课程并不直接参与社会的政治、经济活动,它是在继承和传递文化的过程中存在和运行的,是通过继承和传递文化来培养人的,政治、经济等功能是作为课程文化功能的结果而发生的。课程是文化的选择和文化的传递,这种选择是课程和社会文化之间双向的选择而且是不间断地选择,传递则是传递着社会主导和主流的、先进的

---

[1] 冯契.哲学大词典[M].上海:上海辞书出版社,1992:317.
[2] 丛立新.课程论问题[M].北京:教育科学出版社,2000:99-107.

和优势的文化,传递着代表社会发展方向的文化而不是全部文化,也就是说,这种传递中也包含着选择。

> 资料链接1-2:课程功能的相关研究

二、现代课程的一般功能

上述有关教育功能和课程功能的研究已勾画出了课程功能的大致轮廓。在此基础上归纳总结,可以认为,现代课程一般具有以下几方面的正向功能:

(一)现代课程的整体育人功能

教育的根本功能或基本功能是育人。由教育的育人功能所决定的课程的根本功能或基本功能自然也是育人功能。作为课程根本功能或基本功能的育人功能是具有整体性的,亦即现代课程的根本功能是整体育人功能。课程的整体育人功能一则表现为在课程内容的构建上体现出育人的整体性,二则表现为在课程发展各阶段或各环节上体现出育人的整体性,三则表现为在对参与课程活动的成员上体现出育人的整体性。

课程整体育人功能在课程内容构建上的体现主要表现为课程内容体系的构成是和教育目标所强调的学生全面发展要求相适应的。如我国的教育目标强调培养德、智、体、美、劳等方面全面发展的社会主义建设者和接班人,且强调学生的和谐、主动和生动活泼的发展,同时还强调学生个性的发展。为此,学校课程的内容就应覆盖与包容德、智、体、美、劳等方面,并体现出内容结构的整体性。同时,课程内容还应符合学生和谐、主动、生动活泼发展及个性发展的要求,能体现学生在课程内容选择上的自主性和个性等。

课程整体育人功能在课程发展各阶段或各环节的体现主要表现为课程发展阶段或各环节教育目标及课程目标的一致性。在课程发展的各个阶段或各环节,包括课程规划、组织、实施和评价等全过程,都要体现出教育目标的统一要求,都要有助于促进学生思想道德品质、文化科学素质、身体素质、审美素质、心理素质、劳动素质等的协调和谐发展以及个性的发展,从而体现出课程纵向体系的整体育人功能。

课程整体育人功能在参与课程活动成员上的体现主要表现为课程育人功能既体现在对学生的培育上,也体现在对学校教师和校长等的塑造上,还体现在对课程理论工作者等的促进和帮助上。如近一些年由于我国课程改革的发展,国家、地方、学校"三级课程"体系渐趋形成,在国家课程大框架下各地的地方课程和各学校的校本课程亦得到发展,在学校整体课程体系的发展和具体的课程活动中,由于强调学校的教师、校长、学生以及家长、社区人士和课程理论工作者等都参与学校的课程设计及课程活动,学生的全面发展的多方面素质和个性得到充分的体现,教师的课程开发等专业权力亦会得到尊重,教师的课程开发等专业化发展水平也将随之得到提升。同时由于学校课程能有效地彰显学校的特色和办学个性,从而也能大大提升各学校的可持续发展水平和特色教育的发展水平。

（二）现代课程的文化保存和发展功能

人类文化的一个极其主要的特征，就是只能被学而知之，而不能通过遗传的方式获得。这就决定了人类文化与人类教育进而是人类文化与课程之间的不可分割的关系，人类文化正是通过教育进而是通过课程而得以代代相传保存的。

1. 课程的文化保存功能

（1）课程选择文化的功能。有选择地保存文化是教育以及课程的一大特点。对人类文化这一浩大无比的宝库，课程不进行文化选择是不可想象的。课程对文化进行选择通常根据社会的需要和课程自身发展的需要，遵循与人类的各项活动相适应的原则，强调按各种活动的重要程度而对相应的文化做出价值比较。为课程所选择的文化，一般都是被社会视为较为规范的、稳定的文化，是具有一定社会价值的文化，而且这种被选择的文化内容还要能够为学生所接受，要有利于学生能力的发展、知识的增长、品性的陶冶、体质的增强。课程撷取文化精华而形成课程体系，同时还能满足课程自身发展的需要，提供适应社会生活的知识、技能、理想、态度，然后再借以有计划、有目的的课程实践活动，将人类的文化精华传授给学生，将学生从自然人变成文化人。

（2）课程传递文化的功能。尽管文化传递的途径很多，但由于学校课程传递文化的系统性、集中性、高效性和普及性等特点，因而学校课程日益成为社会文化传递中最重要的途径之一。学校课程对文化的传递过程首先是将主体文化转化为以物质载体或精神载体形式存在的客体文化，将一般客体承载的文化转化为课程材料，然后再通过课程活动将寓于物质载体或精神载体中的文化内化为以人为载体的文化，把储存形态的文化直接转移到人的载体之上，此即文化的活化课程，通过这种外化和内化，从而使得课程实现了传递文化的功能。

2. 课程的文化发展功能

人类为了自身和社会的延续，必须时时更新文化、创造文化，从而发展文化。学校课程毫无疑问承担并具有发展文化的功能。课程以至于整个教育，既是文化的产物，也是文化的动因。

课程的文化发展功能表现为：

（1）课程工作者本身是文化的活的载体，同时又是富有自主性的人，不同的课程工作者在课程决策规划、组织设计、实施和评价过程中，都会根据自己的文化素养、价值观念以及时代精神等，对课程进行有关的构建和解读等，这种构建和解读大多数具有创新和发展的意义，表现为课程工作者对更健康、更积极事物的向往和追求，从而在客观上发展着文化。

（2）课程实践系统进程中的文化发展机制。这是指课程实践系统进程中的诸如国家课程的校本化实施、校本课程开发、研究教学、师生创作、学生毕业（论文）设计、实践、科研等活动客观上具有发展文化的功能。

（3）课程活动以及整个教育活动发展着学生，培养着一代代具有创新能力的人才，这是其文化发展功能的最重要方面,因为人的文明是文化的集中表现。

(三) 现代课程的社会发展功能

学校课程的社会发展功能是指按一定社会要求进行规划、设计并付诸实施,课程就会积极地为其所在的社会服务,对社会产生多方面的巨大、积极的影响,从而促进社会的进步和发展,反之,则会阻碍社会的进步和发展。课程的社会发展功能最根本的就在于反映一定社会对培养人的要求,并通过丰富多彩的课程活动而使受教育者切实地成为一定社会所需要的人。课程的社会发展功能具体表现为以下三个方面:

(1) 课程通过传载科学技术并培养人而促进社会经济的发展和社会进步。课程的这一功能是伴随着大工业生产而逐步显现出来且在现代社会得以进一步加强的。在当代社会,很多国家的政府和教育界都普遍地认识到学校课程中科学技术含量的提高对发展国家经济、增强国力的重要意义,因为一个国家的经济实力、军事实力和国际地位归根结底取决于科技人才的数量和质量。实际上,马克思早在 100 多年前就指出,"教育会生产劳动能力","要改变一般人的本性,使他获得一定部门的技能和技巧,成为发达和专门的劳动力,就要有一定的教育和训练"[①]。日本政府在 1953 年制定的《理科教育振兴法》以及日本中央教育审议会在 1957 年颁布的《关于振兴科学技术教育的方略》中都指出,加强科学技术教育的目的在于"振兴生产技术、恢复生产的自主性,提高国际竞争力,复兴经济、安定民生和提高文化"。[②]

(2) 课程通过传载特定的人文和意识形态而培养特定社会的国民,从而维持和延续特定的社会形态及社会政治系统。学校课程总是渗透着并不断地通过课程活动向课程学习者灌输着一定社会的政治意识形态,从而逐步地实现年轻一代的政治社会化,而且通过特定课程以及特定对象的选择,进而培养专门的政治人才以促进社会政治的稳定、延续和发展。此外,课程还通过课程工作者(如教师)及课程学习者(如学生)等在相当大的程度上影响社会的风化习俗、道德面貌以及政治潮流。

(3) 学校课程通过带有学校自身教育哲学思想特色的发展而发挥着对学校和社会(区)的协调统合功能。随着学校课程的改革和发展,特别是随着对地方课程和校本课程的发展要求的提高,课程越来越关注强调能容纳社会问题,包括社区问题,这自然要求学校的师生员工要去研究社会问题,进而去开发学校课程的社会问题资源。学校课程的发展还强调学生家长及社会人士的参与,这自然会加强学校与社区之间的"交互主体作用",使得学校课程与学校教育更加贴近社会,从而更使得学校为社会服务成为具体的现实,也使得学校和社会能更加协调发展。

(四) 现代课程提升整体教育水准的功能

教育改革与发展的要求及改革发展的水平必须在课程中得到落实和体现,课程的

---

① 马克思. 马克思恩格斯全集(第 23 卷)[M]. 北京:人民出版社,1992:195.
② 瞿保奎主编,钟启泉选编. 教育学文集·日本教育改革[M]. 北京:春秋出版社,1991:162.

发展水平亦直接标志和代表着时代整体教育的水准。同时,课程改革及其水准的提升,也直接并内在地推动着教育整体改革以及提升教育的整体水准。如二十世纪以来世界历次的教育改革,大多从课程改革做起并以课程改革为核心。我国的教育改革也是由于最终认识到了必须从课程改革入手且要在该领域下工夫,从而才有新世纪以来既声势浩大又扎扎实实的课程改革。课程与整个教育息息相关,是其最为重要的部分和子系统,它提升教育整体改革和发展水准的功能作用是客观的而且是巨大的。

课程除了具有上述四个方面的功能外,还有针对所有参与课程活动的个体或群体的指向、激励和评价等功能。指向功能即课程的设计、组织、实施、评价的全部过程所体现的价值观,会明白无误地告诉人们应该追求什么和不应该追求什么,应该做什么,应该怎么做和不应该怎么做,从而起着一种导向和规范作用;激励功能是指课程开发过程以及课程活动和结果对人的吸引力和鼓舞力;评价功能是指课程开发的过程价值准则和成果价值准则对课程开发主体行为的标准(衡量)作用和调节作用。

课程除了具有上述的正向功能外,客观上也有负向功能的存在。诚如《学会生存》所言,教育和课程"既有培养创造精神的力量,也有压抑创造精神的力量"[1]。当学校课程落后于文化科技的发展或与社会政治经济的要求出现失谐乃至冲突时,则会明显地表现出其负向功能。课程的负向功能有时呈显性的表现,有时则隐性地存在;有时为轻度的,有时也会是重度的。课程的负向功能尽管是人们非期望的课程活动的副产品,但由于它常常会较为严重地而且常常隐蔽地阻碍着人与社会的发展,因而课程工作者必须对其存在及负效应予以足够的重视,并注重对其研究,以采取切实的措施,消除其产生的诸多原因,以减低其影响程度,从而能保证张扬和扩展课程的正向功能。

三、课程设计与评价的意义

(一) 课程设计与评价的总体性意义

由于课程本身的多方面功能的客观存在,又因课程设计与评价都是系统的过程,且涉及从国家到地方、学校及学生等诸多的层面,因此其多方面的价值是客观存在的,不同层面的课程设计与评价都具有多方面的意义。概括起来,科学的课程设计与课程评价的总体性意义主要有以下几个方面:

1. 课程设计与评价有助于促进课程的发展并能发掘、发展和光大社会的文化

课程设计与评价的过程也是课程的科学化水平提升的过程,自然也是其自身发展的过程。课程设计与评价的相关环节中,所有的课程人员为了课程和学生的发展,都要尽其所能去发掘社会文化的精华和最先进的成果,并尽可能地将其吸纳于课程内容及活动之中,这客观上既推动着课程的发展,同时又是在进行着文化的创新和发展工作,从而必定促进文化的发展。

---

[1] 联合国教科文组织国际教育发展委员会.学会生存——教育世界的今天和明天[M].北京:教育科学出版社,1996:188.

2. 课程设计与评价有助于落实和发展教育改革的成果

从国家层面到学校层面我国一直持续地进行着教育改革,而教育改革深化的程度必在课程改革及课程发展中得以体现,教育改革的成果也必在课程改革及课程发展中得以落实。我国当前教育改革的主旋律仍然是持续推进素质教育,素质教育的重心是学生创新精神和实践能力的培养,为此,作为素质教育重要组成部分的创新教育和特色教育等得到大力提倡和发展。而作为素质教育、创新教育和特色教育等本质的人本教育观、主体教育观和注重人的个性、差异性,以及注重教育的动态性、多元相融性等教育思想必定要在与之相应的多元化课程体系中得以落实,为此,与国家课程相辅相成的地方课程、校本课程,在学科课程之外的经验课程、综合课程、研究型课程、核心课程等才能得以加速发展,并得以大发展。

3. 课程设计与评价有助于促进课程工作者的发展

课程设计与评价的过程,需要从中央到地方、学校的所有课程工作者的广泛参与,课程设计与评价的过程是所有课程工作者进行课程研究的过程,因此,伴随着课程设计与评价的过程,课程工作者的课程理论水平及课程设计与评价的技术(技能)水平必定亦随之提高,其中尤其是基层学校的教师,其课程活动中的专业地位和作用也会得到更充分的尊重,其课程设计与评价的专业化水平自然也伴随着参与课程设计与评价的程度而会得到相应的提高。正是因为课程改革与课程的发展才使得教师能成为斯滕豪斯所说的真正意义上的"教师即研究者"。

(二)国家层面的课程设计与评价的意义

国家层面的课程设计与评价所形成的国家课程是一个国家教育系统课程方案的主体部分,其对教育的发展,特别是对人才培养的质量和规格具有决定性作用。国家层面的课程设计与评价的意义主要有以下几个:

1. 确保所有学生学习的权利

国家课程是面向全国的,因此国家课程将保证所有学生都享有在一定领域内的学习权利,都享有获得知识、发展智力的权利,从而获得一个积极的有责任感的公民实现自我价值和自身发展所必需的技能和态度。一般来说,国家课程的标准不宜过高,通常是中等偏下,这样就可以保证绝大多数学生都能达到国家课程标准,从而避免因标准过高而将那些处境不利的学生排除在外。这也是国家课程最显著的特征。就我国而言,由于义务教育普及水平的不断巩固和提升,国家整体的教育水准和相应的课程标准也是在适时的提升中。

2. 明确规定学生在接受学校教育期间应达到的标准

国家课程实际上也是一个质量标准,它为学校和社会各界提供了清楚、具体的教育质量标准。国家课程向学生、家长、教师、地方政府、用人部门和公众清楚地界定了期望学生学习达到的成就标准,规定了所有科目的学习应达到的国家标准。这些标准可用来制定改进的目标,衡量目标的达成度,实施监控,以及在不同学生个体之间、集体之间和学校之间就学生的学习成就进行比较。可以说,国家课程是教育评价的重要依据,也是不同学校、不同地区甚至不同国家之间进行教育质量比较的重要依据。我国近些年来特别强调国家课程的实施和国家课程标准的落实。

3. 提高学生在接受学校教育期间的连续性和连贯性

国家课程从总体上规定了不同学段的教育目标,这种目标是基本的、能达成的,具有强制性和统一性,这有助于在国家层次上形成一个连续的课程框架,从而使不同学段之间具有较强的连贯性,并为学生的学习进步留有充分的灵活余地。因此,国家课程有利于学生在学段之间顺利过渡,并为终身学习打好基础。

4. 为公众了解学校教育提供依据

公众在评价学校教育时的依据是什么?其主要的依据就是国家课程及其标准。国家课程可增进公众对学校工作、对学生学习和预期取得的成就的了解。它为公众和教育界人士讨论教育问题提供了一个共同对话的基础。

(三) 地方层面的课程设计与评价的意义

地方层面主要是指省(市、区)这一级。地方层面的课程设计与评价具有的重要意义,主要包括:[①]

1. 地方层面的课程设计与评价能促进国家课程的有效实施

地方层面的课程设计与评价是在国家课程的基本精神指导下进行的。无论是地方出台的各种课程政策,还是地方发展的各类课程,其根本目的都在于提高人才的培养质量,满足学生多样化的发展需要,更好地达到或实现国家课程所确定的目标。因此,地方课程与国家课程在主要的目标上是一致的。地方课程与国家课程不同的是,地方课程能充分体现本地的教育发展水平,紧密结合本地的社会、经济和文化发展现状,充分利用本地的课程资源,具有较强的针对性。因此,地方课程设计与评价可促进国家课程的有效实施。

2. 地方层面的课程设计与评价能弥补国家课程的空缺

国家课程是面向全国的,确保大多数学生甚至所有学生都能接受,强调普适性,它只规定一些主要的课程类型及科目总框架。实际上,国家课程是很难满足全国不同地区、不同学校、不同学生的需要的,也是很难适应不同地区实际的。现代社会发展对人才的素质要求较多,国家课程不能全部覆盖。因此,国家课程只是规定了基本标准和基本要求,对于国家课程所没有涵盖的、不能满足的、无法考虑周全的内容,地方课程正好可以弥补。

3. 地方层面的课程设计与评价能加强教育与地方的联系

基础教育是由地方负责的,办学经费主要由地方负担,因此地方政府总是期望教育

---

① 许洁英. 国家课程、地方课程和校本课程的含义、目的及地位[J]. 教育研究,2005(8).

能够和地方的社会发展、经济发展、人文传统相结合,能促进地方社会、经济和文化的发展。在现阶段,我国经济发展的地域性很明显,学生对于本地区社会经济和文化的了解,对学生毕业后的顺利就业也是很有帮助的。地方课程的覆盖区域、范围或人群相对要小一些,可以增强课程的针对性,使得教育与地方的联系更加密切。

4. 地方层面的课程设计与评价能调动地方参与课程改革与课程实施的积极性

无论是地方课程的管理还是地方课程的发展,都对地方提出了很高的要求。地方要在掌握国家课程政策和国家课程标准的前提下进行课程管理和推动课程发展,这就有利于调动地方参与课程改革和课程实施、课程发展的积极性和主动性。地方层面的课程设计与评价不仅有利于国家课程的有效实施,而且也有利于培养地方的课程发展能力,从而促进课程改革的可持续发展。

(四) 学校层面的课程设计与评价的意义

学校层面的课程设计与评价的意义主要在于以下几方面:

1. 有助于确保国家课程的有效实施

学校课程设计与评价必须是在国家宏观课程政策和国家课程标准的框架内进行的,要与国家的教育方针、教育目的,特别是人才培养目标相一致,以确保学校人才培养目标更好的实现。因此,学校课程设计与评价是对国家课程的发展与创新,对国家和地方课程发展有催化和助推的价值。

2. 有助于照顾学生的个别差异

进行科学的课程设计与评价的目的,最主要的是要最大限度地促进学生的全面发展,课程发展的最大受益者是能得到最大限度发展的学生。课程设计与评价的层面尽管有从中央到基层的诸多方面,这诸多层面的课程设计与评价都可给学生的发展予以促进和推动,但能够给学生的发展以直接影响的还是"直接发生着课程"的处所——学校及课堂。因此,学校层面的课程设计与评价,会更致力于课程的综合化和校本化发展,更加强化课程对学生的适应性和选择性,这也就更有助于学生的全面均衡发展,也更有助于学生个性的主动和生动活泼的发展。

国家课程注重的是普适性,有时较难考虑学生的个别差异,无法照顾不同学生的不同需要,地方课程也常常难以考虑不同学生的不同需要。而学校层面的课程设计与评价则可以更好地了解学生的不同需要,考虑学生的个别差异,从而能照顾学生的个别差异。

3. 能促进学校教师专业能力的持续发展

教育的持续变革和发展,要求学校成为一个不断改革、促进其成员持续发展、充满生机和活力的组织。而学校的课程发展能力,对于形成这样的组织有至关重要的作用。学校课程设计与评价,要求教师成为课程与教学的领导者,要在一定的教育理论、课程与教学理论的指导下,在掌握国家课程政策和课程标准的前提下,在充分了解学生的发展特点和现实需要基础上参与课程研究及课程发展。在国家课程开发体制下,教师少有课程开发的机会,也就普遍缺乏课程开发的意识和能力,而推进学校层面的课程设计与评价,则意味着教育管理中一种权力的下放,要求教师能够根据自己对学校和学生的了解,进行课程的校本化实施并能开发出符合本校特色和适合学生个性发展的课程。教师在学校层面的课程设计与评价过程中,不仅使自己的能力和价值得到最大的发挥,而且还使自己的专业水平得到进一步提升。

学校课程设计与评价对教师专业素质的促进主要包括以下几个方面:教育思想的改变,教育理念的更新;专业知识结构的完善;教育、教学与科研能力的提高;教育、教学艺术风格的形成等。

4. 体现课程决策权的民主化

从世界范围看,课程权力的下移已经是各国教育改革的必然趋势。我国长期受国家课程开发一元体制的影响,课程权力主要集中在政府手中,学校和教师只有课程实施权,而没有课程决策和设计权。因此,学校和教师多以课程计划的"执行者"的身份出现,这种身份对教师的素质要求不高,工作中也无须太多的创造性。这不仅限制了教师专业水平的提升,也导致教师只关注教学结果、考试成绩,而忽视了学生的身心发展。而学校层面的课程设计与评价标志着课程决策权力的下移,使教师也成为课程的开发者。拥有课程的"处方权",不仅促进了教师工作的积极性,也有助于教师专业化的实现。

5. 有助于学校管理机制的改善和学校组织文化的建设

课程设计与评价的过程亦即课程研究和课程发展的过程,学校层面的课程设计与评价,必定要就学校课程情境进行系统的分析,要从学校的实际出发,制订学校课程发展的规划计划,形成学校课程的目标体系,通过有效的设计形成学校课程的内容结构体系,进而组织实施并进行相应的课程评价,从而周期性递进以不断提升学校课程的科学化水平。就课程发展的过程看,必定要涉及对学校现存管理机制的研究,也必定要对学校现存的管理机制做相应的必要调节,从而使其能有利于学校的课程发展。此外,学校课程设计与评价的过程,也必定要涉及对学校组织文化的研究,同时也必定要对学校组织文化进行相应的建设,以使其能与学校的课程发展保持应有的协调。学校管理机制的不断完善,学校组织文化品位的不断提升,自然在不断地推进着学校包括课程的可持续发展。

6. 有助于促进学校办学特色的形成

在大一统的课程开发模式下,所有学校——无论是东部还是西部、城市还是农村——开设的课程几乎完全一样,最终导致"千人一面,千校一面",所谓的学校办学特色根本无从谈起。国家注重地方和学校积极性的课程管理政策目的之一就是尊重地方差异和学校的不同,给学校一个自由发展的空间,让学校在国家课程改革总目标下,根据师生的特点和需求,根据学校教育资源和学校传统优势来确立本校独特的办学目标和策略,最终形成自己的办学特色。

7. 有助于促进学校与社区的协调发展

课程的发展就是要促进教育与人、教育与社会的协调发展,课程发展的过程就是课程不断吸纳和包容社会的课程要求的过程。学校层面的课程设计与评价,会更致力于对社区各种社会问题的研究,对社区及家长等各种课程要求的吸纳和包容。社区积极关注并投入,从而推动学校课程及整个学校的发展,同样,学校也高度地关注和参与研究并积极地影响着社区的发展,这使得学校与社区形成良性互动的协调发展。

第三节 课程发展的客观基础

课程发展的基础包括影响课程发展的客观基础和影响课程发展及研究的理论基础两个方面。研究课程问题,不能不对这两个方面进行系统全面的分析。本节主要讨论课程发展的客观基础,下一节将讨论课程发展及研究的理论基础。

课程的客观基础分析就是对影响和决定课程的客观因素进行分析。影响和决定课程的客观因素,一般包含两个层面:一是作为课程来源的因素,一是作为影响课程发展的因素。这两个层面是相关的或者说是相通的,一般而言,影响课程发展的因素面要比作为课程来源的因素面宽广一些。但这里拟将这两个层面合到一起进行研究和阐述。

一、课程发展基础的相关研究

在影响和决定课程的因素分析问题上,中外学者都有相关的研究,这里先选择具有代表性的观点进行介绍,然后再进行相关因素的分析。

有"现代课程理论之父"之称的美国课程理论专家泰勒在其1949年出版的《课程与教学的基本原理》中指出课程来源于三个方面:[①]

（1）对学生的研究;

（2）对当代社会生活的研究;

（3）学科专家的建议。

英国课程论专家劳顿(D. Lawton)曾在其1984年出版的《课程研究与教育规划》一书中提出,应从社会的、经济的、交流的、理智的、技术的、道德的、信仰的、美学的等八个方面的影响因素考虑课程。后来在此基础上又强调了"儿童发展系统"的因素。

而英国的课程研究专家菲利浦·泰勒(P. H. Taylor)在其1985年出版的《课程研究导论》一书中认为,影响课程发展的主要因素是教育思想、社会变革、经济和科技进步等。

英国的又一著名课程专家斯基尔贝克(M. Skilbeck)在其《课程编制类型》一书中则主张应从外部和内部两个方面考虑影响课程发展的因素。他认为,外部因素包括社

---

① [美]泰勒.课程与教学的基本原理[M].施良方,译.北京:人民教育出版社,1994:1-3.

会意识形态、家长及社会期望、学科训练性质等,而内部因素包括学生特点、教师特点、学校风气、管理形式、设备情况等。①

在美国学者利威(A. Lewy)主编的《国际课程百科全书》中则列举了14种影响课程的因素:②教育思想;法律因素;教育心理学;认知因素;U形行为发展(某些行为产生,然后又消失,而在以后稍大的年龄阶段又出现)对课程研制的影响;课程政治学;课程政策运用;经济、社会和文化的因素;知识的激增;个人的知识;知识工艺学与课程理论;课程政策学;课本的影响;性学对课程的影响。这14种因素显然既有客观的,也有理论的。

国内学者也进行了相关研究,如廖哲勋认为制约课程的主要因素有:社会因素;知识因素;学生因素;课程工作者因素。③

王策三将影响课程发展的因素分为:外部因素有知识、社会条件与要求、学生;内部因素有课程的历史传统、课程论及教学论的观点、课程发展的自身规律。④

陈侠则将制约课程的因素归纳为八个方面:社会生产需要;科学技术进步;教育宗旨的规定;培养目标的要求;哲学思想的影响;社会文化的传统;儿童身心的发展;学校类型和制度。⑤

无疑,上述诸学者的有关研究,基本上勾勒出了影响和决定课程因素的大体轮廓。但由于整个世界的课程特别是我国的课程处于急剧变革之中,课程愈益丰富,课程的类型亦愈益增多,自然,影响和决定课程的因素也是越来越复杂多样。

二、课程发展的客观基础分析

结合上述课程学者的有关研究成果,同时综合考虑当代课程改革和发展的研究情况,本书以为影响和制约课程的客观因素主要有以下六个方面,包括:社会系统对课程发展的影响,文化对课程的影响,学生的身心发展特点对课程的制约,国家教育整体改革及发展对课程发展的规约,课程工作者对课程的综合影响,社区支持体系对课程的影响。详细分述如下:

(一) 社会系统对课程发展的影响

课程以及整个教育,都是一种社会现象,都是社会系统和社会活动的组成部分。自然,课程及教育与整个社会系统必然存在着千丝万缕的联系。毫无疑问,任何教育都是一定社会的教育,任何教育机构也都是作为一种社会性机构而产生和发展的。满足社会的需求和促进社会的发展是教育的一个重要的客观规律。同样,任何学校课程也必

---

① V. Lee & D. Ze. Planning in the Curriculum[M]. Open University Press,1982:25-26.
② Arieh Lewy. The International Encyclopedia of Curriculum[M]. Pergamon Press,1991:103-139.
③ 廖哲勋.课程学[M].武汉:华中师范大学出版社,1991:32-60,51.
④ 王策三.教学论稿[M].北京:人民教育出版社,1985:203-206.
⑤ 陈侠.课程论[M].北京:人民教育出版社,1989:162-182.

定是一定社会特有的课程。杜威为课程研制开发确定的两个原则就包括心理学和社会学两个方面,而社会学的原则就是强调社会系统的影响。史密斯等人则把课程变革视为社会工程。① 盖(G. Gay)则把课程研制看作社会性事业,主张不能把课程从社会问题中分离出来而把它视作存在于真空中完全独立的实体。任何课程的存在及发展都是有其社会背景的,任何课程都必定打上其社会的印记。

社会系统的因素是复杂多样的,包括社会政治、经济、文化、科技、人口、意识形态等,这诸多的因素,都无不对社会的课程发展提出各不相同的要求,产生各种各样的影响。社会的文化科学知识对课程的影响将在后边单列一个问题进行讨论,而这里所要讨论的对课程影响的社会系统的因素主要包括社会政治、经济、人口、意识形态等。

社会系统对课程的影响是具有全面性和全程性的,即在课程所包含的各个方面、各种类型的课程以及课程开发的各个环节,都有社会系统诸要素对其深刻的影响,具体包括以下几个方面:

1. 社会系统的现实发展需要构成课程演变及发展的直接动力和依据

学校课程的演变及发展的动力和依据是人类社会变化、发展的需要。如我国,从周代的"六艺"之学到清末《奏定学堂章程》所规定的课程体系,再到民国以及新中国等不同时期的课程,都无不反映着不同历史时期政治经济发展的需要、社会意识形态变化的需要以及生产力不断发展的客观要求。而在国外,如泰勒就强调,学校必须把精力放在对当代社会生活中最重要方面的研究上,而不要让学生去学习那些也许在50年前非常重要,然而今天已经不再有意义的内容。可见,泰勒是特别注重以现实社会生活作为课程变革的依据。又如英国教育家斯宾塞1866年提出"什么知识最有价值"的问题,并强调教育应"为完满生活做准备",教育与课程必须使受教育者能够立足社会、适应社会。斯宾塞的这种强调社会生活作为课程重要依据的思想对教育理论以及此后课程论发展的影响是深远的。事实上,在当代社会,课程是可以作为社会政治经济及社会性问题的"晴雨表"的,无论是东方还是西方,课程演变及发展的直接原因、动力,或者其依据,都无不是社会政治及社会发展过程中所出现的各种危机及问题。如"二战"后美、英、日等国的几次课程改革,都是围绕着特定的社会问题而展开的。

2. 社会政治经济对课程政策、课程管理体制的制约作用

任何一个国家或地区的课程政策及课程管理体制,都是直接受社会系统特别是受社会政治经济所制约的。课程政策以及整个教育政策是国家政策系统的组成部分,课程政策自然应与国家的政策系统保持较多的一致性。同样,课程管理体制和教育管理体制当然也应与国家的政治经济体制相适应。如,在政治经济体制是分权制的国家(如美、英、澳等国),教育和课程政策及管理体制也同样体现出其分权性的特点,体现出地方和学校较多的自主性。而在集权制倾向较为明显的俄、法、日等国,教育及课程政策和管理体制也同样体现出国家更多的控制倾向。又如我国,在计划经济时期,强调"一

---

① 郝德永.课程研制方法论[M].北京:教育科学出版社,2000:86.

元化"领导,教育和课程则都体现出国家统一性和单一性的特点,而随着我国经济体制的改革、市场经济体系的建立以及政治民主化的发展,一些年来,教育的分权化(均权化)的趋势已愈益明显,在教育政策和教育管理体制上则越来越强调地方和学校的办学权力和责任。而在课程政策及课程管理体制上,也已由单一的国家统一课程转为强调国家课程、地方课程和学校课程等"三级课程"的共同发展,强调"三级课程管理体制"的不断推进和完善。

3. 社会系统对课程设计的影响

社会系统对课程设计的影响,主要表现在对学校课程的设置、课程内容的取舍、课程类型的安排确定等方面。设置学校课程必定要进行国家教育目的、学校培养目标、课程目标等的研究,其中国家的教育目的要统帅和支配学校的培养目标并进而主导课程目标,而国家的教育目的毫无疑问体现着占统治地位的阶级在培养什么样的人的问题上的教育利益和教育要求,因而受国家教育目的统帅和支配的学校培养目标及课程目标无不体现着社会政治经济、社会意识形态和生产力等的要求。而从课程设计方面所进行的课程内容的取舍,即哪些内容能够进入学校课程,哪些不能进入,这是从属于课程目标等的要求的,并必定要经过泰勒所强调的"两个筛子"的筛选,其中就包括"学校信奉的教育和社会的哲学"[①]这一基本的社会价值观的"筛子"。而课程类型的安排毫无疑问也必定是要从属于社会生产力等的发展要求,如我国因社会发展的客观要求而正全力推进的素质教育这一系统工程,其重心又因社会的要求而放在了对国民的创新精神和实践能力等的培养方面,为此,学校课程的类型必然要从单一的学科课程类型而发展为学科课程、经验课程(并发展到体验课程)、综合课程、研究型课程等多类别的课程。

4. 社会系统对课程实施授受过程的影响

课程实施授受的过程与社会系统的影响也是息息相关的。在课程实施和师生授受的过程中,师生的地位和作用、师生关系以及师生授受的方法及手段等,都无不受社会的意识形态、社会价值观及社会生产力发展水平的影响。如随着社会民主化发展程度的提高,随着社会更重视人的价值,课程实施和授受过程中学生的主体地位和主动性也会得到更多的尊重,师生关系的民主性和平等性及"交互主体"性也会得到提倡并得以提升,注重学生的个性和主动发展将成为最为重要的课程价值。此外,课程实施过程中现代化方法和手段的运用,则无不与现代生产力和现代科技发展水平直接相关。

5. 社会系统对课程评价的影响

课程评价是课程开发实践系统的重要职能活动,它着重于对课程功能属性与社会主体需要的一致性程度进行价值判断和增值探索。课程评价自然要研究和明确课程的价值观、价值准则和价值体系。而课程的价值观、价值准则必定与社会系统这一主体的价值观、价值准则密切相关且高度一致。任何课程的价值观、价值准则必定隐含和渗透

---

① [美]泰勒.课程与教学的基本原理[M].施良方,译.北京:人民教育出版社,1994:26-27.

着社会统治阶级的意识形态,反映着社会政治经济的状况。从一定意义上说,课程评价实质上是社会控制教育和课程的重要工具,是维持社会现状、强化社会制度、准则、价值体系的强有力的机制。而从课程评价实施的过程看,课程评价实施的主体也大多是社会系统的成员,课程评价当然更多地代表着社会的利益。可见,社会系统对课程评价的影响也是具有全面性和全程性的。

(二) 文化对课程的影响

文化在人类的社会生活中几乎无所不在,它是人类的社会生活得以进行的舞台,也是人类的栖身之所。文化有广义和狭义之别,广义的文化包括人类在社会实践中所创造的物质财富和精神财富的总和。而狭义的文化主要是指人类社会发展过程中积淀下来的精神成果以及由此而具体化的外在表现,主要包括社会的思想道德、科学技术、教育、艺术、宗教、传统习俗等,其存在形态则主要有物质文化、观念文化、心理文化、制度文化和行为文化等。一般所说的文化都是指狭义的文化。可以说,教育实际上是包含于文化之中的,为此,教育及课程与文化的关系自然是尤其密切的。

课程与文化的联系是血与肉的联系,文化是学校课程取之不尽、用之不竭的主要源泉,而课程本身也是观念形态及活动形态的文化。当然,学校课程这种文化是具有特定性的,它反映的一般是主流文化的要求,体现和传载的是占社会主导地位的价值观、规范体系以及最具代表性的社会精神文明成果。

一般而言,文化对学校课程的影响主要表现为以下四个方面:

1. 文化对学校课程内容的影响

学校课程内容的选择是在社会文化发展所允许的范围内进行的,学校课程所负载的文化质量是由社会的文化科学知识水平决定的。人类的文化科学知识的发展和积累经历了一个从简单到复杂、从低级到高级的过程,而学校课程的广度和深度也相应随之变化,当人类的文化科学知识水平从一个阶段发展到一个新的阶段的时候,教育及课程就面临着继承和发展新的文化科学成果的任务,因而各个不同历史时期的课程内容要不断地更新和发展,从而能不断地、及时地将各个时期先进的文化科学知识成果融入学校的课程体系之中。学校课程一方面不断地吸纳新的文化科学成果,另一方面也不断地、不同程度地剔除陈腐过时的知识,以保持课程相应的容量。

2. 文化科学知识的发展对课程类型结构的影响

文化科学知识的发展对学校课程的分化与综合起着重要作用,这从而导致学校课程类型结构的变化。人类文化特别是科学知识的发展,其结构经历了一个逐步演进的过程,即经过了笼统综合化—纵向分科化—整体综合化的过程,而学校课程的类型和结构的发展也与之相适应。具体如下:

(1) 古代社会的课程是以综合为基本特征的,但这种综合的科学基础及水平都是十分有限的。

(2) 近代分科课程的出现和发展,是建立在近代自然科学发展的基础之上的。

（3）现代课程呈现出综合化的趋势，这主要在于现代科学的发展需要交叉融合作为其生长的基础，而客观世界又具有整体性和相互关联性，这就需要通过综合性课程的发展以引导学生融会贯通不同的学科，从而学会从整体、全面来认识和把握人类的文化科学成果以及整个客观世界。

可以说，正是人类文化形态的多样性，才使得学校课程的类型具有多样性，正是由于人类科学知识结构的多样性，才使得学校课程结构也表现出多样性。

3. 文化对课程评价的影响

文化的核心是价值观和规范体系，而课程评价的依据也就是课程价值观、课程质量观等相关的对应关系，因此，不同的课程质量观自然会导致不同的课程评价。

课程评价有较为常见的三种课程质量观：

（1）内适质量观。这是一种以学科课程内容为核心的质量观，强调的是学生知识准备的"充分程度"和为以后的"新发现"提供准备的"充分程度"，这强化了生产一部分知识对生产另一部分知识的意义即所谓学习和科学研究的"学术价值"，这是一种相对主义的质量观。

（2）外适质量观。这是一种注重外部要求，并以外部满足的程度作为课程质量高低标准的评价质量观，强调的是满足国家、社会、用人部门和教育"顾客"的需要。按照外适质量观制定的评价标准所进行的评价，是一种目标参照的绝对评价。

（3）个适质量观。这是以学生发展为导向的质量观，强调的是学生个体的自由发展，强调的是学生的独特性、整体性和自我指导性。这种具有人文精神的质量观认为，学生理智的训练、心智的发展与完善比功利的目的更重要，人格的陶冶比知识的掌握更重要。

上述三种课程质量观或教育质量观，实际上反映了不同的教育文化价值，这些不同的价值观，必定会综合地影响着课程评价并进而影响着课程行为。上述质量观的综合影响，使得学校能在遵循教育规律与学科自身内在逻辑的基础上，在既定的社会条件下，努力使学校课程尽可能满足社会需要和学生个性发展的需要，并将这种满足尽可能地扩展到前述的"充分程度"。

4. 学校组织文化对学校课程的影响

学校组织文化是人类社会文化的重要方面，是人类社会文化系统中的一种亚文化存在现象（如图1-1所示）。学校组织文化包括学校教师群体文化、学生群体文化以及学校物质制度文化等。学校教师群体文化主要体现在学校教师群体的价值观念和行为方式上，如"传道、授业、解惑""春蚕""蜡炬"以及"推动者""引导者""伙伴"等的价值观念与"教师即研究者""反思型教师""批判型教师"等的价值观念是不相同的，其在课程活动中的行为方式也必定是不相同的，这就使得不同学校不同教师群体所表现出来的文化具有不同的特征，这自然会对学校课程产生不同的影响。学生群体文化是不同学校的学生群体所呈现的整体风貌，包括学生的学风、班风、文化社团和非正式组织的活动特征等。而学校物质制度文化是学校物质环境设施和学校各项规章制度、规范、准则等的总和。其中,物质环境设施包括学校的规划建设风貌、文化设施、校容等。学校组织文化是学校课程活动及发展的具体背景和情境,若从"大课程"和"活课程"的视角看,学校组织文化也融进了学校课程,已构成了学校"大课程"和"活课程"的组成部分。可见,学校组织文化对学校课程的影响是全方位、渗透性和零距离的。

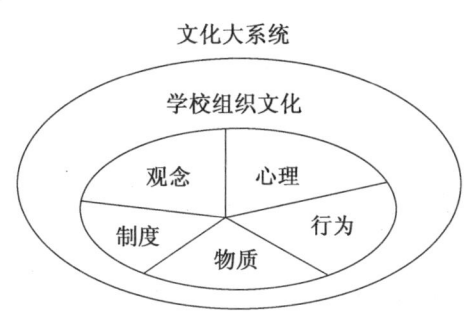

图1-1 学校组织文化构成

(三) 学生的身心发展特点对课程的制约

教育的本质属性和根本目的在于培养人,在于促进学生身心的全面发展和生动活泼的主动的发展。作为教育实践活动运行系统的"软件"和"心脏"的课程,自然也应围绕着培养人、促进学生的全面发展和生动活泼的主动的发展而进行相关的设计和评价,为此,学生的发展自然是课程发展重要的依据。杜威所确定的课程发展的心理学原则就是强调课程设计与评价应依据学生的心理特点和规律。毫无疑问,学生的心理特点和规律以及其经验和需求是学校课程的一个重要来源和主要制约因素。因此,考虑课程问题和推进课程发展,必须认真研究学生,研究学生的身心发展特点及其对学校课程的要求。

学生身心发展特点和要求对课程的制约机制主要表现在以下几方面:

1. 学生身心发展的整体性对学校课程的制约

学生的身心发展是多方面的和整体的、协调统一的发展过程。赫尔巴特的统觉论认为,人的认识和理解能力,总是依据旧观念学习新观念,每一个学习者都基于其知识和经验的背景而整体地建构知识。不仅如此,学生在学习过程中所面临的"学习课题"还包括认知、情意和动作技能等不同领域协调统一发展的问题。学生身心发展的整体性必然要求学校课程具有综合性、统整性和均衡性等特点和发展趋向,为此,在学校开设综合类课程、组织综合实践活动,强调课程的文理、文文、理理渗透,强调课程的人文性和科学性的结合,强调课程的均衡统整发展自然就成了课程开发研制和课程管理的基本原则。学校课程必须适应学生身心发展整体性特点的要求,必须有助于推动和促进学生身心的整体发展。课程无视学生身心发展的整体性将是不可想象的。

2. 学生身心发展的顺序性和阶段性对学校课程的制约

心理学和生理学的研究表明,学生的身心发展是具有顺序性和阶段性的,即学生的生理和心理发展一方面显现为连续不断的发展过程,另一方面又具有明显的阶段性。人出生后所经历的乳儿期、婴儿期、幼儿期、童年期、少年期、青年期等阶段,都会表现出其不同阶段的身心特点。

学生不同阶段的身心发展特点,自然对学校教育和学校课程提出相应的要求,包括:

(1) 学生身心发展的顺序性,要求学校课程应注重其内在的前后逻辑联系,注重其发展序列,要遵循连续性的原则进行组织设计课程。

(2) 学生身心发展的阶段性,要求学校课程的安排在不同的阶段要体现出不同水平的层次要求,后一阶段的课程水准应高于学生原有的身心发展水平,同时后一阶段的课程水准又必须建立在学生原有的身心发展水平基础之上。

3. 学生身心发展的个别差异性对学校课程的制约

学生的身心发展在各年龄阶段既具有普遍的共同特征,同时又存在个别差异,即每一个学生又有其自身的特点。这种差异性,既有生理的差异,又有心理的差异,即同龄学生在品德、才智、审美、体质等发展方面都会存在差异,这既包括不同地区的同龄学生之间的差异,也包括同一学校之内同龄学生之间的个别差异。这一特点要求课程的组织设计,在各相关科目上要设置层次不同的多种水准,同时在科目的活动项目的选择上要能给学生较多的自由度和选择性,从而尽可能地满足不同学生的特殊需要。实际上,这也强调和突出了学生选择教育、选择课程以及参与课程开发和管理的权力。

当然,学生的身心发展还有其他的一些特点,但从课程关注和重视学生身心发展的上述特点的适切性可以看出,学生身心发展特点已赋予学校课程开发的重要的生理学和心理学依据,也赋予了课程开发的重要的生理学和心理学的评判指标。学校的课程开发必须将学生作为其重要的来源,将学生的特点、发展要求作为其重要的制约依据。

(四) 国家教育整体改革及发展对课程发展的规约

国家教育整体改革及发展对学校课程发展是具有毋庸置疑的规约作用的,任何课程改革及发展都是在国家的宏观教育背景和占主流地位的教育思想指导下进行的。就我国而言,当前一段时期我国教育的主旋律无疑是素质教育,与素质教育相应的作为其具体化并成为其重要组成部分的是创新教育和特色教育等。因此,可以说,在当前和今后的很长一段时期,素质教育以及创新教育和特色教育等的发展,必定构成我国宏观的主体教育画面,在今后的一段时期,我国的课程改革与课程发展无不与此相关。

1. 素质教育的发展对学校课程的规约

我国的素质教育"群众运动"是从 20 世纪 80 年代末、90 年代初在全国各地普遍开展的,而以 1999 年 6 月中共中央和国务院《关于深化教育改革,全面推进素质教育的决定》(简称《决定》)为标志,从而使素质教育在我国从一种教育思想、教育观念提升为一种教育的长期战略和一项系统工程,从原来的单项改革区域推进变为整体改革和整体推进,从原本作为教育系统的工作转变成了全党全社会的任务。《决定》明确指出:素质教育以全面贯彻教育方针、促进学生全面发展为其基本内涵,以提高国民素质、民族素质为根本宗旨,以"三个面向"为指导思想,以培养学生的创新精神和实践能力为重心。

素质教育强调以下的教育观念,包括:① 个体发展的教育价值观;② 全面提高质量的质量观;③ 学生主体性的发展观;④ 整体协调的人才观;⑤ 人才培养的创新观;⑥ 以法治教的法制观。①

可以说,我国素质教育本质上是人本教育观、主体教育观的体现。素质教育的人本教育观强调以人为本,强调尊重、关心、理解和信任每一个学生,强调注重发展人的价值、发挥人的潜能、发展人的个性。素质教育在充分注重人的价值的同时,还重视教育和人的社会背景,强调个人本位和社会本位的辩证统一;而素质教育的主体教育观强调教育应回归生活世界,教育既要适应社会生活的需要,也要承担起作为社会主体应承担的对社会的超越和批判的责任及义务。它强调教育应尊重和提升人的主体性,并致力于培养具有主体性的人,教育要以受教育者的主体性成长为旨趣,要注重提升受教育者的主体意识,重视学生主体包括其独特性、主动性和创造性等的培养与发展。

素质教育的人本教育观和主体教育观必定且必然要通过与其相应的课程体系来落实和体现。作为我国教育主旋律的体现人本教育观和主体教育观的素质教育,对学校课程的建设、管理及发展提出以下的规约要求是自然的。这些要求包括:②

(1) 以"三个面向"为指导思想,按科学化、未来化、多样化、综合化、实践化、人格化的要求统帅课程的设计、实施及评价;

(2) 将促进学生的主体性的提升和学生的全面发展,全面提高学生的素质作为课程的出发点和归宿;

(3) 把学生身心发展的个性化与社会化统一于课程目标之中;

(4) 全面地认识和把握课程的各种因素,树立致力于整体改革的课程观;

(5) 确立课程管理的弹性观,并逐步形成相应的机制,努力调动基层学校和一线课程工作者的积极性,以加速推动形成素质教育的课程体系。

2. 创新教育的发展对学校课程的规约

创新是当代社会的主题,教育是全社会创新的先导和基础,教育创新已是我国当代历史发展的必然规律和新时代的必然抉择,为此,创新教育也就成了实施素质教育的重心和重要组成部分而为教育界所关注。以创新为指导思想的创新教育,是尊重每一个人为主体,充分发挥每一个人的主体性的教育,同时也是尊重人的个别差异,使每个人的个性得到健全发展的教育。可见,创新教育是一种与社会生活确立起新型关系的教育。

开展创新教育必定要通过"教育创新"养成学生的创新精神和包括观察能力、定向能力、思维能力、想象能力、意志能力及操作能力在内并以想象能力为其核心的创新能力。建构教育创新体系是推进创新教育的基本内容,而教育创新体系的基本构成一般

---

① 于福建.基础教育新概念——素质教育[M].北京:教育科学出版社,1999:51-65.
② 施良方.课程理论——课程的基础、原理与问题[M].北京:教育科学出版社,1996:59.

包括教育理念创新、教育制度创新、教育机制创新、教育技术创新、课程体系创新和教育行为创新等,其中课程体系创新无疑是教育创新体系的核心所在。

课程体系创新是一个系统工程,按照创新教育及教育创新的规约,课程体系创新必须强调以下要求,包括:

(1) 注重课程理论研究和课程专业队伍建设,并将两者有机地结合起来;

(2) 切实推进课程管理体制的改革,并建立起"国家、地方、学校三级课程管理体制",落实学校和教师等的课程开发主体地位,大力发展各种类型的课程;

(3) 加速变革单一的学科课程形态,充实和丰富课程类型,充分发展经验课程、综合课程、研究型课程、核心课程等创新性课程,完善课程体系;

(4) 必须更新和充实课程内容,注重面向生活、面向社会的课程取向,切实解决课程实际存在的"深、重、难"(内容过深、负担过重、学习太难)问题;

(5) 必须把创新作为一项基本原则贯穿于课程规划、设计、实施、评价等各个环节;

(6) 必须建立相应机制,让教师参与到课程创新的全过程中,注重调动其积极性,使其能充分发挥在课程创新中的核心主体的作用;

(7) 必须创设宽松适宜的课程创新环境,包括在人事、分配等机制方面进行系统研究,从而保证和推动课程创新;

(8) 努力引入市场机制,充分发挥学校、社区、政府以及包括出版单位在内的各方的作用,推动形成有助于课程改革、课程创新的社会系统。

3. 特色教育的发展对学校课程的规约

特色教育的发展(具体体现为特色学校或个性化学校的发展)已成为现代教育改革与发展的一大趋势,我国在这方面方兴未艾。

世界范围内的特色教育的发展主要是基于"多元化教育"(multicultural education)、"多元主义"(pluralism)的文化价值观逐步地成为一种时代精神。当"多元主义"成为一种基本的教育价值观时,就必然要求承认并尊重教育的差异性与个性,必然要求用多元价值标准评价教育,当教育的差异与个性得到尊重并得以提升时,就形成了特色教育。世界的文化客观上是多元的,世界的价值观包括教育价值观客观上也是多元的。我国有56个民族,地域广大,各民族和各地的文化和价值观自然也是多元的。多元主义的本质是尊重个性差异与特色,并在差异理解与特色比照中相互借鉴、交流与合作,以达到共同发展。相应的,特色教育并不是提倡教育的彼此隔绝、夜郎自大,而是要提倡彼此开放的、相互合作的、共同发展的教育个性。

特色教育就其本质而言是"多元主义"教育价值观的体现,是教育个性化的追求。教育的个性化又集中表现为学校的个性化,也可以说特色学校是特色教育的具体表现,特色教育就是靠一个个富有特色的学校进而由一个个富有特色的学校群来体现的。教育的个性就是通过学校的个性来表现,通过学校的各不相同的文化风格来表现的。这种风格表现为校长和教师的教育思想、课程思想与课程设置、教学方法、学校管理等方面的综合特色。

在多样化、特色化大趋势下我国基础教育中较为突出的一些中小学,大多或以其课程特色而见长,或以其课程特色并兼有其他的特色而被称之为特色学校。可见,特色学校的特色,离不开其各具个性的特色课程,特色学校的特色必定需要且必定通过从各地方和各学校实际情况出发而开发的地方化和个性化的特色课程来彰显。可见,随着特色教育思想的影响,我国特色教育的发展对学校课程的规约作用必将深刻而长远地显现出来。

4. 中国学生发展核心素养的要求对课程设计与评价的规约

北京师范大学等多所高校的研究团队于 2016 年 9 月 13 日所发布的《中国学生发展核心素养》的研究报告,将我国素质教育的要求聚焦于学生发展核心素养包括文化基础、自主发展、社会参与三大方面,综合表现为人文底蕴(含人文积淀、人文情怀、审美情趣)、科学精神(含理性思维、批判质疑、勇于探究)、学会学习(含乐学善学、勤于反思、信息意识)、健康生活(含珍爱生命、健全人格、自我管理)、责任担当(含社会责任、国家认同、国际理解)、实践创新(含劳动意识、问题解决、技术运用)等六大素养及相关的十八个基本要点。

毫无疑问,核心素养的要求是我国任何层面课程设计与评价都须认真考虑的重要影响因素及须达成的教育目标和课程目标。

(五)课程工作者对课程的综合影响

课程工作者对课程的制约作用是毋庸置疑的。课程工作者包括课程决策者、课程设计者、课程实施者等,在课程发展的实践活动中,他们的作用是不同的。而事实上,随着课程改革及发展,随着国家课程政策的调整和变化,他们的角色指向也在发生着变化。如在我国,原来的课程决策者是指国家教育行政部门及其官员,课程设计者是指国家教育行政部门下属的课程教学科研机构及大学的相关研究人员,课程实施者则是指基层学校的教师。而随着教育管理体制特别是课程管理体制的改革,随着国家课程、地方课程、学校课程三级课程的发展,目前在我国,地方教育行政部门及基层学校已具有课程决策者的角色地位,基层学校的校长、教师等已不仅仅是课程的实施者,而同时也具有课程设计者的角色地位和作用,甚至于学生一直是课程活动的对象(客体)的这一传统角色也在向多重角色发生着变化。另外,在不同的国家,由于其课程管理体制的不同,前述的几种课程角色的指向也是各不相同的。下面仅从两方面阐述课程工作者对学校课程的制约作用:

1. 课程工作者在课程发展中的角色作用

由于在课程发展中不同的角色地位,课程工作者的作用也是不同的,具体表现为:

(1)课程决策者对课程的建设和发展起着定向、把关的作用。所谓定向作用,即课程决策者根据国家的教育方针和教育目的,确定各级各类学校课程的总体目标。所谓把关作用,即课程决策者要负责界定各级各类学校课程的总框架和总标准,确定课程推进的基本方针,以保证课程总体系的基本质量。

(2)课程设计者对课程的设计作用。这是指设计和确定学校课程的目标体系,构建学校课程的内容体系,划分学校课程的类型,形成学校课程的计划、标准和教材等具体结构体系,提出实施学校课程的原则要求等。

（3）课程实施者对课程的实践作用。课程实施者的作用在于将设计的课程转变为现实的课程,亦即转变为师生之间、课堂等一定时空范围内的切实的课程活动或学生能切实感受体验的影响。

上述几种课程工作者角色的作用是辩证统一的,有时其作用也是互相渗透的。

2. 课程工作者的教育观及课程观对课程的影响

课程工作者的不同的教育观和课程观,对课程形成的实际影响是各不相同的,具体包括：

（1）课程工作者的社会观对课程的影响,即课程工作者将如何看社会,如何看教育、课程与社会的关系,从而会产生不同的课程主张。

（2）课程工作者的知识观对课程的影响,即课程工作者将如何对待知识是什么,知识的来源、种类、结构、作用是什么等诸问题,从而也会提出不同的课程主张。

（3）课程工作者的教育目的观对课程的影响,即课程工作者对所要培养的人的素质、规格的不同取向和要求会产生不同的课程主张。如历史上人文主义、实用主义、国家主义以及科学—人文主义等不同的教育目的观,其课程主张也是不相同的。

（4）课程工作者的学生观对课程的影响,即课程工作者如何看学生,在课程设计及课程实践活动中将学生置于何地位、发挥何作用、形成学生与相关各方面的何种关系等,不同的学生观会产生不同的课程主张。

（5）课程工作者的教师观对课程的影响,即课程工作者如何看教师,课程决策、设计及实施甚至于在学校办学中教师具有何种地位作用等,不同的教师观都将派生出不同的课程主张。

（6）课程工作者的课程观对课程的影响,即课程工作者对课程的本质、功能等的看法以及不同的课程质量观等都会对课程产生深刻的影响。

（7）课程工作者的学校发展观对课程的影响,即课程工作者是否并如何将课程置于学校发展系统,如何认识和把握学校发展(如主动发展还是被动发展,不发展、可持续发展还是冒进发展,和谐发展还是不均衡发展抑或畸形发展),不同的学校发展思想也会对课程产生深远的、多方面的影响。

（六）社区支持体系对课程的影响

特定学校的教育和课程活动是不能脱离特定的社区且是需要得到社区支持的,社区对学校教育和课程的影响是客观存在的。社区对学校课程的影响主要表现为既向学校提供并不断更新课程的资源,又对学校课程及教学提出有关的要求。当然,社区在对学校课程的这种影响中,其角色是参与性而不是决定性的。学校从社区的参与中获得的是学校教育的补充资源和社区的需求信息,而不是被动接受社区的干预。

社区对学校课程的影响可以通过各种不同的渠道进行,其中最具影响力的是社区内有组织的实体的直接参与。一些得到法律授权的社区组织,包括科技文化馆、青少年活动中心、红十字会、环保组织以及工业、商业、农业等实体组织,代表着某些社区亚团体、地方组织的需求,都会把某些代表着这种需求的主题列入学校的课程计划中。而一些志愿者组织涉及的问题,包括环境保护、卫生保健、历史文物保护、野生动物保护、科学俱乐部、家庭产业等,也会影响学校课程的某些计划主题。

学校对社区在课程方面需求的反应,有时是主动去调适,有时也可能是被动地应答,有时亦可能是暂不予以理会,但最终还是要有所理会的。但总的来说,学校对社区的需求还应持积极主动的态度,因为这种良性的互动、调适,既有利于社区的发展,也有利于学校及课程的发展。

上述影响课程的六个方面的因素,对课程的作用地位不是等同或等量齐观的,其中社会系统、文化、学生、教育整体改革和发展等因素对课程的影响作用是决定性的,而课程工作者的作用是渗透性的,社区的作用则是参与性的。同时,这诸多因素的影响又是具有综合性和整体性的。

通过这一节的学习讨论,作为未来的中小学教师应该明确:要进行中小学课程的设计与评价等工作,不只是就课程论课程,课程设计与评价会涉及国家政治、经济、文化、学生以及教育改革、社区支持体系等诸多的影响课程的因素。教师要科学地设计与评价课程,就必须具有广阔的政治、经济及文化等视野,就必须对当代教育改革及发展有较为深入的研究,要有综合的教育实践及教育研究的素养,而这都需要教师不断地学习研究,不断地积累提升。

第四节 课程发展及研究的理论基础

事物的产生和发展及其研究,都建立在一定的理论基础之上,课程及其研究自然也不例外。关于课程的理论基础研究,很多的课程学者都有研究且总体上认识较为一致,一般认为,课程的理论基础有哲学基础、社会学基础、心理学基础等。

一、课程的哲学基础

(一)哲学是课程之根本理论基础

在课程的理论基础中,最为重要的当推哲学基础。哲学是任何学科研究的一个根本的理论基础。哲学为人们思考和探索各种问题提供基本的思想前提和方法论,为人们分析和解决各种问题提供基本的价值、信念和态度。对于课程发展及研究来说,哲学起着多方面的支撑作用。哲学作为课程之根本理论基础所存在的方面主要表现为:[1]

1. 哲学是课程研究的知识母体

课程及其研究都是植根于人类知识之中的,而哲学是人类知识的母体,人类知识既

---

[1] 丁念金.课程论[M].福州:福建教育出版社,2007:484-491.

来源于这个母体,也存在于这个母体,并从中吸取养分从而不断地生长。在古代,人类知识是包揽于无所不包的古代哲学之中的,没有分化成各门具体的学科,其中包括人类对教育问题和课程问题的探索。而当今的课程研究既是处于哲学这个知识母体之中且又不断从哲学中吸取养分,受到哲学的指导。在当今人类知识的庞大体系中,哲学是居于最高层次的知识,是关于整个世界的最具概括性、最一般、最抽象的知识,它在人类整个知识体系中起着总揽的作用,它为其他各门学科(包括课程理论)的研究提供重要的思想框架和指导。为此,课程研究自然存在于哲学这个总体框架之中,课程研究中许多有意义的思想、价值观念、信念、方法论等,都来源于哲学。

2. 哲学是整个课程实践系统的基础

有学者研究认为,课程研究的目的有三:一是发展课程(developing a curriculum 或译为开发课程),二是理解课程(understanding a curriculum),三是实施课程(implementing a curriculum),这也是课程实践的三个基本方面,这几个方面都是以哲学为基础的。[1] 在课程发展的过程中,教育工作者和课程设计的主体必定要明白和回答为什么会有学校、社会需要什么样的人、什么知识或什么活动最有价值、学生应该如何进行学习、教育工作者如何对学生的学习做基本的判断等问题,在此基础上才能进行系统的课程设计并推动课程发展。当人们面对一种课程时,需要理解它背后的价值观念、思想基础、形成原因等,而这些"理解"都是要建立在哲学基础之上的。此外,教师要积极而有效地实施课程,也要全面而深刻地理解课程的各个方面,要理解课程实施与课程设计等的关系,要理解课程实施者的角色地位,还要理解课程实施的文化属性等,所有这些都要建立在一定的哲学思想基础之上。

3. 哲学为课程研究提供方法论和思想基础

方法论是"关于认识世界和改造世界的方法的理论。方法论在不同层次上有哲学方法论、一般科学方法论、具体科学方法论之分。关于认识世界、改造世界、探索实现主观世界与客观世界相一致的最一般的方法理论是哲学方法论"[2]。"方法论以人类认识活动中不同层次的对象与方法的关系为研究对象,着重揭示已有方法体系的理论基础、核心构成与研究对象性质的矛盾,以构建解决这一矛盾的新理论基础与核心为直接任务,发挥推动相应方法体系整体发展、继而推动人类认识水平质的飞跃和社会实践发展的方法论功能。"方法论包括四个层次:第一层次是哲学方法论;第二层次是系统科学方法论和数学方法论;第三层次是自然科学方法论、社会科学方法论和科学学方法论;第四层次是各门具体学科方法论。[3]

课程研究需要借助一定的方法论才能进行。课程研究所需要的方法论包括多个层次,其中最基本的还是最高层面的哲学方法论。哲学方法论能指导人们如何正确地研

---

[1] 丁念金. 课程论[M]. 福州:福建教育出版社,2007:485.

[2] 中国大百科全书编辑委员会. 中国大百科全书·哲学[M]. 北京:中国大百科全书出版社,1987:203.

[3] 叶澜. 教育研究方法论初探[M]. 上海:上海教育出版社,1999:14-15.

究和认识课程的种种问题,如何选择恰当的课程研究取向、课程研究范式及思维方法和具体方法。

哲学为课程研究提供思想基础,这是因为哲学包含了关于自然、社会和人类自身的各种基本问题的主张,这些主张为各个学科领域的研究提供了重要的理论依据、来源和理论分析框架。以一定的哲学观为基础,往往会形成一定的课程理论体系。一定时期的重要的哲学流派诞生,常常会导致相应的课程理论体系的产生。①

资料链接1-3:现代哲学流派对学校课程的影响

(二)如何发挥哲学在课程研究中的基础作用

哲学在课程实践及课程研究中的基础作用需要课程工作者以及教育工作者主动有效地去发挥。为此,课程工作者和教育工作者要注重以下几点:

(1) 努力加强对哲学的学习、研究和应用训练,以不断提高哲学及应用水平。

(2) 注重多种哲学思想的整合运用及多层面作用的综合发挥(注重以马克思主义哲学思想为基本的指导思想)。

(3) 全面、正确地认识和把握哲学的作用。

哲学毫无疑问是课程理论及课程研究的最为重要的基础,但哲学也不是万能的灵丹妙药,对哲学的认识和把握还应持全面的、正确的、理性的态度。

二、课程的心理学基础

心理学是以人为研究对象的,心理学是教育学研究的一个重要基础,当然也是课程研究的一个重要基础。心理学作为课程的理论基础,其历史是悠久的,从亚里士多德依据官能心理学提出体、德、智和谐发展,到赫尔巴特注重观念的运动而推行的"统觉"论,都体现了心理学对学校课程设计及其改革发展的影响。

心理学作为课程理论重要基础的方面主要表现为:②

(一)心理学作为课程及其研究的学习心理学基础

课程是为学习者提供并且是与学习者的学习活动密切相关的,因此,课程的安排必须适合学习者的心理,而课程研究的一个重要内容也是要研究学习心理学。

课程符合学习者的心理主要在于:

(1) 课程要符合学习者学习活动的一般心理学规律。课程的理解和编制,包括学习内容难度、抽象程度、分量把握等都要符合学习者学习活动的一般心理学规律,如记忆规律、思维规律等。

(2) 课程要符合人的心理发展的年龄特征。特定的课程常常是提供给一定年龄阶

---

① 丁念金.课程论[M].福州:福建教育出版社,2007:488-489.
② 丁念金.课程论[M].福州:福建教育出版社,2007:499-505.

段的个体学习的,课程必定应符合这些个体心理发展的年龄特征。事实上,长期以来各国和各地的课程都是根据个体心理发展的年龄特征而设计编制的。

(3) 课程要符合特定学习者的个性特征。因为不同的学习者是具有不同的心理特征的,课程适切性的一个重要方面就在于对不同学习者不同心理特征的适切。

(二) 心理学为课程的构成及其实践运作提供了基础

课程的构成及其实践运作一般包括课程设计、课程实施和课程评价等,而这几个方面或环节及其研究都是要以心理学作为其基础的,这表现为:

(1) 课程目标以及教育目标的构建和研究的重要基础是心理学。如一段时期以来一些关于教育目标的研究成果大多是从心理学的研究中取得的,这包括布卢姆教育目标分类学、霍恩斯坦教育目标分类学、加涅的学习结果分类、泰勒选择教育目标的心理学筛子等。

(2) 课程设计中课程内容研究的重要基础是心理学。如课程内容需要选择哪些知识和技能?需要进行哪些智力训练和能力培养?需要体现哪些情感、意志、态度和价值观的养成要求?这些都要依据心理学的研究。另外,课程内容的组织既要进行逻辑组织,也要进行心理组织,这当然是要以心理学为基础的。

(3) 课程实施中包括教学方式和学习方式等的研究的重要基础是心理学。如当代关于教学模式、教学策略、教学方法等的诸多研究成果以及学习模式、学习方式等的诸多研究成果也主要以教学心理学和学习心理学的研究作为基础。

(4) 课程评价及其研究也要以心理学为基础。课程评价是对课程及其要素、课程活动过程以及其结果进行的评判,这其中涉及方方面面的问题,而许多问题的研究需要以心理学作为基础。

(5) 课程实践运作过程中课程工作者的诸多心理活动也是需要以心理学的研究为基础的。诸如观察活动、思维活动、记忆活动、想象活动、情感活动、意志活动等,其中最基本的活动是观察和思维,而要有效地进行这些活动并有效提升课程活动的效益,则必须加强心理学的研究,以心理学作为课程实践运作过程及课程工作者的重要的理论基础。

资料链接1-4:现代心理学对学校课程的影响

随着时代的发展,心理学作为课程的理论基础,其地位作用将愈益重要。为此,课程工作者要加强心理学的学习、研究和运用训练,以不断提升心理学的素养,同时注重多种心理学思想的融合研究、整合运用及其多层面作用的综合发挥,以便全面、正确地认识和把握心理学的作用。

三、课程的社会学基础

课程是一种社会现象,有着重要的社会职能和社会基础。学校课程作为社会文化的重要组成部分,与整个社会以及其各方面的因素有着千丝万缕的联系,这在前面社会系统与课程发展的关系当中已进行讨论。社会学是研究社会问题的，教育社会学则是以社会的视角研究教育问题、研究教育与社会的相互关系的。为此，社会学作为课程理论基础是毫无疑问的，其所存在的主要方面有：

（一）社会学为课程的产生和发展的整个纵向历程及研究提供基础

课程的产生和发展总是以一定的社会为基础的，随着社会的延续和发展，课程也相应地延续和发展，一部课程史，其外围和深层，实际上就是社会发展史。而课程理论的发展一定程度上也伴随着社会学等理论的发展而发展。课程的产生和发展不是偶然的事，它既是社会文明发展的产物，也是社会文明发展的重要方面，课程的产生和发展总是以整个社会发展作为背景和基础，这个背景和基础包括社会生产力的发展、社会结构及社会制度的发展、社会分工和社会生活方式的变化、社会文化精神的变迁等诸多的方面，要理解和把握不同历史时期的课程，就必须研究相应历史时期的社会以及社会与教育及课程的互动，而这些正构成了社会学的基础框架。

（二）社会学为课程的构成、课程设计与评价等实践运作及研究提供基础

课程的构成要素及课程发展实践运作系统包括课程设计、课程实施和课程评价等，这些方面的运作及研究都需要以社会学为基础。如课程设计要进行社会情境的分析，课程目标和教育目标体系的构建要以社会的需要作为基础，课程内容的设计要考虑社会的政治、经济需求，课程实施的方式及学生学习方式等自然也是要受到社会经济及科学技术发展水平与特征等的制约。课程中有关课程目标、课程内容、教学和学习方式、课程评价等的研究，必定都要涉及对社会结构、社会生活方式、社会政治、社会文化等的研究。课程设计中的方法技术、方式模式等都属于社会文化的范畴，课程实施的过程中所包含着的师生和生生互动都是在一定的社会环境中进行的，而课程评价的过程，其主体多为社会各方人员，课程评价中的互动过程是一种社会过程，课程评价的理念、标准等都是要受到社会的重要影响。可见，课程发展的过程及研究都是要以社会学作为其基础的。

（三）社会学为课程改革及研究提供基础

当前和今后的很长一段时期，我国各地都会处于课程改革不断推进和持续深化的阶段，课程改革的自觉有序和科学化推进是要建立在对课程改革研究的基础之上的，而课程改革研究的一个重要理论基础就是社会学。因为要研究我国的课程改革，就必须研究当前我国的社会背景和国际背景，研究我国和国际社会所面临的各种问题，还要研究我国的传统，包括其优、缺点，研究我国当前的改革与传统的关系。此外，还要研究我国社会以及整个人类社会的未来走向，而所有这些，都是离不开社会学的。

资料链接1-5:现代教育社会学对学校课程的影响

毫无疑问，课程工作者都应加强社会学的学习、研究和运用训练，不断提升社会学

的素养,同时要注重多种社会学思想的融合研究、整合运用及多层面作用的综合发挥,从而以全面、正确地认识和把握社会学的作用。

本章小结

课程是指在教育情境中教育者按照一定社会的需求和受教育者的身心发展水平所组织的有目的、有计划的教育活动中,受教育者在教育者的引导下所获得的经验。这里的"经验"既是作为"知识"的同义语使用(即经验包含了知识)的,同时,也是作为名词(学习者个人经验)和动词(经验过程)使用的,在这里,经验表现为学习者主体和学习对象的统一。

课程设计是按照育人的目的要求并在分析课程内外各要素、各成分之间联系的基础上而制订的一定学校课程计划、课程标准和各类教材,进而制订具体的课程实施方案包括确定课程实施方法策略等的系统全面的过程。课程设计是有着不同的层次之分的,狭义的课程设计就是指把课程各组成部分安排成一个实际的整体,课程设计就是对课程各组成要素的组织,从而形成完整的课程内容、明确的课程类型及结构,而广义的课程设计还包含了课程情境及要素分析、课程目标研究及目标建构、课程具体实施方案确定及方法策略选择等。本书的观点是从广义的角度和范围把握课程设计的。

课程评价是教育评价的重要组成部分,课程评价是指通过一定的方法途径对课程计划(方案)、活动以及结果等有关问题的价值或特点做出判断,并追求和促进课程发展的过程。

由于课程本身的多方面功能的客观存在,又因课程设计与评价都是系统的过程,而且涉及从国家到地方到学校以及到学生等诸多的层面,因此其多方面的价值是客观存在的,不同层面的课程设计与评价都具有多方面的意义。

课程发展的基础包括影响课程发展的客观因素和影响理论发展及研究的理论基础两个方面。

复习与思考

1. 如何理解课程的本质和内涵?
2. 如何理解课程开发和课程设计与评价的关系?
3. 课程设计与评价的教育功能有哪些?

第二章
课程的历史演进及课程理论的发展

※ 本章导航

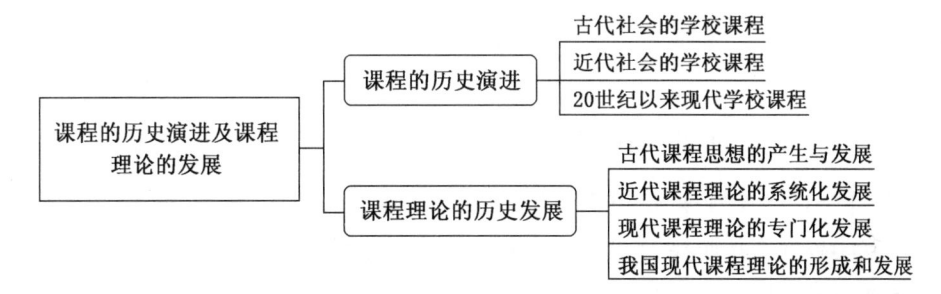

- 课程的历史演进及课程理论的发展
  - 课程的历史演进
    - 古代社会的学校课程
    - 近代社会的学校课程
    - 20世纪以来现代学校课程
  - 课程理论的历史发展
    - 古代课程思想的产生与发展
    - 近代课程理论的系统化发展
    - 现代课程理论的专门化发展
    - 我国现代课程理论的形成和发展

※ 学习目标

1. 了解课程及课程理论发展的基本脉络；
2. 认知不同时期课程发展的主要内容及其基本特点；
3. 掌握不同时期课程理论发展的主要内容及基本特点；
4. 理解一些主要教育家的课程观，并能对他们的观点进行评价。

※ 学习重点

研究课程的发展史，了解课程发展的基本脉络，并掌握不同时期课程发展的主要内容及特点。

※ 学习难点

课程及课程理论的发展受诸多因素制约，在学习和了解每个时代课程发展的内容、特点及每个教育家主要课程思想时，应透过现象看本质，能分析其背后的机理。

对课程问题的研究,不能离开对其历史的追溯。课程的发展有其自身的内在规律,课程发展的历史研究,将为研究今天的课程问题提供诸多背景性知识,并给今天的课程设计与评价等提供诸多的启迪和指导。而课程理论的发展与课程的发展又是密切相关且相伴相随的,任何课程思想及课程理论总是基于一定的课程实践或来源于一定的课程实践,而任何课程的产生和发展又常常是某种课程思想或课程理论影响的结果。

第一节　课程的历史演进

课程的发展是受诸多因素制约的,其中尤其主要的因素是社会政治、经济、科学文化等。课程的历史演进与社会不同历史时期的政治、经济以及科学文化等因素是密切相关的。本节旨在对不同时代,不同政治、经济、科学文化等背景下的课程发展进行研究。

一、古代社会的学校课程

古代社会是以青铜器、铁器手工工具为标志的社会。古代社会包括奴隶社会和封建社会,其学校教育从萌芽、产生并得以缓慢发展。古代社会的学校教育为统治阶级所垄断,因而具有鲜明的阶级性和等级性,且整个古代的学校教育都严重脱离生产劳动。由于在教育体系中,课程总是居于中心地位,因而古代学校课程总是集中而具体地体现着古代教育的特点和要求。古代不同国家的学校课程的发展,既有相同的共性,也有不同的个性。这里分别就中国和西方的古代课程讨论其发展的基本事实。

(一) 古代的中国学校课程

古代中国学校大约产生在夏代,学校课程自然是随学校的产生而出现的。当时,奴隶社会的教育目的就是要把奴隶主的子弟培养成为继承人,学校课程则按此目的将当时的文化成果选作其内容。如商代学校就教以祭祀、军事、乐舞和文字;周代学校则开设"礼、乐、射、御、书、数",即所谓"六艺"之学。而春秋时大教育家孔子则因"删诗书,定礼乐,修春秋",整理和发展了殷周以来的文化,编写并使用了诗、书、礼、易、乐、春秋等六种课程,即所谓"删述六经"而"垂宪万世"。孔子所编定的"六经"为其后我国历时两千多年的古代学校的课程教材建设奠定了基础。与孔子同时代的墨子,在课程内容方面较为重视劳动工艺,可惜这种主张未受重视。

孔子之后的战国时期曾出现过诸子百家自由争鸣的可喜局面,但在其后的秦代又发生了"焚书坑儒"的事件,到了汉代武帝时,国家实行"罢黜百家,独尊儒术"的政策,从此,儒家思想学说就成了自汉至清我国历代学校教育的核心,《诗》《书》《礼》《易》《春秋》"五经"和《论语》《孟子》《大学》《中庸》"四书",逐步成为我国一直延续到清朝末期历代学校的完整的课程体系。上述儒家经典中的一些思想尽管也不失为我国文化的宝藏,但"独尊儒术"带来的学校课程唯此一端,不免禁锢了人们的思想,使得学校课程不能兼容并包而广泛吸纳人类的各种文化成果。在我国长达两千多年的封建社会中，我国的科学技术发展不乏一些辉煌的成就，如蔡伦的造纸术、张衡的浑天仪、华佗的医术、刘徽的《九章算术注》、张仲景的《伤寒杂病论》、贾思勰的《齐民要术》、祖冲之的圆周率计算、宋应星的《天工开物》、李时珍的《本草纲目》以及指南针、印刷术等，这些在世界科技发展史上都具有重要地位的科技文明成果，在独尊儒术思想的消极影响下，都难以成为历代学校课程和选仕考核的主体内容，甚至于几乎没有位置。可以看出，在"社会与个人""理和事""仕和工商"这三对矛盾中，我国几千年的古代学校课程一直是重社会而不重个人（个性）、重理而不重事、重仕而不重工商（科技及应用人才）的，这种矛盾甚至于在我国近现代的学校课程中都还有着很大的消极影响。

（二）古代的西方学校课程

古代西方的学校课程同样是随学校的产生而出现的。在西方奴隶社会，如古希腊具有代表性的斯巴达和雅典的教育，其教育目的都是为奴隶阶级服务的。但课程内容上又有所不同，斯巴达的教育课程主要是军事训练和体育活动，而雅典的教育课程包括智、德、体、美和军事教育在内，强调人的多方面和谐的发展。而这种不同都与其不同的"国情"直接相关。

古希腊的哲学家、教育思想家柏拉图（Plato，约公元前427年—前347年）曾提出了一套比较完整的学科课程体系。他在其《理想国》中阐述道：哲学是最高的学问，其基础学科是算术、几何、天文学、音乐等，还包括体育、文法学、修辞学。显然，柏拉图的课程体系，包括德育、智育、美育、体育几方面的内容，其学科课程论思想对古罗马和欧洲中世纪"七艺"课程的影响是巨大的。

古罗马是欧洲第一个典型的奴隶制国家，其发展经历了从氏族公社（公元前六世纪）到共和政体（公元前六世纪到公元前一世纪）再到帝政时期（公元前一世纪到公元五世纪）的不同时期，其教育也就经过了氏族时期的农夫军人教育到共和时期的演说家教育，再到帝政时期的忠实顺民和帝国官吏教育。其学校课程最具代表性的是共和时期的初等学校和文法学校的课程，初等学校的课程主要是读书、写字和习算，习算为主导学科。而文法学校中，文法、作文、演说、伦理、神话、几何、天文为主导学科，历史、地理、数学、音乐、自然科学为辅助学科。通过这些课程的学习，完成养成雄辩的人才、造就重实际的风气、建设实用的智慧、注重实用的成效等任务。罗马在共和制末期，创立了专为贵族和富人而设的修辞学校，学生16岁入学，修习两三年毕业，其课程主要有修辞学（雄辩术）、哲学（辩证法）、希腊文、法律、数学、天文学、音乐等，而尤以演说术最受时人重视。古罗马时期杰出的教育家和演说家昆体良（Marcus Fabius Quintilianus，约公元35年—约95年）的《论演说家的教育》（或《演说术原理》）一书，凡十二卷，主要论述了演说的修养和方法问题，同时也兼及了教育的一般问题，是西方最早的教育专著。

可见，在西方奴隶社会，古希腊和古罗马时期的经济和文化已相当繁荣，其学校的课程有所谓的"七艺"，即文法、修辞、辩证法（逻辑）、算术、几何、音乐、天文。前三种课程称为"三艺"，属文科课程，后四种为"四艺"，主要是理科课程。

资料链接2-1:中世纪的欧洲课程以及欧洲文艺复兴时期的课程

从中世纪而进入文艺复兴时期,由于社会科学文化的发展,其对人的能力提出了多方面的发展需求,这就决定了人文课程的广泛性,以及文化、科学、艺术等各种新成就的出现,从而使学校课程也有了巨大的甚至是辉煌的发展,学校课程的智、体、美、德方面重新恢复其相互间的均衡,并得以快速的扩展和深化。智育方面,人文主义者改造并扩大了中世纪的"七艺"。传统的"三艺"占优势地位,而其中文法又凌驾于逻辑学和修辞学之上,"四艺"尽管也教,但不如古希腊时代更为重视,一些学校还增设了文学、地理、力学、代数、测量和绘画等科目。体育方面,由于人文主义教育十分注重身体的训练,因此,体育课程被置于重要的位置,一定程度上恢复了前期的"骑士七艺",学校课程要求青年学习击剑、游泳、骑马、射箭、角斗等。美育方面,课程较为重视艺术内容,注重图画、音乐、诗歌等课程形式,强调加强学生文学艺术修养、审美能力等的培养。德育方面,在宗教改革运动中,课程尽管仍把宗教品质列为德育内容,但更偏重于世俗道德品质的养成,同时,课程讲究礼仪等训练。总的来说,课程摆脱了传统的宗教内容和宗教教育,人文学科居于课程的中心地位。无疑,文艺复兴运动为西方学校课程的进一步发展开辟了道路。

二、近代社会的学校课程

(一)近代西方的学校课程

17世纪到19世纪,西方国家先后进入了资本主义社会,随着生产力和科学技术的迅猛发展,资本主义制度的确立,教育科学也取得较大的进步,因而近代西方的学校课程也随之发生着重大的变革,包括其内容得到丰富,水平得到提高,结构得到改进等。具体表现为:[①]

1. 自然科学在学校课程中的地位得到较大提升

文艺复兴以后,自然科学得到了较大的发展,英国唯物主义思想家弗兰西斯·培根曾提出"知识就是力量"的著名口号,主张在学校开设自然科学课程,17世纪到18世纪,西方的学校大都逐步开设物理学、化学、植物学、动物学以及代数学和三角学等自然学科科目,到了19世纪下半叶,自然科学的课程不仅在西方各国的实科学校中得到发展,而且在文科中学也得到相应的发展。18世纪中叶起,为适应生产和科技发展的需要,英、法等国出现了一批新型的工业专门大学。德国也于1810年创办了突出科技教育的柏林大学,而且还产生了爱因斯坦等一大批世界一流的科学家。随着科技教育的兴起,19世纪末到20世纪初,欧美各国普遍在中小学禁开宗教课程。

2. 新人文学科在学校课程中得到扩展

19世纪,由于西方一系列民主国家的形成以及资产阶级民主政治的需要,从而出

[①] 廖哲勋.课程学[M].武汉:华中师范大学出版社,1991:22-25.

现了一系列新的人文科目,这对文艺复兴时期的古典人文主义课程体系形成了严重的冲击。这些新人文学科科目主要有现代民族语、外国语、公民、历史、地理等。现代民族语和历史课程的开设,主要在于要培养学生的爱国主义思想,以增进本国人民之间的感情和民族国家的巩固。而现代外国语的开设则是为了适应国际竞争和国际文化交流的发展。公民课的开设主要是为了加强道德教育、法制教育和公民意识教育。地理课则包括自然地理、人文地理和经济地理,是研究人类生活及与自然环境关系问题的一门重要的"近代人文学科"。

3. 体育逐步成为学校不可缺少的重要的必修课程

文艺复兴后,随着生理学和心理学的发展,西方教育家对青少年的体育运动普遍重视。如卢梭就提倡要让孩子嬉嬉嚷嚷、跳跳蹦蹦,以发展其身心。而把卢梭的体育思想付诸实施的是德国教育家巴泽多(J. B. Basedow,1724—1790年)的泛爱学校。其后,德国古茨·穆茨(J. C. F. Cuts Muths,1759—1839年)在学校课程中设计了一套操练身体的动作,称为"体操"。德国的阿道夫·施皮斯(Adolf Spiess)在19世纪首先将体育正式列入学校课程。而瑞典的P. H. 林还在体育学科中开设了解剖学和生理学。美国的D. 刘易斯(D. Lewis,1823—1886年)把从德国和瑞典输入美国的体操加以改造,首创了柔软操。到20世纪初,体育已成为各国学校课程的主要科目。

4. 劳动科目列入学校课程

中国和西方古代的学校教育都是轻视生产劳动的。新兴的资产阶级教育家如洛克、卢梭以及裴斯泰洛齐(J. H. Pestalozzi,1746—1827年)与福禄倍尔(F. Froebel,1782—1852年)等都对劳动的教育价值有不同程度的认识,都反对学校教育轻视劳动而主张让学生参加一定的生产劳动,但都没有提出要把劳动列为学校课程的一门必修课。到19世纪后期,美国的阿德勒(Felix Adler,1851—1933年)在其举办的劳动者学校中把劳动作为一门文化课。其后,实用主义教育家杜威(J. Dewey,1859—1952年)进一步发展了这种思想,在芝加哥实验学校中,将园艺、纺织、木工、金工、烹饪等活动统统列入课程,并认为劳动是学校课程的重要科目。

5. 艺术学科逐步受到重视

在中世纪,有闲阶级的文雅教育是不包括工艺教育的,而且整个艺术学科都不被人们所关注。到了19世纪,由于工商业的发展而引起资本家对于产品设计等的重视,于是西方学校逐渐将美术等列入学校课程。而到了20世纪,艺术欣赏、艺术创作等都成了课程的主要内容,唱歌和舞蹈、乐器演奏等都结合了起来,而且,管乐、管弦乐等都成了艺术课程中重要的教学内容。显然,19世纪末,艺术课程逐步恢复了自希腊自由民主时代以来失去的地位,当然这是一种超越性的恢复。

6. 课外活动逐步取得与正规课程并列的地位

课外活动包括各种各样的形式,在古代课程中,课外活动并没有与正规的教学科目并列,而到了19世纪和20世纪之交,在反复论争中,课外活动逐步取得了与正规课程并列的地位。

(二) 近代中国的学校课程

中国近代学校课程体系的建立,是从清朝末年开始的。清朝末期,中国正逐步演变为半封建半殖民地的社会,在西方传入的新教育思想和新教育制度的冲击下,落后的科举制度被迫废除,课程体系亦被迫按"中学为体,西学为用"的思想进行改良,从而向西方学习。先是学习德日,后是学习美国,从而逐步地建立起我国近代的课程体系和课程制度。

1903 年,清政府颁发《奏定学堂章程》(史称"癸卯学制"),该文件对中小学堂的课程设置都做了较为明确的规定。这包括:初等小学堂的课程分为必修科和随意科。必修科有修身、读经讲经、中国文学、算术、历史、地理、格致(亦称博物,包括动物、植物、矿物和生理卫生)、体育等八科。随意科设有图画和手工,各年级每周 30 课时;高等小学堂必修科目有修身、读经讲经、中国文学、算术、中国历史、地理、格致、图画、体操等九科。随意科有手工、商业、农业等,各年级每周 36 课时。中学堂的课程科目有修身、读经讲经、中国文学、外国语(日、德、英、法、俄等)、历史、地理、算学、博物、物理及化学、法制及理财、图画、体操等 12 个科目,每周 36 课时。《奏定学堂章程》所规定的是中国近代的第一套学校课程,这是封建的儒家思想(其中包含中国传统的美德教育)和近代自然科学的教育内容相结合的课程体系。无疑,它比中国古代的课程有了较大的进步,不足的是没有音乐、代数和几何等科目,以及缺少选修科目的规定。

辛亥革命后的 1912 年 1 月,中华民国成立了,1912 年 9 月 2 日南京临时政府颁发的《教育宗旨令》中所规定的新教育宗旨是:"注重道德教育,以实利教育、军国民教育辅之,更以美感教育完成其道德。"[①]按此宗旨,民国初年所规定的学校(当时学堂都改为学校并规定男女可以同校)课程为:初级小学有修身、国文、算术、手工、图画、唱歌、体育,女生加授缝纫;高级小学则设有修身、国文、算术、本国历史、地理、理科、手工、图画、唱歌、体操。另外,男子增加农业科,女子增加缝纫科,亦可视地方情形改设商业或开设英语等。中学所设科目有修身、国文、外国语、历史、地理、数学、博物、物理、化学、法制、经济、图画、手工、唱歌、体操。女子中学则增加家事、园艺和缝纫课。可见,此时中小学所设的课程科目比清末更科学,更符合时代要求,应用学科得到了加强。同时,通过一系列课程文件的制定,从而奠定了我国中央集权制的课程管理体制的基础。

1919 年的五四运动,促使我国由旧民主主义的社会转向新民主主义的社会,我国的学制和课程自然亦受到较大的影响。1922 年 10 月,第八届全国教育联合会(由留美派主持)制定并颁发《壬戌学制》,即所谓"六三三制"或"新学制"。

"六三三制"提出了当时教育和课程改革的七条标准:① 适应社会进化之需要;② 发挥平民教育精神;③ 谋个性之发展;④ 注意国民经济力;⑤ 注意生活教育;⑥ 使教育易于普及;⑦ 多留各地方伸缩余地。

按上述"标准",当时初级小学规定的课程有国语(语言、读文、作文、写字)、算术、社

[①] 顾树森.中国历代教育制度[M].南京:江苏教育出版社,1981:255.

会、自然(含园艺)、工用艺术、形象艺术、音乐、体育等科目;高级小学则设有国语、算术、公民、卫生、历史、地理、自然(含园艺)、工用艺术、形象艺术、音乐、体育等;初中课程为社会课、文言科、算学科、自然科、艺术科、体育科等六大必修学科,另外还有选修科;高中则分为普通科和职业科,普通科以升学为目的,分为甲乙两组,甲组偏文科,乙组偏理科,职业科分为工科、农科、商科、师范科、家事科等,以就业为主要目的。

五四运动后的学校课程,实际摆脱了儒家思想的统治,较多地体现了尊重科学和尊重民主的思想。如高中课程实行文理分科,开设各科职业课程,加强普通教育教学和自然科学课程及教学,而在初中则设职业选修科目,这在一定程度上也反映了美国20世纪20年代进步主义教育观念和以儿童为中心的思想。

1927年后的南京国民政府时期,教育部对1923年的课程标准做了多次修改。如小学和中学都增设"党义",后又改"党义"为"公民",初中还另增"党童子军"一科,以此推行其"党化教育",从而试图从政治上控制学校课程。另外在中小学课程中改"工用艺术"科为"工作"科,改"形象艺术"为"美术",改"工艺"为"劳作",取消了初中的选修科目,高中普通科亦不再分组,综合性的自然科改为分科制,并增加了"伦理学"科目。在教学管理安排上则取消学分制,恢复钟点制,并推行"导师制"。

中国近代的学校课程总的来说还是较多地借鉴了西方国家的经验,课程发展的总趋势也还是大体上符合世界课程发展潮流的。

三、20世纪以来现代学校课程

(一) 20世纪以来西方现代学校课程发展的基本特征

西方现代学校课程开始于19世纪和20世纪之交。现代课程是社会现代化的直接产物,现代课程的出现及逐渐完备是与现代社会生产的发展、世界政局的变化、文化的变迁、科学技术的进步,以及普及教育和实行现代学制等密切相关的。而上述诸因素的变化在西方各国又是不平衡的,因而现代课程在西方各国的发展也是不平衡的。而且现代课程与前述的近代课程也不是截然断开、泾渭分明的。亦即现代课程中仍然会包含近代课程的内容,而事实上近代课程中也有现代课程的萌芽。因此这里将从总体上和一般意义上对现代课程发展的特征进行研究。

现代课程特别是20世纪后半期的现代课程的发展,最主要的表现为其内容结构的变革,其变革发展的特征为:

1. 各国都为增强国力而强调理科课程

到20世纪初,工业革命的影响已遍及西方社会的每一个角落。在西方各国间工业发展的激烈竞争中,各国的政府和教育界逐渐认识到自然科学知识的价值,认识到学校理科课程对于发展经济、增强国力的重要意义。并且,20世纪的两次大战及其后的局部战争都是"科技战争",这在一定程度上影响了相关国家的教育政策,要求其学校的理科课程,能直接服务于战争需要和国内生产需要,要求使每个人都能受到适当的科学教育。这样,在西方众多的面向大众的普遍中等学校课程中,现代理科课程逐步取得主课地位,从而成为普通教育的重要组成部分。其后,西方国家的理科教育逐步走向普及化、实用化,一些国家还把理科列为中等学校毕业考试或高等学校升学考试的科目,从而进一步强化了理科课程的地位。

第二次世界大战以后,西方国家进一步强化理科教育,日本政府在1953年制定了《理科教育振兴法》。日本中央教育审议会在1957年颁发的《关于振兴科学技术教育的方略》中指出,加强理科教育的目的在于"振兴生产技术、恢复生产的自主性、提高国际竞争力,复兴经济、安定民生和提高文化"[1]。在"冷战"的背景下,美国于1958年颁布了《国防教育法》,强调科技教育,随之开展了大规模的理科课程现代化运动,且其影响波及整个西方。20世纪60年代,自美国经济学家舒尔茨(T. W. Schultz)提出"人力资本"理论后,更多的国家认识到学校教育尤其是直接为发展科学和生产技术培养人才的理科教育对经济增长所起的至关重要的作用。其后,几乎所有的发展中国家都在公立中小学进行某种形式的数学和科学教育,这两类科目的课时在初中阶段则占到总学时的三分之一以上。各发展中国家都将振兴理科教育、引进科学技术作为发展民族经济和实现社会进步的必由之路和重要措施。

2. 为做好生活准备而强化实用性课程

实用性课程包括两类:一类是为就业生活做准备的,如工艺、制图、技术教育、生计教育、生产劳动教育等;另一类是为日常生活做准备的,如家政、营养教育、性教育、健康与卫生、汽车驾驶、旅游、摄影、消费者教育、环境教育等。这些实用性课程多为微型训练课程,其长处是使课程门类日益丰富,既可增长学生的见识,又可使课程更好地适应社会发展变化的需要;既能在更多的领域中提供有关知识信息,开拓课程的深度与广度,又可更好地发挥教师的特长。教育要为适应生活做准备,这是20世纪以来重要的课程目标。

有的学者认为,20世纪以来之所以强调实用性课程,主要是基于现代社会的一些重要信念,这包括:[2]

(1) 人人都应该工作。现代大工业生产无不要求工作者具备相应的知识与技能,于是为就业做准备成为现代学校教育的一项重要功能。

(2) 实践活动乃至手工劳动有其无可替代的教育意义。

(3) 学校生活必须在各方面为每一个个体加入社会生活做好准备,因此课程设计应当适应学生个体的不同需要以及社会生活的实际需要。

由于上述的信念,20世纪以来实用性课程日趋普遍。

事实上,20世纪以来各国在普通中小学开设实用性课程也大大地消除了学科知识与实际生活之间的鸿沟。美国联邦政府于1974年颁布《生计教育法》,要求把为每个人的职业生活做准备的生计教育课程作为中小学的必修课,其学分约占总学分的20%左右,着重培养学生的生计意识和谋生能力。1990年美国联邦政府又颁布了《职业与应

---

[1] 瞿葆奎,钟启泉选编.教育学文集·日本教育改革[M].北京:春秋出版社,1991:162.
[2] 钟启泉,李雁冰.课程设计基础[M].济南:山东教育出版社,2000:222.

用技术教育法案》,强调职业教育与学术性教育的一体化。提倡以"技术准备"教育取代漫无目的不成体系的普通课程,同时加强中学的实用性课程与高等职业教育或职业生活的衔接,从而为进一步的学习或培训打好必要的基础。其主要的方式是在中学开设农业课程、商业课程、秘书课程、工业课程、家政课程等,以任凭学生根据自己的需要和兴趣选择,并开设和要求学生学习应用数学、应用物理、应用交往、技术原理等兼具学术性和应用性的科目。实用训练课程成为学校课程的重要部分,不仅意味着学校接受一些新课程,而且意味着在竞争激烈的社会环境中重新思考和安排课程,使课程与劳动技术世界建立连接。实用性课程的普遍开设,加速了"普通教育职业化,职业教育普通化"的世界性发展趋势,也进一步扩大了现代学校教育的社会功能,同时也进一步扩充了学校教育"基本文化水准"的内涵。

3. 为培养现代国民而加强人文、社会课程

20 世纪以来,世界各国为了培养青年一代成为拥护本国政府、维护民族统一、维护社会秩序的国民,从而能使"国家"成为最具凝聚力的社会组织,都加强了德育,强调人文和社会课程,强调课程对青年一代社会价值标准、个人价值标准、国家和世界的价值标准、认识过程的价值标准等道德价值观念的培养。如日本、美国、法国、英国、瑞典、挪威、丹麦等国的中小学,或则设立道德课程(道德课),或则设立公民课,有的还设立宗教课。

当然,人文、社会课程在不同的国家,由于其社会制度、意识形态、生活方式等的不同,从而也表现出较大的差异性。甚至于一些国家的人文、社会课程在宣扬本国的民族主义和爱国主义,将本国的政治制度及其思想基础合理化的同时,往往会倾向于否定别国的社会理论、社会制度乃至社会生活方式。"冷战"时代,这种现象具有共同性,"冷战"后也还有重要影响。除此,国家政权的更替也使相关国家人文、社会课程的性质及内容发生根本性的变化。这也反映出现代人文、社会课程与社会主导意识形态、执政党的方针政策等的关系是相当密切的。

4. 为促进学生个性的发展,音乐、体育、美术等课程进一步受到重视

20 世纪以来,随着多元文化的发展,随着社会现代化的进程,人们越来越追求个性的发展,教育及课程也越来越重视个性发展的因素,为此,音、体、美等课程比以前更受重视。音乐课程已不再限于教唱歌,而是强调对学生进行基本的音乐教育,为学生奠定一般美学素养的基础;美术课程的目的则为致力于发展学生的"视觉素养"等;体育课程则旨在能使学生动作更协调,并帮助其确立保障身体健康的生活方式。可见,音、体、美等课程更多地致力于学生个性素质的培养,并致力于防止由于课程与科技进步的脱节,而产生逻辑与直觉、认知与情感、科学与艺术等不平衡的状态。

从上述现代课程发展的特征可以看出,现代课程的类型是愈益增多,内容是愈益丰富。现代课程体系除了前述的一些课程科目外,还有很多新的科目,如计算机、法律、经济、科学、心理学、技术、自然、人类学、教育学等。除此,还有很多综合性的课程,如美国的理科、社会问题、探究活动、宇宙科学、电子工学、地球科学;法国的观察学习、觉醒学科、人文科学、自然科学、综合技术；德国的常识、乡土课、综合教学、物象教学；日本的生活科、特别活动、环境科；泰国的合科教学、经验课、个性教育课、基础技能课等。前述的现代课程的诸多发展特征，实际上反映了20世纪以来学校课程对人的全面发展的不懈的追求，也反映了学校课程对人的全面发展要求的应答。

（二）现代课程的继承与变革问题

毫无疑问，现代课程是在变革中发展的，但同时又是在继承传统中发展的，是在传统文化和教育的根基上发展起来的，从内容到形式都会吸取大量"传统"的精髓。这就如一切生物体都是"遗传"和"变异"相互作用的产物一样，现代课程也是特定社会的文化传统与时代特征相交融的结果。现代课程的发展一方面要不断地对传统进行变革，另一方面还必须有对本国的文化传统和人类文化遗产的继承。诚如美国社会学家希尔斯（E. Shils）所言，科学家的使命是"接受传统、废止传统、创造并延传传统……"[①]，现代课程也是这样，是在对传统的继承和变革中得到推进，从而得到发展。

> 资料链接2-2：现代课程在不同国家的不同发展道路

（三）新中国成立以来我国现代课程的发展

新中国成立以来七十多年，我国一直致力于课程的改革和发展。新中国成立后的1950年，国家教育部颁布第一个中学暂行教学计划，规定中学设政治、语文、数学、自然、生物、化学、物理、历史、地理、外语、体育、音乐、美术、制图等14门课程。1952年的小学教学计划规定小学设语文、算术、自然、历史、地理、体育、图画、音乐等8门课程。其后，1952、1953年都分别进行了修订，总的说是文理并重的课程。到1957年提出"使受教育者在德育、智育、体育几方面都得到发展，成为有社会主义觉悟、有文化的劳动者"的教育目的，以及"教育必须为无产阶级政治服务，必须同生产劳动相结合"的教育方针后，课程改革因"教育大革命"呈现增加劳动教育、减少基础文化课教学、强调促进学生身体健康等趋势。1963年颁布《全日制中小学教学计划（草案）》，在高中首次设选修课，调整有关科目的课时，由此开始了我国中小学课程较长时期"重理轻文"的倾向。1963年的课程计划特别重视"双基"（基础知识和基本技能），加重了学生的负担。"文化大革命"期间，我国各地的教学计划、教学大纲和教材处于无政府状态，原有的课程体系遭全盘否定，课程基本上只有"工基"（工业基础知识）、"农基"（农业基础知识），以及农民战争史、党内两条路线斗争史和"阶级斗争"实践，课程及教育局面是一片混乱。1977年"文化大革命"结束后，经过1978年、1981年以及1985年几经修订全日制中小学教学计划，才使我国的课程改革逐步进入健康发展的轨道。到20世纪末，新中国成立以来课程改革已进行了7次，新世纪开始的课改为第8次。

---

① [美]爱德华·希尔斯.论传统[M].傅铿，吕乐，译.上海：上海人民出版社，1991：140.

也有的学者对新中国成立以来我国历次的课程改革及发展主张以"代"来划分：①

第一代课程改革以"文化大革命"前为主，其中包括"文化大革命"刚结束时期为拨乱反正所编订的各套教学计划、教学大纲和教材以及相关的课程改革活动。第一代课程是在计划经济条件下编订的，全国实行统一的计划、大纲和教材，这一代课程强调学科体系，但理论观点和知识内容陈旧，没能反映当时最新的科技成果；重基础知识和基本技能，突出了升学的要求；课程内容不符合学生的认识规律、心理状况、思维方式和语言特点，缺乏启发性和趣味性；强调统一要求和必修，课程结构和教学要求固定、死板、单一、缺乏弹性和灵活性。第一代课程可称之为"双基论的课程"。

第二代课程改革从20世纪80年代中期到90年代后期。第二代课程及其改革开始体现"三个面向"和《义务教育法》的精神，初步体现了注重适应素质教育要求的一些特征：课程目标上强调了个性心理品质、科学态度和科学方法的要求；课程内容上注重了同一性和灵活性的结合，包括在中小学课程管理权限上分为国家安排课程和地方安排课程两大类，某些教学科目如外语和数学做了两级教学水准的规定；课程结构和学科比重渐趋合理，包括把课堂教学以外的各种活动也看作课程的重要组成部分，并纳入课程安排计划表，提出教学要求，增加了社会学科类、音体美类和劳动技术教育类的课时，落实"两史一情"（近代史、现代史和国情）的教育及课程；以分科课程为主，开始增设综合课程并革新体例、增新结构等。但第一代课程的问题并没有在第二代课程中得到彻底满意的解决，如课程门类过多，课时总量过满，各学科比例仍不合理，多样性、灵活性与统一性结合还不够，这些都需做大的改革调整。第二代课程可称之为"义务教育的课程"。

目前我国正在全面实施的是第三代课程，第三代课程是从21世纪开始实施的，这可称之为"素质教育的课程"，其发展突出了以下的要求：

（1）课程的目标特别强调注重促进每个学生的身心健康发展，注重培养学生终身学习的态度和能力，注重培养学生主动参与、探究发现、交流合作、实践创新等品质。

（2）课程内容体系的构建上注重处理好知识、能力、态度、价值观等的关系，以克服过分注重知识传承的倾向；注重体现课程结构的均衡性、综合性和选择性，注重处理好分科与综合、必修与选修的关系，改革课程结构过分强调学科独立性、门类过多和缺乏整合的现状，设置综合实践活动并确定为必修课；注重体现课程的现代化与适应性，精选有助于学生终身学习的基础知识和技能，处理好现代社会科技进步与学生发展的关系，改革课程内容陈旧的状况。

（3）课程实施上充分关注、尊重并致力于培养学生的主体性，倡导学生主动参与、探究发现、交流合作的学习方式，注重学生的经验与学习兴趣；改变课程实施中过分依赖教材，过于强调接受学习、死记硬背、机械训练的现象。

（4）课程评价上注重建立与新课程相应的项目多元、方式多样、既重视结果又重视过程的课程评价体系，突出评价对改进教学实践，促进学生发展的功能，淡化评价的甄别与选拔的作用。

---

① 白月桥.课程变革概论[M].石家庄：河北教育出版社，1996：161.

（5）课程管理上注重按全面推进素质教育的要求，逐步完善国家、地方、学校三级课程管理体制，增强课程对地方、学校及学生的适应性。

第二节　课程理论的历史发展

关于课程理论的历史发展，主要从古代课程思想的产生和发展、近代课程理论的系统化发展、现代课程理论的专门化发展以及我国现代课程理论的形成和发展等几个方面展开讨论。

一、古代课程思想的产生与发展

这里之所以用"思想"概括古代的课程问题，是因为无论是古代中国还是古代西方，关于课程问题的论述都是以"思想"或"观念"的形态而散见于一些古代典籍之中的，其时还谈不上什么课程"理论"，其时课程问题之"思想"含在教育问题研究之"思想"之中，自然以"思想""观点"等形态而存在。

（一）古代中国的课程思想

古代中国的课程思想是在古代中国的教育和课程实践中产生并发展的。应该说，古代中国的课程思想与古代中国的教育思想一样是较为丰富的。古代中国的一些典籍如《学记》《论语》《大学》等都或多或少地反映了当时的一些课程思想。归纳起来，古代中国的课程思想主要有以下几个方面：

1. 古代课程主要服务于教育之教化功能

古代中国封建教育的主流和正统是儒家思想和理论，其课程主要内容是政治化的伦理教条，其教育目的和课程目标在于培养统治者和为统治阶级服务的人才。

2. 古代中国多以正统文化经典充当课程之教材

孔子所整理的诗、书、礼、易、乐、春秋等六经以及《论语》《孟子》《大学》《中庸》等书一直成为当时及其后两千多年封建社会学校课程的经典教材。而像算学、天文、医学等专业课程在古代中国的学校课程中一直不能受到足够的重视，更难以朝科学的方向深入发展。

3. 已较为注意到不同教育阶段的不同课程目标和内容的设置及评价

《学记》中的"比年入学，中年考校，一年视离经辨志，三年视敬业乐群，五年视博学亲师，七年视论学取友，谓之小成。九年知类通达，强力而不返，谓之大成"，就反映了其时教学内容及课程评价的阶段性考虑。而到南朝，学校教育则出现了分斋、分馆及分科的特点。这都体现了学校课程的教育阶段性特征。

4. 古代中国课程实施上原则和要求的多样性

古代中国课程实施的思想应该说是丰富多彩的，这主要表现在课程实施的原则和要求的多样性上,诸如因材施教、循序渐进、启发引导、温故知新、学以致用、教学相长等,这些都是古代中国对世界课程实施思想所做出的重大贡献。

(二)古代西方的课程思想

古代西方的课程思想和古代中国的课程思想一样,都交织在关于教育目的、教育内容等的思考和研究之中。古代西方同样没有关于课程的专门著作和专门论述,诸如课程结构、课程形式、课程评价等专门问题,都未有专门的研究和相关的著述。

古代西方的课程发展所体现的思想主要有以下特征:

(1) 古代西方学校的课程,都强调根据其时的教育目的需要和学校系统情况而设置。如柏拉图、西塞罗、昆体良等的课程主张,中世纪、文艺复兴等不同时期的课程面貌,都反映了这一思想特征。

(2) 古代西方学校课程产生和发展的最终根源,都是社会生产实际和日常生活需要。诸如"七艺"等课程,最初都是为提高个人的文化修养和实际生活水平而服务的。

(3) 古代西方不同时期的学校课程,在一定程度上反映出对人的智育、体育、美育和德育等均衡发展的追求。

(4) 古代西方的学校课程,在课程思想上较我国古代的学校课程更能体现出重视理科课程。如"七艺"中的算术、几何、天文都为理科课程。

二、近代课程理论的系统化发展

近代课程理论的系统化发展是伴随着教育学的系统化发展而发展的,因为课程问题始终是教育学理论体系的重要组成部分,无论是夸美纽斯还是赫尔巴特,以及斯宾塞、杜威等教育思想家,他们都在对教育学的理论发展做出其具有里程碑意义的贡献的同时,也对课程理论的系统化发展做出了突出的贡献。

资料链接2-3:近代课程理论的代表人物及其理论

从夸美纽斯到杜威的时期,是教育学的系统化、独立化和快速发展的时期,同时也是教育学科学化变革的时期,这一时期也是课程理论的系统化、科学化的发展时期。这一时期就课程理论的发展,其表现出的特点主要有:

1. 系统化程度不断提高

在这一时期,虽然还没有出现独立的、完整的课程理论,但前述的一大批教育思想家和教育家在对于课程问题进行研究和思考时,已经将其作为教育学重要的问题和部分,而不只是偶然的涉及;并且在研究课程问题时,也能从不同的角度考虑课程的有关因素及相互关系。

2. 科学化基础和条件不断充实

课程理论的科学化进程可以说是伴随着教育学的科学化进程的。教育学的科学化最典型的表现是在于其与心理学建立起联系,课程理论的科学化发展同样在于与心理学的联系,在于将心理学作为自己的理论基础,这就改变了其纯粹主观思辨的特征。另外,课程问题研究还与自然科学等建立起了联系,并还正式地将自然科学引进了课程领域,这使得课程在理论和实践上都具有成为科学的重要条件。随着心理学等科学的不断发展,课程理论的科学化基础和条件亦不断充实。

3. 专门化、学科化准备有所进展

这一时期,可以说是教育学的独立化完成时期,但此时课程论的独立还不能提到日程上来,此时的课程研究尚未形成为学科化的专门领域。但这一时期的课程问题研究已触及了课程的一些实质性规律问题,诸如知识与能力、活动课程与学科课程、儿童本位与社会本位、逻辑顺序与心理顺序、分科与综合等的论争,这些都是相当专门的课程理论问题。这些问题不仅在当时,即使是在当今也是有重要意义的命题。这些问题的论争使得课程论在专门化、学科化的准备上有一定的进展。

三、现代课程理论的专门化发展

(一) 现代课程理论学科化研究在美国的形成

现代课程理论无疑最先形成于美国。自19世纪末起,美国的一些教育家展开了对中小学课程改革的研究和实验。然而,课程理论的建设落后于课程改革的实践。此前一些教育家对课程问题所做的零星片段的研究已不能适应新的教育形势发展的需要,而对当时出现的各种教育思想和课程主张也是需要进行相应的归纳和分析的。为此,一些学者便对课程理论进行了系统化的研究,其中博比特和查特斯是最具代表性的学者。

1. 博比特(F. Bobbitt)的课程理论

芝加哥大学教授博比特(F. Bobbitt,1876—1956年)于1918年出版的《课程》一书,是世界教育史上第一本课程理论专著,被认为是标志着课程作为专门研究领域诞生的里程碑。除此,1924年博比特还出版了他的第二部重要著作《怎样编制课程》。

博比特由于其在菲律宾参与中小学课程编制的经历,使得他较多地着眼于课程与具体的社会生活的联系。[①] 正如他所说:"我们不知道,我们首先应该根据对社会需要的研究来确定目标,我们以为教育仅仅是由教一些熟悉的学科组成的。我们还没有认识到,教育实质上是一种显露人们潜在能力的过程,它同社会条件有特殊的联系。"[②] 博比特的课程编制模式就是通过对社会需要和人类生活活动进行科学分析,从而确定目标,进而编制课程。

博比特在他的《怎样编制课程》一书中阐述了他的课程编制模式。[③] 具体的五个步骤包括:

---

① 丛立新. 课程论问题[M]. 北京:教育科学出版社,2000:31.
② [美]约翰·D. 麦克尼尔. 课程导论[M]. 施良方,等译. 沈阳:辽宁教育出版社,1990:354.
③ [美]约翰·D. 麦克尼尔. 课程导论[M]. 施良方,等译. 沈阳:辽宁教育出版社,1990:355-358.

(1) 人类经验的分析。通过对人类经验的全部领域的考虑,以思考和判断学校有关经验与这些经验的联系。

(2) 职业分析。即对已分类的领域进行具体的活动(能力)分析。

(3) 派生目标。即在上述分析的基础上提出教育目标。

(4) 选择目标。即进行目标的筛选、比较、区分和排列等。

(5) 制定详细计划。即设计实现目标所需要的活动经验和机会。这些详细的活动就构成了课程。

博比特的课程理论是特别强调课程目标的(包括目标的制定和选择),并且强调课程目标应来自社会。博比特的课程编制模式对此后的课程论发展影响是巨大的。当然其缺陷和贡献也是并存的,其缺陷就表现在目标的制定和选择只是关注对成人活动的分析,这自然必定要脱离儿童实际的。

2. 查特斯(W. W. Charters)的课程理论

查特斯(W. W. Charters,1875—1952年)是美国俄亥俄州立大学教授,于1923年发表了《课程的建设》一书,从而使其与博比特一同成为当时美国"课程运动"的领头人。查特斯提出了"功用分析"的课程目标。这种"功用分析"就是"弄清某一功用和实现这种功用而形成的结构之各个部分之间的逻辑关系的分析"。这与博比特的"活动分析"模式有相似之处,这种相似既在于重视目标在课程编制中的作用,还在于重视从分析成人活动得出课程目标。

当然,查特斯的"功用分析"与博比特的"活动分析"还是有所不同的[①],因为查特斯在编制课程时除了重视对成人社会活动的分析外,还考虑和论证了其他的因素,诸如人及教育的理想、知识的系统性、社会人士的课程意见、学生的需求等,这些都是比博比特有明显进步的方面。

查特斯还提出了课程编制的七个步骤,包括确定教育的主要目标、进行目标分析、进行目标排列、突出对儿童富有价值的目标、强调学校内部可行的项目、收集有关的活动方法、按儿童特征和教学程序安排课程材料等。

3. 一批"课程专家"奠基的贡献

在当时,与博比特和查特斯同时脱颖而出,并被称为"课程专家"的一批课程学者还有贾德(C. H. Judd)、拉格(H. Rugg)、康茨(G. Counts)、卡斯威尔(H. L. Caswell)、坎贝尔(D. S. Campbell)、哈拉普(H. Harap)、克伯屈(W. H. Kilpatrick)等。哈拉普于1929年出版了《课程编制技术》,卡斯威尔和坎贝尔合著的《课程发展论》于1935年问世,克伯屈的《改革课程》于1936年出版。

上述课程研究先驱者的推动,使得课程研究科学化的进程得以加快,课程论学科化研究的局面逐步得以形成。毫无疑问,博比特和查特斯以及当时一批课程学者,他们从课程基本理论到课程编制技术等的贡献,为现代课程理论体系在美国的建立奠定了基

---

① 丛立新.课程论问题[M].北京:教育科学出版社,2000:33.

础,但同时也显示出了其所存在的局限性,包括受到人们广泛批评的视学生为原料、视学校为工厂的倾向,这些就使得其后的泰勒(R. W. Tyler)能够全面和冷静地考虑课程问题。

(二)现代课程理论体系的系统建构及发展

1. "八年研究"与泰勒原理的产生

20世纪30年代的美国,由于经济大萧条造成生产力水平下降,工人失业骤增,许多中学生离开学校后无法找到工作。这样,大批就业无门的青少年不得不重返学校,而这些学生不打算也不能升入大学接受高等教育,只是想为以后从事某种职业做些准备。而学校设置的传统课程又很难满足这些不能升学的大多数中学毕业生的需求,不能适应美国社会对于有文化的劳动力的需求。面对这些情况,中学的校长和教师认为应当重新制定普通中学的课程和教学计划,并且同时希望新的课程和计划不会因此影响学生升大学的机会。"八年研究"正是在这样的背景下进行的。

"八年研究"(the Eight-Year Study)是由美国进步教育协会(Progressive Education)组织30所中学和300所大学于1934年秋至1942年夏进行的中学课程改革研究与实验。实验研究的要点是:①师生合作制定教学计划;编制既反映社会要求又反映学生的需要与兴趣的课程;学生积极参加教学过程;全面关心学生的体质、智力、情感和精神的发展。"八年研究"有一个实验指导委员会。为了评价实验的结果,又在实验指导委员会之下成立了由泰勒领导的"追踪研究与评价委员会"。在"八年研究"的基础上,泰勒撰写了《课程与教学的基本原理》一书,并于1949年出版。在这部对50年代美国课程论方面影响最大的著作中,泰勒将课程编制分为确定教育目标、选择学习经验、组织学习经验、进行课程评价四大步骤或四个阶段。美国教育界将这四个步骤称为"泰勒原理"(Tyler Rationality)。

2. 泰勒原理的主要内容

在《课程与教学的基本原理》一书中提出的课程编制的四个步骤,泰勒是将其作为四个基本问题提出来的,这包括:②

(1) 学校应该追求什么样的教育目标?
(2) 提供什么样的教育经验才能实现这些目标?
(3) 如何有效地组织这些教育经验?
(4) 怎样确定这些目标正在得以实现?

全书的逻辑就是沿着对这四个问题的讨论而展开的。

在课程编制的四个步骤中,确定目标是最为关键的环节。对此,泰勒阐释和论证了教育目标的三个来源,即对学生的研究、对当代社会生活的研究和学科专家的建议。泰

---

① 廖哲勋,田慧生. 课程新论[M]. 北京:教育科学出版社,2003:10.
② Tyler, R. Basic principles of curriculum and instruction[M]. Chicago:The University of Chicago Press,1949:1.

勒指出,"任何单一的信息来源,都不足以为明智而又全面的选择学校目标提供基础"①。自然,从上述三个目标来源所得到的教育目标是很多的,为此,泰勒指出:"我们必须对已经获得的大量庞杂的目标进行筛选,以便剔除那些不重要的和相互矛盾的目标"②。对此,泰勒认为有两把筛子,一个是"学校信奉的教育和社会的哲学"③,第二个是"学习心理学所提示的选择教育目标的准则"④。除此,泰勒还规定了教育目标的表述方式,他认为,"最为有效的陈述目标的形式,是以这样的措辞来表述:既指出要使学生养成的那种行为,又言明这种行为能在其中运用的生活领域或内容"⑤。

关于能实现教育目标的教育经验(泰勒曾先后使用过"教育经验"和"学习经验"两个术语,一般认为二者的内涵在其使用时是一致的⑥)的提供或选择,泰勒提出了五条原则:⑦

(1) 学生必须具有使他有机会实践这个目标所隐含的那种行为的经验;
(2) 学习经验必须使学生由于实践目标所隐含的那种行为而获得满足感;
(3) 学习经验所期望的反应,是在有关学生力所能及的范围之内的;
(4) 有许多特定的经验可以用来达到同样的教育目标;
(5) 同样的学习经验往往会产生几种结果。

泰勒还指出了有助于达到目标的学习经验所必备的四个特征:① 培养思维技能的学习经验;② 有助于获得信息的学习经验;③ 有助于形成社会态度的学习经验;④ 有助于培养兴趣的学习经验。⑧

关于教育经验的有效组织,泰勒认为,"必须把学习经验组合在一起,以便形成某种连贯的教学计划",从而产生"累积效应"⑨。泰勒提出组织学习经验应遵循的主要准则是连续性(continuity)、顺序性(sequence)和整合性(integration)。⑩ 连续性是指"直线式的重申主要的课程要素";顺序性是指"把每一后继经验建立在前面经验基础之上,同时又对有关内容做更深入、广泛的探讨";整合性是指"课程经验的横向关系。这些经验的组织应该有助于学生逐渐获得一种统一的观点,并把自己的行为与所学习的课程要素统一起来"。泰勒指出,学习经验的组织结构有三个层次。⑪ 在最高层次上,结构要素可以由具体科目、广域课程、核心课程、未加分化的结构(类似杜威的活动课程⑫)中

---

① [美]泰勒. 课程与教学的基本原理[M]. 施良方,译. 北京:人民教育出版社,1994:1-3.
② [美]泰勒. 课程与教学的基本原理[M]. 施良方,译. 北京:人民教育出版社,1994:26-27.
③ [美]泰勒. 课程与教学的基本原理[M]. 施良方,译. 北京:人民教育出版社,1994:26-27.
④ [美]泰勒. 课程与教学的基本原理[M]. 施良方,译. 北京:人民教育出版社,1994:26-27.
⑤ [美]泰勒. 课程与教学的基本原理[M]. 施良方,译. 北京:人民教育出版社,1994:34-36.
⑥ 丛立新. 课程论问题[M]. 北京:教育科学出版社,2000:40.
⑦ [美]泰勒. 课程与教学的基本原理[M]. 施良方,译. 北京:人民教育出版社,1994:51-53.
⑧ [美]泰勒. 课程与教学的基本原理[M]. 施良方,译. 北京:人民教育出版社,1994:53-56.
⑨ [美]泰勒. 课程与教学的基本原理[M]. 施良方,译. 北京:人民教育出版社,1994:66.
⑩ [美]泰勒. 课程与教学的基本原理[M]. 施良方,译. 北京:人民教育出版社,1994:67-68.
⑪ [美]泰勒. 课程与教学的基本原理[M]. 施良方,译. 北京:人民教育出版社,1994:75.
⑫ 丛立新. 课程论问题[M]. 北京:教育科学出版社,2000:44-45.

的任何一种组成;在中间层次上,各种可能的结构有按顺序组织的学程、以一学期或一学年为单位的学程;在最低层次上,可能的结构由小到大有课、课题、单元。泰勒认为,组织学习经验,就是完成将学习经验从最高层次到最低层次的编制程序。

关于如何确定教育目标正在得到实现,泰勒将评价正式引入了课程编制的过程。泰勒认为,评价就是检查课程的实际效果与预期的教育目标之间的差距。"评价过程实质上是一个确定课程与教学计划实际达到教育目标的程度的过程。"①

为此,他还建立了完整的评价程序:① 确立评价目标;② 确定评价情境;③ 设计评价手段;④ 利用评价结果。②

泰勒原理的每一个基本问题,都在充分研究的基础上提出了具有指导性的原则、步骤、要求和程序等,从而形成了一个相当系统、完整和可操作的模式。泰勒原理的形成,使得泰勒成为自博比特以来课程研究的集大成者。泰勒原理的问世,其意义是广泛而深远的③,他为后来的人提供了一个课程研究的范式,是他将评价引入了课程编制的过程,也是他建立了课程编制的目标模式。所有这些使得泰勒获得了"现代课程理论之父"以及"教育评价之父"等的赞誉。当然,泰勒的目标模式也受到了较普遍的批评,诸如目标行为化、课程编制基本问题的直线式排列的局限性问题等。毫无疑问,是泰勒将课程理论推向了一个新的、重要的阶段。

3. 布卢姆的教育目标分类学理论和塔巴的课程编制

美国教育学家和心理学家布卢姆(B. S. Bloom,1913—1999 年)及其同事对泰勒原理中的"教育目标"进行了卓有成效的分类研究,建立了教育目标分类学的理论。布卢姆认为,教育目标所表示的是学生的变化,而学生的变化是通过其外显的行为体现出来的。因此教育目标分类的对象是学生的行为。"我们设计的是一种学生行为的分类,而这些行为代表了教育过程所要达到的结果。"④布卢姆等人立足于教育目标的完整性,将教育目标分为三个主要领域:认知领域、情感领域和动作技能领域。每个领域又分成若干亚类和层次,如认知领域分为知识、领会、运用、分析、综合、评价等层次,从而形成一个完整的具有一定层级结构和累积性质的目标体系,为教育理论与实践做出了积极的贡献。

美国学者塔巴(H. Taba,1902—1967 年)围绕泰勒原理中的"学习经验的选择"和"学习经验的组织"这两个问题展开了进一步的研究。她在其 1962 年出版的《课程编制》一书中,将学习内容和学习经验加以区分,并将泰勒的直线式课程编制步骤扩展到八个:① 对需要进行诊断分析;② 形成具体目标;③ 选择内容;④ 组织内容;⑤ 选择学习经验;⑥ 组织学习经验;⑦ 建立评价标准并进行评价;⑧ 检查平衡性与顺序性。⑤

---

① [美]泰勒.课程与教学的基本原理[M].施良方,译.北京:人民教育出版社,1994:85.
② [美]泰勒.课程与教学的基本原理[M].施良方,译.北京:人民教育出版社,1994:89-98.
③ 丛立新.课程论问题[M].北京:教育科学出版社,2000:37.
④ [美]B. S. 布卢姆,等.教育目标分类学·认知领域[M].罗黎辉,等译.上海:华东师范大学出版社,1986:14.
⑤ 钟启泉.课程论[M].北京:教育科学出版社,2007:12.

塔巴的这种划分使得课程编制的过程更加具体和细致了。

(三) 20世纪后半期美国课程研究的多元化发展

20世纪50年代尤其是60年代以来，美国课程理论界的理论探讨非常活跃，有关的著作和论文也非常丰富，而进入70年代以后，各种课程理论流派竞相发展，课程研究呈现出多元化的发展态势。这一阶段，一大批课程学者为课程研究的发展做出了贡献，具有代表性的有比彻姆、布鲁纳、罗杰斯、派纳等。

美国课程论学者比彻姆(G. A. Beauchamp)1961年出版了《课程理论》一书，这是探索课程理论体系建构的一次尝试。在这本书中，比彻姆试图对课程理论的地位和范围进行有条理的说明，从而发展一门科学的课程理论。比彻姆把课程理论看作教育理论的下位理论，是设计理论和工程理论的上位理论。设计理论主要探讨课程制作过程，工程理论主要探讨课程实施过程，而课程理论的任务是对课程事件和课程关系进行必要的描述、解释和预言。比彻姆的观点对课程理论的学科建设起到了重要的基础性作用。[①]

美国教育心理学家布鲁纳(J. S. Bruner)的结构课程论以及其发现主义教学，在1957年苏联"卫星成功发射"和1958年美国颁布《国防教育法》后于美国的"学科现代化"运动中得到认同和推行。布鲁纳认为："不论我们选教什么学科，务必使学生理解学科的基本结构。"[②]这里所谓"基本"就是一个观念具有既广泛而又有力的适应性；"结构"就是指各门学科中的基本概念、基本公式、基本原理、基本法则的体系。

布鲁纳强调学科基本结构的原因，在于学科基本结构有三方面的效能：

(1) 简约化的知识有助于学生理解和记忆；

(2) 能够实现知识技能的迁移，举一反三、触类旁通；

(3) 掌握学科的基本结构，可以缩小高级知识和初级知识之间的差距，这对成绩差的学生更有利。

当然，美国及遍及欧洲的历时十年的"学科现代化"运动因多种原因而"遭受了重大的挫折"。对布鲁纳的结构课程论及发现主义教学理论，人们也经过了反思和重新认识。

20世纪70年代兴起的人本主义心理学，从一开始就关注学校课程的问题。人本主义心理学的主要代表人物之一罗杰斯(C. Rogers)认为，知识对学生是否具有个人意义，是知识保持的决定因素。学生学习的那么多知识为什么很快就被遗忘了？这是由于它们与学生的自我无关。因此，我们设置的课程，与其让学生花很多时间去死记硬背，还不如让他们花些时间去寻找知识的个人意义。由此，课程既不是教学生学会知识技能(这是行为主义者所强调的)，也不是要教学生学会怎样学习(这是认知心理学家所强调的)，而是要为学生提供一种促使他们自己去学习的情境。这种学习会成为学生个人经验的一部分，令他终身不忘。在人本主义心理学家看来，如果课程内容对学生没有

[①] 钟启泉.课程论[M].北京：教育科学出版社，2007：12.

[②] [美]布鲁纳.教育过程[M].上海师范大学外国教育研究室，译.上海：上海人民出版社，1973：4.

什么个人意义的话,学习就不大可能发生。①

美国当今课程理论家派纳(W. F. Pinar)在其著作《理解课程》(Understanding Curriculum,1995)中指出,美国课程研究领域自20世纪70年代中期以来发生了重要的"范式转换",由"课程开发"范式转向"课程理解"范式②。这种"课程理解"范式的课程研究,拥有更宽阔的理论基础和视界,它力求使课程研究体现出时代精神的精华,其目的是探讨"怎样理解课程"。最先致力于理解课程的是"概念重建主义课程范式",持"概念重建主义课程范式"的课程学者自称为"概念重建主义者"(reconceptualists)。"概念重建主义者"将博比特、查特斯、泰勒及相关课程研究的观点都统称为"传统课程理论",并对其进行了深刻的批判。

"概念重建主义者"认为,传统课程理论至少存在三大缺陷:

(1) 传统课程理论秉持实证主义科学观,追求课程理论的"客观性",这有违课程理论的学科性质,也使课程理论沦为控制工具。

(2) 传统课程理论被"技术理性"所支配,课程研究的目的是提供课程开发的处方——普适性的程序和规则,这就使课程理论成为"反理论的""反历史的"。

(3) 尽管传统课程理论标榜"价值中立",但它却因此而陷入一套保守的、使其政治方向神秘化的价值观念之中,实际上是维持了现行的社会控制系统。

"概念重建主义课程范式"有两种理论倾向:一是"存在现象学"课程论,一是批判课程论。"存在现象学"课程论通过对个人的"存在体验"的关注和意识水平的提升而指向于人的自由解放;批判课程论通过社会批判而指向于社会公正和人的解放。它们所具有内在的一致性都在于追求"解放兴趣"。"解放兴趣"(emancipatory interest)亦称"解放理性",这是人类最基本的、纯粹的兴趣,其核心是"自我反思"(self-reflection)——通过自我反思的行为(即自我回归自身的行为)以达成解放。在概念重建主义课程理论学者看来,课程是"具体存在的个体"的"活生生的经验"(lived experience)或"存在体验",课程主要是个体的"自我知识"(self-knowledge),而不只是外在于个体的文化知识。概念重建主义课程理论学者认为,课程的本质是一种社会的"反思性实践"(praxis),课程应是行动(action)与反思(reflection)的统一,课程并不只是一套要实施的计划,而是由一个蕴含着反思精神的行动过程所构成。课程开发过程不是把课程内容简单地选择出来并组织起来的过程,而是对文化知识不断反思、批判而创造、建构意义的过程。由此,在教育活动中,教师和学生能够自主地从事课程创造,能够在不断的自我反思和彼此交往中达到自由和解放,教师和学生真正成了课程的主体。

四、我国现代课程理论的形成和发展

我国现代课程理论的形成和发展经过了漫长的历程,走过了曲折的道路。大体可分为以下三个阶段:

---

① 施良方.课程理论——课程的基础、原理与问题[M].北京:教育科学出版社,1996:37.
② 钟启泉,张华.课程与教学论[M].广州:广东高等教育出版社,1999:20-24.

（一）新中国成立前我国课程理论的初步建立

前已述及，我国古代的教育思想和理论中，包含着丰富的课程理论思想，许多教育家都不同程度地阐述过课程问题。当然，所阐述的大多都属于教学内容的问题，且并未提出系统的课程理论。

在我国，将课程作为一个正式的研究领域开始于20世纪20年代。在20世纪20年代到新中国成立前这一段时期，我国有一批学者从事课程理论的研究，但总体上规模和影响比较有限。这一时期出版了一些课程理论著作，如1923年程湘帆所著的《中小学课程概论》（商务印书馆出版），这被认为是我国近现代最早的课程理论专著；其后（1928年），王克仁的《课程编制的原则和方法》一书问世，这被认为是我国较早的一本综合性的课程论著作；又其后，徐雉的《中国学校课程沿革史》、朱智贤的《中小学课程研究》、熊子容的《课程编制原理》、盛朗西的《中小学课程沿革》、李廉方的《中小学低年级综合课程论》、陈侠的《近代中国中小学课程演变史》等著作先后出版。[①] 美国课程论学者博比特的《课程编制》也在40年代翻译出版。[②] 这一时期，国内一些大学和师范学院的教育系先后都开设课程论，一些全国性的教育期刊也发表有关课程理论研究的论文。

从20世纪20年代到新中国成立前，我国学者对课程理论的研究虽然与美国等西方国家的学者对这一学科的研究基本上是同步进行的，但我国关于课程理论的研究总体上是比较缺乏的，介绍和移植美国的一些课程理论，以及立足于自己课程实践的研究总体上还是比较简单的。当然，这一时期我国的课程学者还是有贡献的，这种贡献就在于初步建立了我国的课程论，使其能成为教育科学体系的一门独立的分支学科。

（二）新中国成立后到改革开放之前课程论地位的削弱及其原因

新中国成立后，受苏联凯洛夫主编的《教育学》的影响，我国课程理论的地位受到很大的削弱。凯洛夫主编的具有权威性的《教育学》包括总论、教学论、德育论和学校管理四个部分，而没有肯定课程论在教育学体系中的独立地位。由此，我国50年代的教育学讲义和60年代出版的教育学著作同样没有课程论的地位，甚至课程论的术语都未在教育学中出现，而只在教学论的教学内容部分对教育部颁布的"教学计划""教学大纲"和"教科书"有一些介绍，20世纪20至40年代出版的课程论著作在教育理论和实践领域已完全没有影响。这一时期，课程理论作为专门学科已不存在，既没有课程研究的专门著作，也没有相关的专门论文，国内的大学和师范学院的教育系都不开设课程理论课。

造成上述状况主要在于社会和教育制度中缺少课程论产生和发展的直接需求和学术传统上的原因。[③]

[①] 廖哲勋，田慧生.课程新论[M].北京：教育科学出版社，2003：11.
[②] 史国雅.课程论的研究范围及指导原则[J].山西教育科研通讯，1984(2).
[③] 丛立新.课程论问题[M].北京：教育科学出版社，2000：64-66.

在新中国成立后的一段时间,我国教育事业同社会主义建设的各个领域一样,学习和采用的都是苏联模式,其主要的特点就是高度统一和中央集权。由此,中小学课程都由国家统一规划和制定,规划、制定、研究课程的权利由国家垄断,参与课程规划、制定、研究的只是少部分教育行政领导、学科专家及教育和心理学家,这部分人还有学习和研究课程理论的需求;而大多数基层学校的教师、行政人员,甚至教育理论工作者,都只不过是课程的执行者、说明者和解释者而已,对他们而言自然没有学习和研究课程理论的需求,或者说即使有这种需求但也不会十分的直接和迫切。由此,我国这一段时期没有课程论当然是十分正常的了。与此情况极为不同的美英等西方国家,由于往往没有国家统一的课程标准,规划、制定、研究课程的常由地区、学区、学校,甚至教师承担,因此课程理论是一门需求甚广的科学。研究课程问题就不只是少数专家的事,而是所有教育工作者甚至学生家长都关心的问题了。[①]

苏联的教育理论中虽然没有课程论,但在其教学论中,还是有关于教学内容的讨论。我国的教育理论直接继承了苏联的学术传统,同样也在教学内容的范畴内进行了诸多有关课程的探讨和研究,诸如课程门类、课程结构、选修课及综合技术教育课开设等课程问题研究。自然,这些研究讨论的范围和深度都是比较有限的,很少从课程本身及课程发展规律入手,其科学性和理论性水平是很不足的。

(三) 改革开放后课程理论的快速和系统发展

改革开放以后,我国的课程理论进入了新生阶段,其发展出现了空前的繁荣,呈现出兴旺的局面,显示出巨大蓬勃的生命力。1981年,人民教育出版社创办了《课程·教材·教法》杂志,相继刊载了一批课程研究的论文,其后国内的一批出版社翻译出版了美、英、日、苏等国的课程论著作;我国的教育理论工作者开始研究课程理论问题,从将课程论作为教学论的一个组成部分进而提出课程论应成为教育学一门独立的分支学科的问题。

1989年以后,出现了我国学者自己撰写的课程论专著,如陈侠的《课程论》,由人民教育出版社出版(1989年);钟启泉的《现代课程论》,由教育科学出版社出版(1989年);廖哲勋的《课程学》,由华中师范大学出版社出版(1991年);施良方的《课程理论——课程的基础、原理与问题》,由教育科学出版社出版(1996年);白月桥的《课程变革概论》,由河北教育出版社出版(1996年),这些著作在国内都产生了广泛的影响。

而后,又有大量针对国内课程问题的专门研究,如基础教育课程问题研究、国内外课程比较研究、对现行课程的评价研究、致力于课程改革的实验研究、寻求本质探索规律的理论研究,等等。与此相应的自然又有一批课程论著作相继出版,如丛立新的《课程论问题》,由教育科学出版社出版(2000年);汪霞的《国外中小学课程演进》,由山东教育出版社出版(2000年);张华、石伟平、马庆发的《课程流派研究》,由山东教育出版社出版(2000年);钟启泉、李雁冰的《课程设计基础》,由山东教育出版社出版(2000

[①] 陈侠.课程论[M].北京:人民教育出版社,1989:2.

年);廖哲勋、田慧生的《课程新论》,由教育科学出版社出版(2003年);李雁冰的《课程评价论》,由上海教育出版社出版(2002年);汪霞的《课程研究:现代与后现代》,由上海科技教育出版社出版(2003年),等等。毫无疑问,目前我国的课程理论研究的快速发展和系统发展,不仅取得了重建课程论的丰硕成果,而且开始步入建设我国课程理论学科群的重要阶段。

改革开放以来,我国课程理论的快速和系统发展不是偶然的,这主要在于我国整体的改革开放的持续发展及整个社会的民主化、科学化和现代化的持续发展。具体的原因则在于教育理论研究环境的持续改善、国家教育改革特别是基础教育改革不断深化的需求以及课程本身的快速变革和发展等。

本章小结

本章主要就课程与课程理论的发展两条线索进行研究。课程的发展分别从中国和西方两个方面,并从古代、近代、现代等不同的历史时期梳理课程发展的过程及中西方不同时期的特点。课程理论的发展则从古代课程思想的产生和发展、近代课程理论的系统化发展、现代课程理论的专门化发展以及我国课程理论的形成与发展等不同的阶段梳理其发展的线索和主要成就。可以说,课程理论的发展与课程的发展是相伴相随、密切相关的。研究今天的课程和课程理论,可以从历史遗产的探寻中获得诸多的启示。

复习与思考

1. 课程理论发展中的各种主张与价值取向主要有哪些?
2. 结合对教育现实的了解,谈谈你对我国当前课程发展新理念的理解。
3. 课程理论发展与课程发展的关系是什么?

第三章
课程设计与评价模式

※ 本章导航

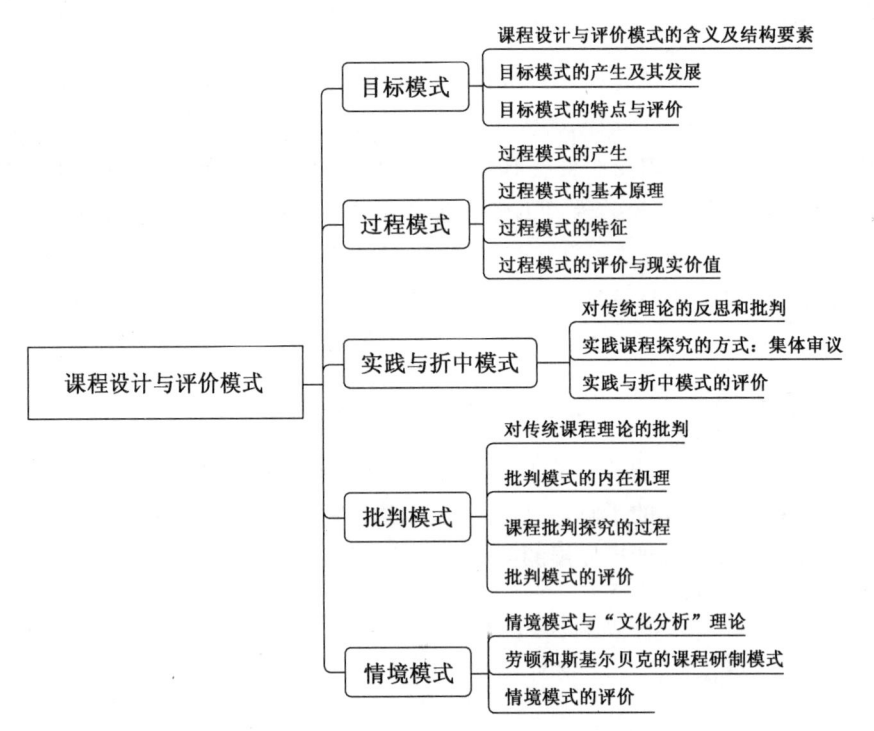

- 课程设计与评价模式
  - 目标模式
    - 课程设计与评价模式的含义及结构要素
    - 目标模式的产生及其发展
    - 目标模式的特点与评价
  - 过程模式
    - 过程模式的产生
    - 过程模式的基本原理
    - 过程模式的特征
    - 过程模式的评价与现实价值
  - 实践与折中模式
    - 对传统理论的反思和批判
    - 实践课程探究的方式：集体审议
    - 实践与折中模式的评价
  - 批判模式
    - 对传统课程理论的批判
    - 批判模式的内在机理
    - 课程批判探究的过程
    - 批判模式的评价
  - 情境模式
    - 情境模式与"文化分析"理论
    - 劳顿和斯基尔贝克的课程研制模式
    - 情境模式的评价

※ 学习目标

1. 明确课程设计与评价模式的概念；
2. 掌握课程设计与评价模式的结构要素；
3. 掌握常见的课程设计与评价模式及其特征，能从特征上比较并评述课程设计与评价的常见模式。

※ 学习重点

1. 目标模式是20世纪初开始的课程开发科学化运动的产物，是以目标为课程开发的基础核心，围绕课程目标的确定、实现和评价而进行的课程开发或课程设计与评价模式。

2. 过程模式是在批判目标模式的过程中或者说为弥补目标模式的局限之需而产生的。而情境模式或情境分析模式是当代最具影响力之一的课程设计与评价模式。在学习中要注重把握相关模式的主要内容,其运用所采取的主要方法及所要遵循的思想和标准。

※ 学习难点

在了解继泰勒目标模式后有关学者理性分析与批判的基础上,掌握过程模式、实践与折中模式、批判模式和情境模式。

课程设计与评价模式是现代课程理论和课程实践系统的重要研究课题。现代课程理论与课程实践的交互、沟通和建构,不断地推动着现代课程设计与评价模式的变革与发展。自泰勒提出著名的"泰勒原理"以来,课程编制"四阶段"就成了课程设计与评价的主导模式,而且一直影响至今。当然,课程设计与评价模式一直也在变革和发展之中。当前,在课程开发多样性和多元化发展的趋势下,课程设计与评价模式的研究自然具有重要的价值。下面将逐一介绍几种常被提及或应用的课程设计与评价模式,希望借此为人们更深入、全面了解这几种模式的特征、优缺点提供帮助,继而为未来的课程变革行动打下一定基础。

第一节 目标模式

一、课程设计与评价模式的含义及结构要素

(一) 什么是课程设计与评价模式

课程设计与评价模式也称课程发展模式或课程编制模式,是指一定的教育主体在特定的教育思想和教育理论指导下,进行具有独特性的课程的规划设计,并拟订相应课程评价方案,从而推动实现课程目标的特定的综合实践系统或综合实践样式。

(二) 课程设计与评价模式的结构要素

课程设计与评价模式类型的不同主要体现在其结构要素的不同,各种不同的课程设计与评价模式都由其主要的结构要素所构成。课程设计与评价模式的结构要素主要有模式主题及指导思想、模式的功能与运作系统、模式的支持体系及环境条件等。

1. 模式主题及指导思想

每一种类型的课程设计与评价模式都是有其鲜明的个性特征的,这会突出地体现在课程设计与评价模式的主题上。每一种类型的课程设计与评价模式都是由一定的课

程理念、课程思想和课程主张支配着的，这种鲜明的课程理念和课程主张就是课程设计与评价模式的主题。如目标模式的主题和核心指导思想就是目标，而过程模式的主题及核心指导思想自然是强调过程，实践与折中模式的主题和核心指导思想当然在于实践。模式的主题和指导思想体现着课程设计与评价模式的理性特征，是课程设计与评价模式的灵魂、精髓和核心思想。它始终贯穿和主导着整个课程设计与评价模式的体系，支配着课程设计与评价模式其他的构成要素，并会衍生出与主题有关的其他范畴。对于课程设计与评价模式的成熟度及独特性和代表性的衡量，其模式主题及指导思想是重要的标志。

2. 模式的功能与运作系统

每一种类型的课程设计与评价模式都有其特定的功能及运作系统。模式的功能是指在其主题及指导思想的支配下，模式的核心特征体现及模式的展开过程和所开发的课程的特定功能作用。任何课程设计与评价模式都有其特定的功能追求和功能效应，这种功能追求和功能效应既体现在模式的展开过程之中，也体现在其开发的课程之中，这也是课程设计与评价模式主题及指导思想的具体体现和落实，同时也是特定课程设计与评价模式的核心特征的体现。

课程设计与评价模式的运作系统是指课程设计与评价模式所有主客体要素的综合及其展开过程各环节的综合，这些主客体要素或环节一般会有目标程序、方法、效应评价等。课程设计与评价模式的运作系统与模式的功能是交融而密不可分的，模式的运作展开过程始终追求着并体现发挥着其功能，没有运作系统的理想化展开，不可能有其功能的良好体现和发挥；而没有功能的设定和追求，运作系统则失去其意义和价值。

3. 模式的支持体系及环境条件

课程设计与评价模式的支持体系及环境条件是指特定的课程设计与评价模式运作展开并发挥其功能必不可少的保障支持因素和背景环境等相关条件的总和。如师资的结构素质、教育设备设施条件、财力保障、政策保障、管理体制、文化环境背景等。

（三）课程设计与评价模式的性质

课程设计与评价模式具有以下的性质：

1. 课程设计与评价模式是理论和实践结合的综合系统

理论性、实践性以及综合性是课程设计与评价模式重要的性质特征。课程设计与评价模式必定是在特定的教育哲学思想和教育理论指导下所形成的模式，没有特定的理论指导就不可能有特定的课程设计与评价模式。课程设计与评价模式是课程变革实践中所形成并不断完善的课程实践模式，没有课程变革实践，自然不可能有课程设计与评价模式。课程设计与评价模式中的理论和实践是不可分割的理论和实践，是始终处于沟通、互动和双向建构中的理论和实践，是具有综合性和融通性的理论和实践。

2. 课程设计与评价模式具有多样性或多样化的性质

不同时期的国家课程开发、地方课程开发和学校课程开发由于其教育哲学思想和教育指导理论的差异性,由于各个国家、地方及学校学生发展倾向和发展水平的多样性,由于各地方和学校办学模式的多样化追求及办学实践和综合因素的差异性,因而所形成的特定的课程设计与评价模式自然是具有其独特性和典型性的,而纵观现代以来课程设计与评价模式的发展,自然是具有多样性或多样化的性质。

二、目标模式的产生及其发展

目标模式是以目标为课程开发的基础和核心,围绕课程目标的确定、实现和评价而进行的课程开发模式。[①] 目标模式是20世纪初开始的课程开发科学化运动的产物。因此,目标模式被视为课程开发与设计的传统、经典模式,其主要代表是被尊为"现代课程理论之父"的拉尔夫·泰勒(R. W. Tyler)所创立的"泰勒模式"。

(一) 目标模式的产生及其基础

目标模式的孕育和兴起,主要受两种理论的影响:一是受行为主义心理学的影响,把学习看成是刺激—反应的联结过程。这就使课程的编制关注学生行为的表现,把意欲达到的行为目标作为课程的终点,通过设计课程、实施课程,来检验学生是否达到了行为目标。目标模式的主要代表泰勒强调以行为方式来陈述目标,认为如果某个人对期望学生习得的那种行为能够做出描述或举例说明,并在看到这种行为时能够加以识别,那就说明他已能足以清楚地界说目标了。二是受科学管理思想的影响,他把工业科学管理的原则运用于学校教育,继而又把它推衍到课程领域本身,追求课程的科学化。[②] 自泰勒原理产生后,目标模式一直在课程研制的理论探究及课程实践领域居主导地位,被认为是"概括了本世纪上半叶课程这一研究领域中最好的思想"[③]。

泰勒原理对目标模式的具体影响如下:第一,泰勒原理提供了一个课程研究和设计的范式。目标模式的每一个具体问题,都是在充分研究的基础上提出具有指导性的原则、步骤、要求和程序等,是一个相当完整、系统、可操作的模式。第二,将评价引入了课程编制过程,大大提高了课程编制的科学性,使其成为动态的、开放的过程。通过评价不断地搜集有关的各种信息,并且加以充分利用,及时地改进和完善课程。第三,建立了课程编制的目标模式。泰勒将学生、社会生活、学科专家三个方面作为目标来源,使得目标模式获得了合理的基础。此外,泰勒将目标贯穿于课程开发的各个环节,使得目标模式具有极强的操作性。

当然目标模式也存在一定的弊端,斯滕豪斯认为,把目标模式普遍应用于课程开发存在两个基本障碍:一是目标模式误解了知识的本质;二是目标模式误解了改善课程实践的过程的本质。斯滕豪斯认为,目标模式从知识进步的角度看也许有很大效用,但在

---

① 李介.国外校本课程开发模式带给我们的启示[J].教育理论与实践,2010(9):18-20.
② 肖温雅.课程模式与学生的主体性发展[J].教育探索,2006(3):23-24.
③ [美]约翰·D.麦克尼尔.课程导论[M].施良方,等译.沈阳:辽宁教育出版社,1990:366,369.

应用于实际时必须格外小心,因为它们逻辑上越令人满意,可能越不适用。①

1949年,泰勒出版了《课程与教学的基本原理》一书,该书从此成为课程研究与开发的经典之作。泰勒在此书中提出了具有普适性、影响深远的"泰勒原理"。该原理主要回答以下四个中心问题:②

第一,学校应该试图达到什么样的教育目标?

第二,提供什么教育经验才能实现这些目标?

第三,怎样有效地组织这些教育经验?

第四,我们如何确定这些目标正在得到实现?

泰勒原理被众多的研究者简化为四段渐进式的课程开发模式:确定目标、选择学习经验、组织学习经验、评价。上述四个基本阶段是一个循环往复、周而复始的过程。在这个过程中,评价的结果为下一轮确定目标提供了反馈信息。在课程编制的四个阶段中,泰勒把确定教育目标作为课程编制者所有活动中最为关键的准则。他认为课程编制首先必须制定目标,然后选择课程内容,在选择过程中,必须依据目标对课程内容进行评价。泰勒在书中写道:"如果要设计一种教育计划并不断加以改进,那就有必要拥有关于所指向的目标的概念。针对这些教育目标,应怎样选择材料、规划内容、开发教学程序、编制测验的标准,教育计划的所有这些方面实际上是达到基本教育目标的手段。"③课程开发的整个过程都取决于预定的教育目标,目标是课程的灵魂。泰勒对行为目标的强调,使后人尊称他为"课程行为目标之父"。

泰勒赞同博比特等人将课程目标的确立作为课程开发首要步骤的科学主义主张,但不同意仅仅通过对人类活动或社会职业分工的分析来选择课程目标的"社会中心"主义做法,他认为课程目标的确定有三个来源、两道过滤网。课程目标的三个来源是:学习者本身、当代校外社会生活和学科专家的建议。两道过滤网:一是哲学的,泰勒将学校拟人化,视学校为一动态的、有生命的实体,涉及"学校专注的教育与社会哲学""学校接纳的价值""学校信仰的内容"等理念。④ 过滤出的目标应与其相一致。一是心理学的,就是利用"学习心理学"选择目标。"学习心理学不仅包括具体的和精确的发现,而且也涵盖统一的学习论,有助于确定学习过程的性质、学习过程发生的方式、在何种条件下发生的学习过程、采用怎样的运作方式。"⑤

目标一经决定,接着要选择学习经验以达成所定目标。泰勒对学习经验的理解在一定程度上受到杜威的影响,他认为学习经验是指学习者与其可做出反应的外在环境

---

① 张华.课程与教学论[M].上海:上海教育出版社,2000:116.

② R. W. Tyler. Basic Principles of Curriculum and Instruction[M]. Chicago:The University of Chicago Press,1949:1,62,3.

③ R. W. Tyler. Basic Principles of Curriculum and Instruction[M]. Chicago:The University of Chicago Press,1949:1,62,3.

④ 王文科.课程与教学论[M].台北:五南图书出版公司,1994:81.

⑤ R. W. Tyler. Basic Principles of Curriculum and Instruction[M]. Chicago:The University of Chicago Press,1949:1,62,3.

之间的互动。如何选择学习经验,泰勒提出5条原则:学习经验必须能提供学习者机会去实践目标所含的内容;使学生由于实践该目标而获得满足感;学习经验中所期望的反应,应该在学生力所能及的范围内;有许多特定的经验可以达到同样的教育目标;同一种学习经验也可能产生数种结果。①

泰勒还进一步提出学习经验的组织要素(organizing elements)和结构要素(structural elements)。前者包括概念、技能和价值,后者包括科目、课题、单元等。最后,泰勒认为课程开发仅考虑上述几方面是不够的,应该还有评价阶段,评价的目的在于检查课程的实际效果与预期的教育目标之间的差距。

(二) 目标模式的发展

泰勒的目标模式产生后,一直在课程设计与评价的理论研究及课程实践领域中居主流地位,曾是20世纪五六十年代课程开发的唯一模式。"它可被运用于各门学科和任何层次的教学;它制定的一套程序易于操作,显示出较强的逻辑性和理性色彩;它作为在40年代新确立的一种模式,通过强调'学生的行为'和'学习经验'开辟了课程开发的新天地。"②所有这些,使得目标模式获得了强大的生命力,成为在理论和实践上都能够发挥作用、产生影响的课程开发模式。

但泰勒的目标模式并非完美无缺,对它的批评也是十分普遍的。有人指出,对于为什么要选择某些目标而不选择别的目标,缺少清楚、有力的说明③,"强调目标行为化有很大的局限性,例如情感、审美这样一些重要的目标很难直接通过行为表现出来",将课程开发的"各项基本问题按直线式排列是错误的,真实的情况要复杂得多,各个问题之间会发生相互影响和作用"④。对把目标的选择作为课程开发的先决条件,也有人提出了批评,"陈述预定的行为结果,割裂了学习者的行为,操纵他们达到对他们目前没有价值的目的,从而亵渎了学习者的正直"。泰勒提出要用哲学这一筛子过滤课程目标的建设,被认为是无意义的、无足轻重的。"这是把保留或放弃目标的问题留给各学校的教师来解决。泰勒并没有提出用于选择目标的准则"⑤。对泰勒目标模式的批评也促使人们进一步展开研究,以修正、完善或补充课程开发的目标模式。下面将择其要者加以介绍。

1. 塔巴模式

塔巴(H. Taba)是泰勒的学生和助手,她对泰勒模式提出一个更为详细而具体的解释方案,在一定程度上扩展了泰勒模式。像泰勒一样,她也认为课程开发是一种技术

---

① C. J. Marsh. Key Concepts for Understanding Curriculum[M]. The Falmer Press,1992:33.
② C. J. Marsh. Key Concepts for Understanding Curriculum[M]. The Falmer Press,1992:33.
③ C. J. Marsh. Key Concepts for Understanding Curriculum[M]. The Falmer Press,1992:33.
④ 丛立新. 课程论问题[M]. 北京:教育科学出版社,2000:72,89.
⑤ [美]约翰·D. 麦克尼尔. 课程导论[M]. 施良方,等译. 沈阳:辽宁教育出版社,1990:366,369.

活动而非政治活动。目的的选择依赖于来自各方面的分析。她说:"科学的课程开发需要依靠对社会和文化的分析,对学习者和学习过程的研究,对知识特点的分析,来确定学校与教育的目的和学校课程的性质。"①

她坚持泰勒的直线式课程开发过程,并于1962年将泰勒提出的4个步骤扩展为包含了8步的模式:诊断需要、建立目标、选择内容、组织内容、选择学习经验、组织学习经验、决定评价的内容与手段、检查平衡与顺序。

2. 惠勒模式

泰勒的目标模式不仅支配了美国的课程开发实践,也影响了英国的课程开发思想。1967年,英国课程论专家惠勒(D. Wheeler)在其所著的《课程过程》(*Curriculum Process*)一书,将泰勒的直线式修改为圆环式。这样,当评价的结果与预期目标不符时,能够有所回馈,检查不当之处而重新设计。这一模式仍以目的、目标的选择为起点,然后选择学习经验、选择学习内容、组织和综合学习经验及内容,最后是评价,然后再回到目的、目标。②

3. 朗特里模式

20世纪80年代初,朗特里(D. Rowntree)从技术角度对泰勒的目标模式给予进一步的改良,促使课程开发模式具有动态性、课程要素间有较多的互动。朗特里模式包括四部分:① 确立目标。② 设计学习,这里涉及许多子步骤。朗特里主张对选定的目标细加分析,以确定最适当的"学习顺序"(learning sequences)。③ 评价,所有的学习设计都是要达成有效的目标,如果学生达不到要求的目标,则问题是在学习经验的设计上,因此,须持续地将这些学习经验让不同学生群体尝试,如发现有必要,则要修正设计。这是朗特里提出的与前述几种课程开发模式不同的一种见解。④ 改进,包括检讨与修订。③

三、目标模式的特点与评价

总体而言,目标模式具有合乎逻辑性,合乎科学精神,合乎政治的、经济的、教育的要求等特点。当学生学习的结果是可预先详述的,并可通过行为加以表现时,这一模式则最为适合。该模式中,学习的内容相当明确,学生学习的结果十分客观。具体的特点可归纳为如下几个方面④:

(一)原子论的色彩

目标模式强调明确而具体的目标,即应根据预期的行为优先确定课程目标,明确指

---

① L. E. Beyer & M. W. Apple. The Curriculum[M]. New York:State University of New York Press,1988:186.
② 汪霞.课程开发的目标模式及其特点[J].外国教育研究,2002,29(6):9-13.
③ 汪霞.课程开发的目标模式及其特点[J].外国教育研究,2002,29(6):9-13.
④ 欧用生.课程发展模式探讨[M].高雄:复文出版社,1985:165-171.

出学习后儿童能做什么,能知道什么,能感觉到什么,然后依据这些目标,设计课程学习过程,以便将这些行为"复制"出来。因此,目标模式具有浓厚的"原子论的""操作主义的"色彩。这一特征的根本作用在于为课程开发的其他各步骤提供指导,尤其为评价课程与教学效果提供确定性的依据,保证了课程开发活动的科学程序性,以及课程与教学的高度计划性和有效性。

(二)行为导向的目标

目标模式的设计者批评过去的目标叙述太模糊、不明确,毫无教育意义,因此他们要开发能明确叙述的目标,以提高教学的效率。他们提出,预先规定学生的行为,而且具体阐述的目标和行为之间愈一致,愈理想。这样,就能测量预定的行为是否达到,由此评价课程与教学的成效。

(三)层次分明的目标体系

即将那些已被确定的课程目标的东西,按其不同的心理领域、不同水平做进一步的划分,以形成一个意义明确、层次分明的目标体系。如博比特将课程目标分为终极目标和渐进目标,查特斯将这两类目标视为"施教单元"和"教育理想",惠勒则将其分为终极目标、中间目标、近期目标、单元教学目标。

(四)目标是价值中立的

目标模式试图为课程开发实践提供一个科学的、系统的,同时适用于一切课程开发活动的框架。这一框架在观念上是中立的,不涉及价值问题。如泰勒虽指出了学校教育目标的三大来源,但对于学校应该追求哪些教育目标并未给予回答,回避对各方面的目标做"价值判断"。

然而任何一种课程设计模式都有其弊端,斯滕豪斯在 1975 年出版的《课程研究与开发导论》中,对目标模式的课程理论进行了分析批判,并以此为基础,提出了过程模式的课程理论。对目标模式的批判是其课程开发过程模式理论阐述的前提和依据。斯滕豪斯认为,课程的研究和开发不应当是按照某些事先决定的行为目标制定出一套"方案",然后再加以评价,而应当是一个动态的、持续的过程;在这个过程中,课程的研究、开发、评价不是割裂的、独立的,而是一体的,所有这些都集中在课程实践当中,且教师在其中起着重要的作用。

斯滕豪斯把目标模式的症结归纳如下:[1]

其一,目标模式是一种雄心勃勃的综合性理论,在理论综合上的这种大胆尝试对于加深对事物的理解是必要的,也是重要的,但由于缺乏情境的资料和实施的知识,虽达到了逻辑上的一致性,却失去了牢固的基础,这种高度的思辨性往往带来实施中的不适用问题。

---

[1] 汪霞.课程开发的过程模式及其评价[J].外国教育研究,2003,30(4):60-64.

其二,目标模式缺乏对知识本质进行研究。布鲁姆的学习目标分类法虽然为课程开发提供了确立、描述和评价课程目标的心理学依据,但因缺乏选择课程内容的知识标准,而使得课程开发成为完全无意义的目标罗列。

其三,目标模式往往忽视或低估那些不能被严谨地加以表达和检测、却十分重要的教育结果。"如果人们广泛地接受与期望按照行为鉴定一切有价值的成果,那么,无可避免地,随着时间的流逝,课程将倾向于强调那些已被鉴定了的因素。那些难于检测的重大成果,那些很少转译为行为术语的重大成果便倾向于萎缩了。"①

其四,学校的教学活动至少包括这样的过程:传授知识、发展社会准则和价值观、训练、教学。目标模式对训练过程和教学过程都是合适的,但如果用这个模式向学生传授知识,往往会失败。传授知识是要使学生对各种知识形式的"内部"有所认识,使他们创造性地进行思维并做出成熟的判断。作为传授知识的教育,只是在这一意义上才是成功的,即这种教育不可能预言学生的行为结果。②

其五,目标模式误解了改善实践的过程的本质。目标模式试图通过制定明确的目标而改善实践。即使依据知识,这种方式在逻辑上是合理的,实践中却难有成效。这种做法把教师和学生束缚在预定的统一目标框架内,不仅是一种不民主的表现,而且对教师来说,肯定是消极的、惩罚性的。目标充当了控制的手段与工具。所以,教学的改进不是产生于教师对目标的更加明确,而是产生于他们对自己的实践活动做出的分析和批判。正是过程标准帮助教师改进其教学。

其六,目标模式的"标准化"测评降低了教育质量标准,歪曲了教育的本质。一方面,根据目标进行的"标准化"评价,实际上往往会忽略许多预料之外的却又是非常重要的结果,使评价具有很大的局限性;另一方面,许多"标准化"测评只是停留于回想与再认的水平,这种机械主义的评价难以反映优异的教学质量,所谓客观的"标准"分数常常因失之片面而缺乏客观性,因而难以表明学生真正的发展水平。③

第二节　过程模式

过程模式是在批判目标模式的过程中或者说为弥补目标模式的局限性而产生的。

一、过程模式的产生

鉴于目标模式在实践中呈现的局限性,为了使教育目标具有意义,须将目标当作程序原则,而不能视之为终极目标。所谓程序原则,是指课程设计者(如教师等)的价值观会指导其在教学程序中的作为。因此,课程开发关注的应是过程,而不是目的,不宜从

---

① 丛立新.课程论问题[M].北京:教育科学出版社,2000:72,89.
② [英]菲利浦·泰勒,等.课程研究导论[M].王伟廉,等译.北京:春秋出版社,1989:58.
③ 汪霞.课程开发的过程模式及其评价[J].外国教育研究,2003,30(4):60-64.

详细描述目标开始,而是要先详述程序原则与过程,然后在教育活动、经验中,不断予以改进、修正。此即所谓"过程模式",以过程或程序,而不以目标或内容为焦点。它不预先指定目标,而是详细说明内容和过程中的各种原理。

换句话说,这种模式主张,课程开发应从那些具有价值的知识中挑选出能够体现这些知识的内容,这些选择出来的内容,能够代表这种知识当中最重要的过程、最关键的概念和该知识中固有的那些标准。学生所取得的最终结果不是按照行为事先确定的,而是在事后借助那些建立在该知识形式中的标准来加以评价。① 第一次明确提出"过程模式"的,应推英国课程理论家斯滕豪斯。他认为,过程虽然不包罗所有的课程开发形式,但却可以弥补目标模式的不足,过程模式比目标模式更适合于那些以知识和理解为中心的课程领域。②

资料链接3-1:过程模式的思想基础

二、过程模式的基本原理

(一) 课程设计的依据

以一定的程序和原则设计的过程模式是针对课程设计的目标模式提出的,将课程设计的关注点由目的转为依据并在教育活动、经验中对其进行改正、修订,它更多体现的是一个"动"的过程,具有更多的开放性。过程模式的具体步骤:先确立一个一般目标,但不把一般目标逐层分解成行为化的目标,只是把一般目标当成一般原理和原则,根据这种原理和原则创造性地实施教学活动,然后尽可能从不同的观点来详细地叙述教学活动的结果,最后根据一般目标对多样化的活动结果进行评价,为进一步修订课程服务。③

过程模式反对把教育作为工具,主张教育要关注具有内在价值的活动。斯滕豪斯认为,教育与课程意味着向学习者传授具有价值的东西,即发展学习者的知识和理解力,所以教育与课程有自己固有的内在价值和优劣标准。人们完全可以通过详细说明内容和程序原则的方法来合理地开发课程,而不必用目标预先指定所希望达到的结果。课程内容即指能反映各学科领域内在价值的概念、原则和方法;程序原则即指贯穿于课程活动始终的课程总目的或总要求。但此总目的不同于目标模式的预设目标,它并不构成最后的评价依据,是非行为性的;主要功能是概述教育过程中可能出现的各种学习结果,并使教师明确教学过程中内在的价值标准及总体要求,而不指向于对课程实施的最后结果的控制。

(二) 选择内容的标准

在斯滕豪斯看来,合理的课程设计必须说明课堂上的现实状况,仅仅合乎逻辑是不

---

① 汪霞.课程开发的过程模式及其评价[J].外国教育研究,2003,30(4):60-64.
② 汪霞.课程开发的过程模式及其评价[J].外国教育研究,2003,30(4):60-64.
③ 安海茹.关于课程设计过程模式的思考[J].学周刊,2011(7):119-120.

够的。课程内容的选择必须反映教育目的及教学过程的实际,即课程内容的选择应以教育及知识本身固有的标准为依据,而不是以预设的学生行为结果为准绳。过程模式的主要任务就在于反映教育本体功能及知识内在价值的课程内容的选择。斯滕豪斯引用了拉思1971年发表在杂志《教育领导》上的一篇文章的12条鉴别教育活动内在价值的标准,它们是:

(1) 在所有其他条件相同的情况下,如果一项活动允许儿童在完成它的过程中做出其所了解的选择,并能对自己的选择所带来的后果做出反应,则这项活动比其他活动更有价值;

(2) 在所有其他条件相同的情况下,如果一项活动在学习情境中允许学生充当主动的角色而不是被动的角色,则这项活动比其他活动更有价值;

(3) 在所有其他条件相同的情况下,如果一项活动要求学生探究各种观念,探究智力过程的应用,或探究当前的个人问题或社会问题,则这项活动比其他活动更有价值;

(4) 在所有其他条件相同的情况下,如果一项活动使学生涉及实物教具(即真实的物体、材料与人工制品),则这项活动比其他活动更有价值;

(5) 在所有其他条件相同的情况下,如果一项活动能够由处于不同能力水平的儿童成功地完成,则这项活动比其他活动更有价值;

(6) 在所有其他条件相同的情况下,如果一项活动要求学生在一个新的背景下审查一种观念、一项对于智力活动的应用,或一个以前研究过的现存问题,则这项活动比其他活动更有价值;

(7) 在所有其他条件相同的情况下,如果一项活动要求学生审查一些题目或问题,这些题目或问题是人们一般不去审查的,是典型的被大众传播媒介忽略了的,则这项活动比其他活动更有价值;

(8) 在所有其他条件相同的情况下,如果一项活动使儿童与教师共同参与"冒险",即在成功与失败之间冒险,则这项活动比其他活动更有价值;

(9) 在所有其他条件相同的情况下,如果一项活动要求学生改写、重温及完善他们已开始了的尝试,则这项活动比其他活动更有价值;

(10) 在所有其他条件相同的情况下,如果一项活动使学生应用与掌握有意义的规则、标准及准则,则这项活动比其他活动更有价值;

(11) 在所有其他条件相同的情况下,如果一项活动能给学生提供一个和别人分享制订计划、执行计划及活动结果的机会,则这项活动比其他活动更有价值;

(12) 在所有其他条件相同的情况下,如果一项活动与学生的表达目的密切相关,则这项活动比其他活动更有价值。

三、过程模式的特征

(一) 强调以程序原则为依据进行课程设计

所谓程序原则,即课程研制的指导性规则或总要求,这只是作为课程研制的方法及指导思想而使教师明确教学过程中内在的价值标准及总体要求,而不指向于对课程实施的最后结果的控制。程序原则不是预设的目标,对课程实施不起控制作用,不是结果评价的依据;程序原则只是作为课程设计的方法、课程设计的指导思想而存在。注重一般目标制定的目标模式将一些宽泛的目的具体为行为目标,进而按照既定的目标选择和编制课程内容,最后以这些目标为依据对课程实施结果进行评价。

过程模式不同于目标模式的明显之处是——它摒弃制定具体行为目标的做法,强调一般目标的制定。这里所说的一般目标是指一般性的、宽泛的教育目标,它只是一个总体的导向,不构成最后评价的依据。过程模式强调一般目标的制定,这样为课堂教学的生成提供了空间,重视并有利于教师和学生的主体性的发挥。《教育——财富蕴藏其中》一书指出:"应进一步吸收教师参与有关教育的各种政策,教学计划和教材的制定要在在职教师的参与下进行,因为对学习的评价无法和教学实践分离。"

过程模式重视的是过程而不是目标的制定和具体化,可以说过程模式是一个开放的系统。对于教师来说,没有更多具体的行为目标可以去依赖,失去了条框的束缚后,教师不是单纯的既定目标的复制实施者,在教学的过程中更多的是渗透了教师个人对课程的理解。同时,过程模式认为教育与课程意味着向学生传授具有价值的东西,发展学生的理解力,主张学生对学习的主动思考和对知识的理解,采用合作、探究的学习方式而不是对知识的被动接受,为考试而死记硬背。[①]

(二)强调形成性评价

课程设计的目标模式主张的是终结性评价,而过程模式重视形成性评价。终结性评价也称总结性评价,是在课程计划实施之后关于其效果的评价。它通常是在课程计划完成后,并在一定范围实施后进行的。形成性评价是指为改进现行课程计划所从事的评价活动。它是一种过程评价,目的是提供证据以便确定如何修订课程计划,而不是评定课程计划的优良程度。由于形成性评价既适用于课程设计的早期阶段,又适用于课程实施阶段,所以为课程设计及时调适提供了可能。过程模式反对制定具体的行为目标,主张确立一般目标,而一般目标并不是最后的评价依据,只是起着方法引领的作用。"过程模式"的评价是以在多大程度反映了知识形式、实现了过程原则为依据,它不仅注重对课程教学的积累性结果,更重视教学过程的形成性结果。[②]

四、过程模式的评价与现实价值

(一)过程模式的优与缺

斯滕豪斯的"过程模式"由于比较注意利用当代教育哲学的成果,且不谋求囊括所有的设计方法,尤其是其非线性的组成部分,使得它能充分考虑到教学内容的多样性,

---

① 安海茹.关于课程设计过程模式的思考[J].学周刊,2011(7):119-120.
② 安海茹.关于课程设计过程模式的思考[J].学周刊,2011(7):119-120.

而且非常重视教师的自主性。因而它较大程度地弥补了目标模式的某些局限性。诚然,过程模式也还是要涉及各种目的,因为这是课程设计的基本特征,如果只强调内容和过程的各种原理,就会削弱课程设计的这个主要特点。过程模式把发展学生的主体性、创造性作为教育的广泛目标,尊重并鼓励学生的个性特点,把这一目标与课程活动、教学过程统一起来,进而又统一于教师的主体作用之中。它冲破了目标模式"技术理性"的藩篱,把课程开发建立在实际的教育情境基础上,这显然是符合时代潮流的一种取向。

当然,过程模式也存在一些弊端:首先,过程模式在强化课程研制过程艺术性的同时忽视了其科学性的特点。其次,过程模式在强调人文理解及学习者主动性的同时否认了对科学知识的传承及其社会功效性指标的重要意义。再次,过程模式在规范教师质量标准及高扬教师研究者角色的同时却赋予教师理想化的境界及过高的要求,致使过程模式在具体的课程研制实践中的影响远不如目标模式那么广泛、深远、持久。①

过程模式虽然在某种程度上弥补了目标模式的不足,但其自身同样也是不够完美的。比如,过程模式虽然对目标模式进行了有力的批判,指出了目标模式的许多"病症",但是过程模式自身建构不足,正像施良方所说的"与其说它是一个评述编制步骤的'模式',不如说它是一种编制的思路、一种编制的思想"。过程模式对具体的行动给予指导,致使人在其应用中对它很难去把握,因此,过程模式的影响力并没有超过目标模式。又如,一方面过程模式强调过程,注重教师和学生参与课程设计。课程设计既要考虑人的因素,还要考虑社会需要和学科知识的科学性。过程模式注重学生参与课程设计,容易忽略社会需要和学科知识两方面的要求,致使学生基础知识薄弱,功底不强。另一方面,过程模式给予了教师很大的发挥空间,这在某种角度上说也是对教师的专业素质的较高要求,如果一些教师没有"达标",则不能很好地驾驭过程模式。再如,过程模式中的评价不是以目标的实现为依据的,而是以在多大程度上实现了过程原则为依据的,因此没有客观一致的评价标准,主观差异较大,这样就造成了学生学习结果的模糊评价。②

(二) 过程模式的现实价值

随着新课程改革的持续推进和深化,过程模式无论是在教师角色转变、学生学习方式转变、学生主体性发挥以及多元评价方面等,都凸显出它的价值。

首先,对于教师角色转变。教师是课程实施者,教师的教学理念、教学方式等将直接影响课程改革的效果。教师要认识和适应新课程改革所产生的变化,就要实现自己角色的转变。新课程提倡教师不再是权威,教师和学生之间应该形成一种和谐的、互动的、合作的关系,教师要成为组织者、引导者、合作者。过程模式注重过程,坚持教师不是单纯的传播者,而是走进学生、了解学生,需要与学生一起发展提高的"学习者"。而且在过程模式中,教师是课程设计的参与者,教师在教学实践中,最有机会发现课程问

---

① 郝德永. 课程研制方法论[M]. 北京:教育科学出版社,2000:180,187.
② 安海茹. 关于课程设计过程模式的思考[J]. 学周刊,2011(7):119-120.

题;教师参与课程设计,及时将学生的需要反馈到课程设计中,有利于课程的发展。可见,过程模式为教师角色的转变提供了空间。

其次,对于学习方式转变。学生的学习方式对于学习效果有重要的影响,正确的学习方式有利于学生思维的发展、知识的充分理解和掌握。基于进步主义教育理论、发展心理学理论提出的过程模式,主张学生学习是主动思考和对知识的理解的过程,采用自主、合作、探究等的学习方式而不是对知识的被动接受。过程模式反对制定具体的行为目标,注重知识的内在价值,主张对学生进行发展性评价,这些都为学生实现学习方式的转变提出了要求。

最后,对于评价改革。新课程改革主张多元评价,即关注学生知识技能、过程方法、情感态度多方面的发展。过程模式的评价重视教学过程中的形成性结果,不以具体的行为目标为依据,其目的不只是关注学生的学习结果,更是对学习过程的关注,这样就使兼顾学生知识技能、过程方法、情感态度的发展成为可能。①

第三节 实践与折中模式

美国课程专家、生物学家约瑟夫·施瓦布(Joseph J. Schwab)在芝加哥大学就职的50多年里深入具体的教学实践中,并在此期间接触了亚里士多德、杜威等人的思想;于1969年美国教育研究学会上首次宣读实践与折中模式的总体思想,并于1970年公开发表了《实践:课程的语言》一文。随后,施瓦布发表《实践2:择宜的艺术》(1971)、《实践3:课程的转化》(1973)、《实践4:课程教授要做的事情》(1983),具体阐释了这一课程探究模式。② 这项理论模式被公认为是对传统课程理论最具影响的挑战之一,引起了课程领域很大的反响。

一、对传统理论的反思和批判

(一)关于课程性质问题

20世纪六七十年代的美国,课程改革运动很活跃,课程理论和模式层出不穷,以学术为中心的学科结构课程理论是最有影响的课程流派。这场长达10年之久的课程改革并未取得预期效果,反而带来种种弊端。施瓦布作为改革运动的主要旗手之一,深知其弊病,经过多年的反思和探索,他提出"实践课程模式"。他认为课程工作者必须首先

---

① 安海茹.关于课程设计过程模式的思考[J].学周刊,2011(7):119-120.
② 施瓦布自1970至1983年,连续发表了四篇系列论文:
The Practical: A Language for Curriculum, School Review, No. 78, 1970.
The Practical: Arts of Eclectic, School Review, No. 79, 1971.
The Practical 3: Translation into Curriculum, School Review, No. 81, 1973.
The Practical 4: Something for Curriculum Professors to do, Curriculum, No. 13, 1983.

考虑到"课程问题是什么性质"这一问题,再根据不同的性质采取不同的探究模式,因此他对理论问题和实践问题做出了明确的区分。

施瓦布曾在其论著中陈述了实践的课程探究模式的三个基本假设:①

首先,课程领域已到了穷途末路之时,依照现在的方法和原理已不能维持其研究,也难以对教育进展做出重大贡献。课程领域需要新的原理,以便我们对课程领域中问题的特点和多样性形成一种新的观点。它需要有适合于这一整套新问题的新方式。

其次,课程领域达到如此地步,其原因在于习惯性地、不假思索地、错误地依赖理论。

最后,课程领域复兴的希望在于,把主要精力从用于追求理论(如追求普遍的原理和复杂的模式,追求固定的次序和不变的因子),转向另一种运作方式,即实践—准实践—择宜(the practical, quasi-practical, eclectic)的方式。

在这里,施瓦布着重表明他主张的课程是"实践的",而传统的课程是"理论的"。两者区别十分明显,分别在课程探究的目的和结果、研究对象、问题来源和方法等方面有所体现,这包括:

其一,理论的目的是知识,是关于一般的或普遍的知识,它的真理性、可证明性或可信度被认为是持久的、广泛的;而实践的目的是对各种可能的行动做出抉择。一项决定从来不具有真理性,它只是要解决实际问题。

其二,理论的研究对象被认为是一般的、普遍的,是不会"时过境迁"的。而实践的内容总是具体的、特定的,并且是受环境影响的。

其三,理论的问题产生于心态(states of mind),产生于已经确认的或公认的抽象的理论体系;而实践的问题总是来自与我们自身息息相关的事态(states of affairs),即来自自己亲身经历的实际情况或疑难问题。

其四,理论的方法往往受一种指导性原则的控制,这一原理决定了问题的提出与形成以及事实材料的搜集与解释;而实践的方法没有这种指导性原则,更多的是采用"审议"(deliberation)的程序。②

(二) 对传统的"理论"探究的批判

施瓦布的实践课程模式是建立在对课程危机的反思、诊断和批判的基础上的。因此,施瓦布首先对一般的原理危机做了诊断,然后对课程原理危机做了诊断,最后对处在危机中的课程原理进行了批判和反思。

1. 一般意义的原理危机诊断

对于一般意义上的原理危机诊断,施瓦布认为它们都存在普遍的"逃避"(flight)现象。虽然在实践者的意识领域中没有意识到本领域的原理和方法行将死亡,但是在实践中却证实了这点。一般的理智活动有以下六种逃避现象:

第一种位移(translocation):指逃避自己的领域。比如某些学科的毫无进展。

---

① 施良方.西方课程探究范式探析[J].华东师范大学学报,1994(3):27-33.
② 施良方.课程理论——课程的基础、原理和问题[M].北京:教育科学出版社,1996:193.

第二种上浮(upward)：从对本领域的研究对象的论述转向本领域论述的论述，从原理和方法的运用转向对原理和规则的述说，从得出有根据的结论转向对模式的构建，从理论转向元理论(metatheory)，又从元理论转向元元理论。

第三种下沉(downward)：即试图回到研究对象的原始状态。以不受任何影响的眼光来看待各种现象。

第四种旁观(to the sidelines)，使自己站到旁观者、评论者，或者专门批评别人在本领域研究工作的批判者的位置。

第五种老调重弹(preservation)，用新的语言复述过去的知识，并且这些语言没有比原来大家知道的语言所阐释的意义有新的东西。

第六种为争论而争论(debate for debate)，指许多争论明显是为了辩论的胜利而咄咄逼人，或者纯粹站在个人偏见角度出发。甚至有些学术争论还暗示对方个性、道德和智力上的缺点。

2. 课程领域的原理危机诊断

施瓦布认为，危机在课程领域中同样存在，表现的症状也大致相同。

第一种位移，课程领域也存在逃避自身研究领域的症状。比如课程的选择和安排，大多由学科专家编制，而教育一线工作者的作用很小。第二种是上浮，课程中有关模式、元理论和元元理论的论述比比皆是，但是很少有关注课程领域所面临的各种问题。第三种逃避是下沉，即回到原始状态。施瓦布认为，由于种种原因，这种情况下的课程领域并不存在。但是课程领域的确应回到课堂层次上的课程。第四种是旁观。这点在课程领域中随处可见，关于课程的历史，评论和批判都以旁观者的角度出现。第五种老调重弹是课程领域最为明显的病症，不再赘述。第六种为争论而争论。因为个人的偏见而产生的争论在课程领域中十分明显，无论在出现的频率还是强度上都令人惊叹。

在施瓦布看来，课程领域的确出现了危机。但是，在施瓦布的概念中，"逃避"一词并不是一个贬义词，而是作为中性词出现的。也就是对某些逃避症状，我们应该加以指责，比如为争论而争论、老调重弹等。但上浮和下沉，反而会因其对新原理提出建议而具有有利的一面。

施瓦布对课程领域危机的诊断，具有唤醒意识的作用。在公开发表其思想后，引起了相当大的反响，也有助于思考当今课程领域中的问题。

3. 解剖危机下的课程原理

施瓦布对课程领域中的两种"理论原理"进行了剖析，以此证明上述诊断。

施瓦布首先对结构课程理论进行了分析。在施瓦布看来，20世纪60年代美国的结构课程理论是对赫尔巴特主义的修正。其基本的假设是，儿童的观念是从已有的观念或经验中产生的，而这些观念恰恰是儿童将来学习的基础。在课程中使用这种理论假设，就成了这样的过程：分析儿童现有的知识体系—明确需要掌握的正确观念—确定这些观念随儿童发展而习得的顺序—将观念在适当时机以适当方式呈现给儿童。施瓦布认为，当"教什么"和"怎么教"以这种方式进行时，课程改革就注定是理论的而非实践的。同时,施瓦布认为美国的多次课程改革,都源于改革者单纯接受一种理论,但是仅仅将一种理论作为唯一依据的课程改革是不足以完成课程改革的使命的。在这里,施瓦布不是主张课程改革不需要理论,反而认为应该将所有的理论作为依据。但并不是所有的理论都是可以直接使用,而是需要通过择宜或折中的方式加以合理的运用。对各种理论的择宜或折中的准则,就是对课程四个基本要素——教师、学生、内容和环境的平衡和协调。

此外,施瓦布还对目标模式进行了剖析。目标模式是先确定目标,后根据目标制定课程计划。在确定目标上,当时主要有三种取向:第一,根据社会的需要确定目标;第二,从人格理论中寻找目标;第三,把目标定位在现代生活所需要的知识技能上。施瓦布发现,无论是哪一种,都是单一以一种理论作为依据的。由于每一种理论所关注的主题不同,就势必导致课程的单一化结构。所以,以任何一种理论建立的课程,都不可能适宜或长久发展。因此,施瓦布提出:"一种经得起辩护的课程或课程计划,必然是在某种程度上考虑到所有与人有关的亚学科。不能只看到一种而忽视另一种,更不能接受其中的一个而忽视其他。"[1]

施瓦布要将所有的有关理论都运用于课程改革中,并不是空想。施瓦布的策略是"择宜"。当然,所谓同时考虑到各种理论,也是相对于特定的决策时机而言的。施瓦布认为最有效的决策过程是"集体审议"(group deliberation)。

二、实践课程探究的方式:集体审议

实践与折中模式的最大特点在于其课程决策的途径——集体审议。集体审议是指将用于理论追求的精力,转向实践—准实践—择宜的运作方式。这种方式也为课程领域的转机指出了再生之路。

(一)"审议"的一般性定义

审议(deliberate)一词来自拉丁语词根"libera",这个词表面是"权重"(to weight)的意思。因此,审议的基本要素是有可供选择的方案。

施瓦布在《实践:课程的语言》中,非常概括地展示了审议的一般特点:

首先,审议不是演绎,也不是归纳。不是演绎,是因为它是处理具体个案的,具体个案不能单凭借一个原理处理得好,只有综合运用多个原理才能解决每个个案;不是归纳,则是因为审议不是为了概括或者解释,而是做出在特定情境中行动的决策。

其次,审议是复杂又繁重的。不仅需要同时考虑目的和方法,而且需要将两者看作相互影响的。确定目标时,需要确定情境中迫切需要解决的事情,为此就必须在事实判断和价值判断方面形成暂时的共识。明确方法的时候,需要考虑各种可能的途径,并且拟定各种可行解决方法。在此基础上,要对每一个方案的优缺点加以权衡,在其中选取最佳方案。然后对各种方案进行部分"演习",反思修正确定的目标,确定最终的抉择。

---

[1] [德]霍克海默.批判理论[M].李小兵,等译.重庆:重庆出版社,1989:57.

最后,审议会形成一个全新的公众(a new public)。审议得到好结果,就要求尽可能准备多的方案,对每一个方案进行分析和评价。最为重要的是在这个过程中,尽量安排日后参与行动的人广泛参与,使他们认同这种方案是可行且值得追求的。

根据审议的一般描述,课程审议的特点有以下几点:

(1) 基于审议的含义,形成和选择可能的备用方案是审议的一个首要特点。

(2) 审议遵循实践的逻辑,而不是形式的逻辑。由于审议的目的不是获得一般知识,因此审议是无法给出所有后果的,也无法详细阐述行动的全部依据,无法说明将来和现在所有的需求。

(3) 审议具有集体的和教育的特征。集体参与不仅使决策更合理可行,也能促进参与者的互动,从而相互启发,相互教育。

(二) 课程审议:实践的艺术

施瓦布认为:"实践和理论无论出现在哪个领域,都存在着截然的不同。……教育领域也是这样。"[1]教育领域的理论和实践之间有着特殊的关系。一方面,教育理论是借鉴行为科学理论的。行为科学理论是复杂的,所以每种行为理论都只能探讨某一部分。另一方面,每一个行为科学理论处理的问题所使用的原理不是一个。不同的原理提供不同视角,结果导致对研究对象的不同阐释。

这种特殊的关系,使得理论和实践很难协调一致。这样,就需要使用两种"艺术":实践的艺术和择宜的艺术。实践的艺术补充理论的不足;而择宜的艺术是使理论处于备用状态。根据实践与折中模式"实践—准实践—择宜"的运作方式,分别列出实践的艺术、准实践的艺术和择宜的艺术三种。

1. 实践的艺术

实践的艺术是针对每个人感知的个别的、具体的、特定的情境而言的,这样的情境都是一个特定的整体,所以与理论研究不同。施瓦布为了帮助人们识别实践中问题的所在,具体提出了以下几点:

首先是感知的艺术。施瓦布主张进行"无关扫视"(irrelevant scanning),以此帮助我们感知情境的细节。通过无关扫视,有意识地运用各种不相关的范畴对情境的各个侧面进行扫视,方便我们发现问题所在。

其次是问题形成(problemation)的艺术。它是指根据感知到的情境中的丰富细节以及赋予的意义,对情境中的问题做出进一步的诊断,并尽可能用不同方式表达,然后权衡不同的表达方式,最后选择最佳的问题表述方式。

最后是问题解决的艺术。包括形成备选方案,分析备选方案可能的结果,然后在众多方案中加以权衡和选择,最后还要决定何时终止审议并开始采取行动。

2. 准实践的艺术

准实践的艺术是实践艺术的延伸。处理准实践情境中的问题比纯实践的问题更复

---

① 罗青.什么是后现代主义[M].台北:五四书店,1989:6-7.

杂。为此，除了把实践艺术运用到准实践的问题解决上之外，还需要两种准实践的艺术。

首先是准实践决策过程的艺术。准实践情境中每个个别情境是相互关联的，因此，划分问题时的"灵活性"(flexity)和问题表达时的"流动性"(fluid)，就是准实践的艺术。同时，由于准实践问题涉及范围广，因而其决策需要多方面的代表参与，以有多样化的问题表述并形成相应的问题解决的备择方案。

其次是准实践的决定的系统表达方面的艺术。这是把该决定转换成实际行动时应该考虑到的各个方面，以及如何修改等。

3. 择宜的艺术

择宜的艺术是指为课程决定提供辩护。作为一种艺术，择宜是没有固定步骤的。施瓦布给了以下的框架：首先，将理论观点与实际问题进行比较，揭示哪些理论观点适用于实际问题的解决；其次，对各种理论观点剪裁、改形、重组，使其适应实际的情境及问题解决的需要；最后，以理论为基础，创造适应实际情境的新的解决问题的方法，形成可供选择的行动方案，即产生可替代的行动过程并预见该行动过程的道德后果的能力。

（三）课程审议：基本要素的协调和平衡

任何一个课程决定都涉及人的利益，因此对课程问题的解决要采取道德的行动，以满足教育主权者的利益。这要求尽量做到教师、学生、内容、环境的协调和平衡。四大要素的具体运作是某个人（教师）在一定的社会文化背景下（环境）教授某些东西（内容）给某些人（学生）。这四个要素的持续相互作用构成了实践性课程的基本内涵，形成了一个有机的生态系统。施瓦布认为，为了达到这种平衡，单凭学科专家是不行的，授课教师也同样难以胜任。为此，就需要组建一个集体小组，小组成员包括学科专家、教师、学生、校长、心理学家、社会学家、社区代表等多方面的人员。之所以选择这些人，是因为课程决策体制的变革是一种"自下而上"的模式；决策的主体在地方，不在中央；这样的人员安排更民主。集体审议的问题也需要是所有参与者都能体验到或者理解的问题，确保最后的决定是集体共同的决定。

三、实践与折中模式的评价

（一）优点

（1）施瓦布是实践与折中模式的创始人，是基于课程审议的教育改革的发起者，其无论在实践上还是理论上都实现了课程与教师关系的突破，使得广大教师从传统课程理论中解脱出来。这无疑对课程理论和实践体系的发展及教师专业素质的提升都做出了很大的贡献。

（2）实践模式假定课程理论是多元的，因此指导课程改革的理论也是多元的。但是它反对对"外来的"理论过分的、无依据的依赖，主张择宜使用。这种多元文化价值的选择，有助于构建新型的多元文化课程，满足不同主题的需求。

（3）实践与折中模式充分尊重教师和学生的主体性，采用集体审议的方式开发课程,体现了课程开发的民主性。将教师和学生同时看作课程研制的主体,使课程决策获得了更多相关者的认同,特别是调动和激发学生的兴趣并体现了对学生主体尊重的思想。

(二) 缺点

实践与折中模式在其对目标模式进行一些超越的同时,也存在着一定的局限性。这包括:

(1) 施瓦布过分强调"各种实践情境的独特性",过于注重课程的实践价值,而忽略了客观存在的、一般意义上的、可靠的理论。没有看到课程的理论价值,难免走上相对主义的极端。

(2) 实践模式采取的是"自下而上"的集体审议的课程决策模式,旨在让集体审议小组的成员发表意见和自己的观点。但是由于成员的生活背景、文化认知、社会地位、诉求利益的不同,对课程问题的看法很难达成一致。这种思想的理想色彩更重,现实中有诸多困难。

(3) 实践与折中模式主张多元理论,强调各种理论的折中。但是由于理论本身的前提或者价值取向不同,容易造成思想上的混乱,即使能够达成折中,也容易导致"表面的一致"。

第四节 批判模式

批判模式(the critique model)是西方20世纪60年代出现的一个重要的课程建构模式。它以批判教育理论为支柱,对课程编制提出了一系列独到的见解。批判模式批判地指出了社会意识形态和政治经济对学生发展的重大影响,揭示了因种族、社会地位、性别等差异所带来的教育权利、教育机会、教育质量等方面的不平等现象并试图去克服这些现象。与前面几种模式不同,批判模式并不存在唯一的模式或公认的代表人物,而是一个汇总了多种思想、汇聚了众多教育家的理论体系。

正如"批判理论不是单数的理论(theory),而是复数的理论(theories)"[①]一样,批判模式也是复数的。不同的时期有着不同的代表人物,如20世纪60年代的鲍尔斯和金蒂斯(S. Bowles and H. Gintis),80年代后的吉鲁(H. A. Giroux)和弗莱雷(P. Freire)。他们对"批判"的理解各不相同,致使他们研究的取向和关注的问题也有着很大的差异,从而形成不同的理论。

一、对传统课程理论的批判

批判教育理论家中,各自关注的重点、范围和持有的理论主张大相径庭,但是对传统课程的批判却是一致的。在对传统课程的分析和批判中,他们将矛头指向泰勒的目

---

① [美]吉布森. 批判理论与教育[M]. 吴明根,译. 台北:师大书苑,1988:4.

标模式,认为泰勒的目标课程原理是一种系统管理,通过该系统满足系统存在目的的程度大小予以评价。然而,实际上却忽略了探讨目标的政治过程,以及对目标的理解。批判课程理论者们从经济再生产、文化再生产、霸权国家再生产等角度进行分析,揭示出教育(或课程)是具有政治性的,是维护统治阶级利益的工具和媒介。其目的是传递统治阶级现有的意识形态,从而实现社会成员对现存社会的认同,保证统治阶级的长久统治权力。因此,在现实教育世界里存在的"谁来决定目的"以及"决定什么目的"这些问题,也是课程论者需要探讨的。批判者们认为,所有知识都带有社会偏见,知识的构建总是为某种社会目的服务的。所以,课程研究要揭示学校里所教的外显的和内隐的知识之间的关系,选择和组织知识的原理以及评价的准则。针对泰勒课程目标模式的四个经典问题,阿普尔(M. W. Apple)提出了四个有代表性的问题,分别是:这是谁的知识?知识是由谁来选择的?为什么要这样组织知识,并以这种方式来教?这对这个特定的群体是否有利?[①] 这四个问题直指传统课程理论的弊端。通过这种批判,批判教育理论家试图让人们意识到:学校,已经丢失了其原本的意义,变得和其他机构一样,成了经济文化再生产的机构。传统的教育者最大的错误,在于一方面使资本主义意识形态合法化,另一方面试图使学校的语言非政治化,这是不可调和的矛盾。学校不仅仅是教学的场所,更成为不同权力的群体相互竞争的场所。

资料链接3-2:批判模式的理论基础

二、批判模式的内在机理

批判取向的课程论者反对保守的观点,即学校传递客观的知识。他们自己形成了隐性课程的理论和意识形态的理论,以此来识别隐藏在具体知识形式背后的利益。在他们看来,学校是通过选择、组织特定的语言形式、推理方式、社会关系、文化形态等,呈现占支配地位的文化的。因此,文化是与权力相联系的,是统治阶级将特定的经验强加给学生的途径。那么,统治阶级是如何做到的呢?这可以具体分为三个问题:

(一)知识是如何通过学校生产的

批判取向的课程论者认为知识是文化资本的一部分。因此,个人拥有多少知识,就像拥有多少资本一样,至少部分决定了个体在社会中的地位。社会再生产模式的机制,就是让不同社会阶级的儿童接受不同的知识;而不同的知识也反映了拥有它们的人的社会地位。安扬(J. Anyone)就对社会阶级与课程经验关系进行了研究。结果表明:学校用不同的传授方式教不同的学生,再生产社会阶层和分工。那么,知识经验是如何通过学校的日常教学被不同社会阶层的学生掌握从而为再生产社会服务的呢?批判取向的课程论者认为,主要是由三种方式来完成的:第一,不同的课程。不同社会背景的儿童进入不同的学校学习,接受不同的课程。第二,中产阶级对学科的偏见。中产阶级家

---

① Michael W. Apple. Ideology and Curriculum[M]. Routledge & K. Paul, 1979:1-11.

庭的子女较容易习得学校教授的高档学科的内容。因为他们在家里可能已经习得了这部分内容。但这并不能说明一门学科优于另一门学科。而是说，在一般课程中是不包括工人阶级子女所熟悉的那种知识的。第三，隐性课程的影响。总体上，学校呈现信息的语言方式，是中产阶级的子女比较熟悉的。这并不是说，这种语言优于工人阶级的语言，而是学校通过使用它们试图维持现存的社会结构。这被认为是有助于再生产阶级最有效、也最有力的手段。

（二）学生在学校里获得的知识来源于何处

批判取向的课程论者认为，课程问题是始终与阶级、种族、性别、宗教等冲突联系在一起的。不含阶级偏见、单纯客观的知识是没有的。所以，"什么知识最有价值？"这一经典的课程问题应该是"谁的知识最有价值？"资本主义制度中所隐含的价值，在很大程度上决定了学生在学校里所接受的知识的种类和性质。而学生的认识主要来自教科书、教师和学生。

首先，教科书给学生传递一种包装好了的知识和符号化了的资本主义制度。在学生认知来源中，教科书无疑是最具影响的，不仅限制学生的思维和行动能力，更阻碍学生认知、道德和审美的发展。其次，教师是学生知识的另一个重要来源。学校中的大多数教师来自中产阶级。他们身上带有中产阶级的价值观。他们的职责是将知识当作商品交给学生。而作为学生，被认为是没有能力创造新知识的，只要按照教师教授的方式行事即可。最后，学生也是学校中转化的知识的重要来源。学生到校时已经具有各自的经验，他们运用这些经验理解他们的所见所闻。并且，学生之间形成的群体，也会在班级中传递一种亚文化，影响着学生认知。

（三）学校要学生养成的世界观和技能是为谁的利益服务的

当学校教育由那些无批判性的教育者设计和经营时，课程几乎始终是为社会统治阶级的利益服务的。只要立法者制定的规则适应资产阶级的利益，只要行政人员促进和执行这些规则，那么社会本身的结构就会继续下去。如果这样，那些因性别、种族、阶级而不适应当支配者的人，必然会受挫。所以，在大多数批判理论家看来，学校教育应该激发公正的意识。公正，是指所有人在竞争上都能得到平等的结果，只有这样，才能消除阶级偏见。

三、课程批判探究的过程

批判取向的课程论者往往将"解放"作为教育最终要追求的目标。他们要求个人摆脱权力的控制，自己掌握自己的命运，充分发挥自身的主观能动性，取得自己控制生活的权力。这种解放的取向被许多批判课程论者吸收，这里简要介绍两位教育家的思想。

（一）弗莱雷课程研究模式

弗莱雷的课程研制思想源于长期的扫盲教育实践，他把"解放"作为教育最终要追寻的目标。他的著作《被压迫者教育学》就试图把仍然受统治者奴役的贫困的、无权的又无知的"被压迫者"从文化的束缚中解救出来。希望借此培养他们的主观能动性和责任感,尤其是培养学生的批判意识,促进学生主动参与社会改革和发展,推进社会的民主化进程。

弗莱雷曾提出用解放的取向代替传统课程设计模式技术—生产的取向。解放的取向强调对自身所处情境的批判与反思。而学校教育是一种银行储蓄模式:教育是一种储蓄行为,学生是储蓄所,教师是储蓄者。弗莱雷在抨击这种方式的同时,提出了"提问法",并且倡导"对话"。他认为,在对话中,教师和学生都是批判的、合作的调查者。在对话中,着力发展教师和学生批判地察觉他们在世界上存在的方式的能力,使他们了解到世界不是静止的,而是处在过程中、转化中的实在。[①]

此外,弗莱雷完全抛弃了价值中立的课程决策意识形态。一旦抛弃这种观念,课程编制不再是技术问题,而成为一个政治的、意识形态的问题。这种做法,是要使学生具有对世界的看法和想法,感觉到自己是思考的主人。因此,学习的结果就不是学习成绩的好坏,而是批判的意识和具体的行动。当然,这种学习结果具有理想色彩,最终的目的是要使个体得到解放的整治行动。

(二) 西罗特尼克的研究模式

西罗特尼克(K. A. Sirotnik)根据弗莱雷的思想,并结合自己的研究,概括出课程批判需要经历的五个阶段[②]:

(1) 要识别和理解目前的问题。不管是什么样的问题,参与批判探究的主体必须清晰地认识到所存在的问题,并且对问题持有一致的看法。在这一阶段,必须要澄清课程中的主要问题是什么,也就是明确回答"我们现在正在做什么"的问题。

(2) 所有的问题都有其发生的历史的和现实的背景。所以这一阶段围绕"它是怎么发展成为现在这个样子的"这一问题展开。通过历史看待问题形成的原因,批判地探讨这些问题产生的社会、政治和经济背景;促使参与者了解问题的特征,并抛弃问题的表面现象,正确把握问题的根本。

(3) 批判取向的参与者面对重大教育问题的政治现实,必须认识到其中的价值、信念和利益。这个阶段,主要围绕"采取这种方式是为谁的利益服务的"这一问题。

(4) 对知识的批判需要具有批判的知识。这一阶段需要回答"与这些问题很有关的哪些信息和知识是我们已具有的"这一问题。要回答这个问题,就需要参与者对这个问题有大量的研究,并且需要用各种知识来说明探讨问题。这些信息和知识不仅是教育领域提供的,还应该包括其他各个领域。

(5) 批判探究必须既指导行动,又从行动中获取知识。批判探究强调实践的概念,就是指将批判的知识运用于实践,同时又要意识到实践有助于促进批判的认识。这就要求

---

① Paulo Freire. Pedagogy of the Oppressed[M]. Continuum,2000:52.
② Edmund C. Short. Forms of Curriculum Inquiry[M]. State University of New York Press,1991:243-245.

参与者不仅仅对问题进行探讨,更要付诸行动。教育者应该是参与变革的主体而非客体。

四、批判模式的评价

(一)批判模式的优点

批判模式提出的一系列观点是全新的,为课程编制提供了一种新的可供选择的可能性。例如,把教育置于政治与文化背景下进行考察;主张充分发挥学生的自主能动作用,把学生的经验融汇到课堂生活中;课程设计要考虑到文化的差异,把不同的文化引进课程领域;批判教师权威;让学生批判性地思考一切权力结构;等等。

批判模式的倡导者反对课程编制中一向被视为"金科玉律"的文化遗产传承,而强化课程对社会文化的批判与改造的功能;超越价值中立的方法论指标,寄予学校课程正义行为及公正观念的培养;强调隐性课程在课程研究中的重要意义,反对只重智力因素而漠视非智力因素的课程方案;强调个体为知识的创造者,反对固定的、一成不变的知识观;强调学生的日常生活经验,反对固定的、脱离实际情景的课程内容。

上述所有,都有助于深化人们对课程问题和课程研究的认识,促使人们对课程理论与实践进行更深入的思考和分析。

(二)批判模式的局限性

批判模式与众多的反传统的课程编制模式一样,在纠偏的同时却陷入难以自拔的偏失中。

第一,批判模式的理论主张,出现了自相矛盾的情况。一方面,他们反对"目的"、主张"手段",反对中心、主张"去中心",反对"普遍性"、主张"特殊性";但另一方面,在课程中又不得不考虑两两相对的问题,这样就用了"无目的的目的性"和"无规律的规律性"来界定知识的普遍有效性,使其理论必然陷入理性的至上性和非理性的根源性的"悖论"之中。① 否定文化遗产的客观性和继承性的特点,夸大了文化的意识形态属性及不同文化形态的偏激、对立性质。

第二,学校课程首要的功能是传播社会文化遗产。离开社会文化遗产的传播,课程便失去了存在与发展的依据。尽管不同的文化形态在制度层面、意识形态领域可能具有民族性、地域性特点,但并不否定文化具有同质性、客观性的特点。而批判模式断然否决学校课程对文化遗产的重要意义,在抨击工具理性课程观的弊端,强调课程对文化的创新功能,弘扬人的主体意识和批判意识的同时却否定了文化遗产的继承性,还给课程涂上泛意识形态的色彩,歪曲了课程的本质。

第三,否定课程的预设性和精确性,反对传递准确的具有中性价值取向的真理性知识和经验。人的认识活动的发展对个体心理发展的程度及水平具有决定的意义。个体自我意识的提升,社会批判意识、社会批判能力的培养,都离不开智力发展水平的基础。

---

① 施良方.课程理论——课程的基础、原理与问题[M].北京:教育科学出版社,1996:235.

因此,知识的传承应该是学校课程的主导性、基础性目标。批判模式强调实际的生活经验、所思所感的情景性体验,反对真理性知识的继承。

第四,批判有余而重建不足。批判模式在否定目标模式等的弊端的同时,却未能给出恰当的方案,使课程编制陷入了迷茫的境地中。

第五节 情境模式

情境模式作为当代最具影响力之一的模式,又被称为"情境分析模式"或者"文化分析模式"。情境模式是为了纠正目标模式和过程模式的偏颇而形成的,所以被视为融合了两种模式的基本原理和方法的综合化的模式。

一、情境模式与"文化分析"理论

(一)情境的一般意义

首先,课程研制与实施是离不开情境的。任何的课程不能存在于真空之中。即便是孤岛教育,也存在孤岛这一特定的情境。情境,无论是宏观的、中观的,还是微观的,都可以归于生活,包括物质的、精神的、社会的、个体的在内的生活。任何课程的研制实施,乃至评价都不能脱离生活。

其次,无论是课程研制还是课程实施,都会面临对情境的认识和利用情境、创设情境的问题。要保证课程实施的成功,要求实施者能够正确地把握课程中的情境因素,分析现实的情境,并能根据实际情况,创设情境。

(二)劳顿的文化分析理论

英国课程专家丹尼斯·劳顿(Denis Lawton)对当时流行的儿童中心论、知识中心论、社会中心论做出了辩证批判。在此基础上,他吸取了它们合理的成分,提出了文化选择的策略。在他的著作《课程研究与教育规划》中,明确提出了"文化分析"的理论,并创立了"文化分析"课程规划研究法。随后,在他的《教育、文化与国家课程》一书中,完善发展了这一理论和方法。

1. 学校课程与社会文化

什么是学校课程?劳顿认为,学校的课程是对某一社会文化进行的一种选择。这种定义把计划性课程和其他非计划的、偶然的甚至不理想的学习活动区别开来。一方面承认学校课程的严格规定性,另一方面也扩大了课程的概念。劳顿希望通过这种"选择",把"学科中心"课程观和"儿童中心"课程观结合起来,形成扎根于教育社会学的"情境中心"课程观。

那么,什么是社会文化呢?历来对文化的解释众说纷纭,劳顿认为应该分为俗称(popular usage)和术语(technical term)两类。对于俗称而言,文化指人类行为和思想中层次较高的部分,比如高雅的文学艺术、高级的审美趣味等。这种定义带有明显的阶级偏见。而术语的文化,是指一切人造的事物,诸如物质的、智力的、精神的全部,都可以称之为文化。劳顿认为,这种定义没有对文化进行价值判断,也不对它做重不重要、高级与低级、好与坏的判断。劳顿通过分析教育家不同的文化观念,得出结论:传播文化是教育的出发点;学校必须承担起传播文化的主要职责;学校要传播和发扬文化中最精华的部分。为了达到这个目的就必须对文化进行选择,使其既能反映人类文化的共同特点,又能被社会接受。

2. 公共文化和公共课程

劳顿认为,文化是人类社会的基本特征,所以能够从文化传统中找到共同的部分。他希望通过选择公共文化来编制公共课程,由此传播人类智慧的共同财富。但是,由于认识上的偏颇,这种愿望一直不能付诸行动。为此,劳顿建议确立一种知识形式来概括文化的公共部分,用一种公共形式或学科体系作为编制公共课程的基础。

劳顿认为,以学科体系或者学科结构作为课程编制的公共形式最为可靠。第一,学科体系能够反映现实世界的规律。成熟的学科课程应该既能反映自然的内在联系,又提供人类思维的框架,是两者的统一。第二,学科体系能够系统回答人们对现实提出的不同问题,避免传统课程隔离各学科体系的弊端。第三,学科体系符合人类思维的特点,更容易被掌握吸收。第四,学科体系提供了更有效、更经济的学习途径。

3. 文化分析法

劳顿认为:"为了使课程编制能够建立在更加合理、更加正确的文化选择上,完全必须规定一组保证文化选择的原则和步骤,而这就是'文化分析'(cultural analysis)。"① 一般来说,文化分析法可以分为"分类法"(classificatory method)和"解释法"(interpretive method)两种。分类法着重对社会文化进行纵向、横向的剖析和列表,从而建立文化分类体系;解释法更重视把文化作为一个整体。文化分析法在被运用于课程编制中,应该探讨以下几个问题:① 现存社会是怎样一种社会? ② 该社会在以何种方式发展? ③ 社会成员希望它如何发展? ④ 在决定这种社会发展方向以及决定实现这种发展所需的教育手段时,将涉及哪些价值观与原则? 劳顿认为,在进行文化分析的过程中,应该还要追溯其历史。在教育分析中,也应该看到文化和课程在变革的社会中显露出来的落后和惰性,也就是课程和现实生活的脱节现象。如此,社会就能通过文化分析进行精心的课程设计,以此发展儿童获取特定社会的生活能力。

二、劳顿和斯基尔贝克的课程研制模式

劳顿和斯基尔贝克(M. Skilbeck)都注重情境分析,但是劳顿多在社会文化宏观层面上进行分析,将社会文化分为九种层级体系。而斯基尔贝克是在具体学校情境中进

---

① Denis Lawton. Curriculum Studies and Educational Planning[M]. Hodder & Stoughton, 1984:25-26.

行微观层面的分析,帮助构建学校本位课程研制模式。

(一) 劳顿的课程研制基本程序

基于课程研制三大理论来源及对两个原则的认识,劳顿提出了一个建立在文化分析基础上的课程研制程序和步骤,具体包括以下五个程序,如图3-1。①

一是哲学层面分析:通过对人类文化共同特征的哲学分析,确定具有永久性的教育目的及知识的价值和结构。

二是社会学层面分析:通过对特定社会文化的分析以及对社会现实情境(社会性质、思想观念及技术的变化)的判断,确定教育现实的社会职责、目的及手段。

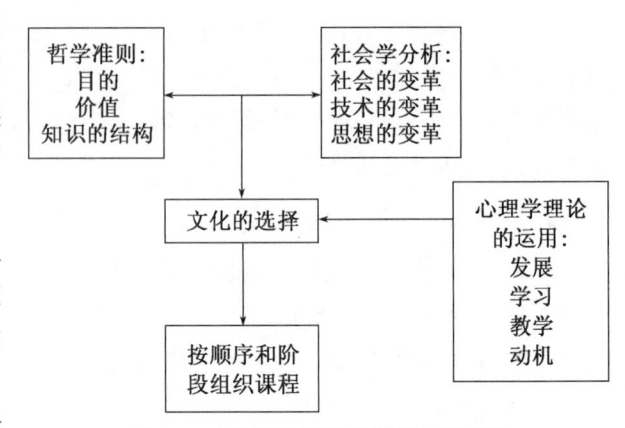

图3-1 劳顿的课程研制基本程序图

三是文化的选择:在哲学和社会学基础上进行文化要素的选择,确定课程的文化选择背景。劳顿将全部社会文化分为九种系统,分别为社会/政治系统、经济系统、交通系统、理性系统、科技系统、道德系统、信仰系统、审美系统、成熟系统。课程的形态、结构和内容主要就来源于对这九种文化系统的选择。

四是心理学理论的运用:劳顿的课程研制流程中,只确定了理想的课程的文化选择框架,并没有涉及学校的具体条件以及课程实施的手段等问题。在课程文化选择框架确定后,就运用发展、学习、教学、动机等方面的心理学理论对课程予以编排、组织,并考虑理想的课程实施和学习方法。

五是课程计划的形成:按顺序和阶段具体组织课程材料,安排课程进度。

(二) 斯基尔贝克的情境分析课程研制模式

斯基尔贝克的情景分析强调按照不同学校各自的具体情况,在对学校情境进行微观层面的全面分析与评估的基础上研制课程方案。由于斯基尔贝克的情境分析模式的中心和焦点在于具体的学校和老师,所以更能帮助学校对国家课程进行校本化实施和开发校本课程,也更能促进学校的长远发展。

斯基尔贝克的模式主要由五个部分组成,如图3-2。②

1. 分析情境

情境分析主要是对制约学校课程的内外因素及其相互作用进行分析。外部因素主

---

① 施良方.课程理论——课程的基础、原理与问题[M].北京:教育科学出版社,1996:235.
② 郝德永.课程研制方法论[M].北京:教育科学出版社,2000:20.

要有文化、社会意识形态的变迁、家长、社会、雇主的期望、教育政策、考试制度及教育系统、地方教育当局的要求、教材性质的变化，等等；内部因素主要包括学生的心理特点，教师的价值取向、态度、技能、知识、经验，学校风气及其政治结构、物质资源，当前课程所面临的问题，等等。

2. 确定目标

依据对情境中各种制约课程因素的分析和诊断，确定课程目标。课程目标必须着眼于改变某方面情境的决策。不仅如此，课程目标还应尽量清楚、明确地阐明教师的行为、学生的行为、预期的学习结果、教学目标等规范。情境模式的目标是一个连续过程的一部分，不是终点。

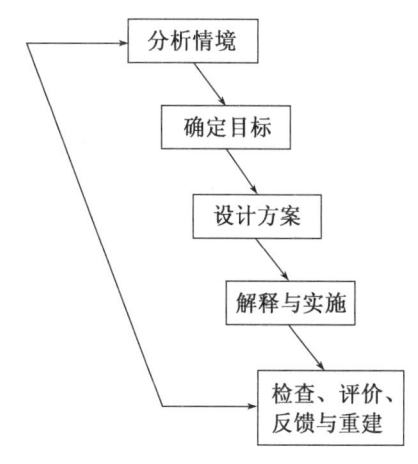

图 3-2 斯基尔贝克情境分析课程研制模式图

3. 设计方案

根据已确定的课程目标选择课程方案。这部分的主要内容有：设计课程活动，包括内容结构、方法、范围和顺序；确定课程材料，比如课本材料和工具清单等；设计教学环境，比如实验室或空余场地；设计人员部署以及角色定位；设计时间表。

4. 解释与实施

新方案实施时，可能会产生种种问题，这些问题需要得到解释，并且在实施中要设法解决。

5. 检查、评价、反馈与重建

检查评价教育结果，并非单纯检查课程目标的达成度。评价还应该包括学生在课堂活动中的进步情况，包括学生的学习态度和学习结果等，并以此作为反馈与重建的内容和依据。

斯基尔贝克的情境模式是一种囊括了目标模式和过程模式的综合性的模式，是一种富有弹性、适应性的模式，课程设计人员可以从该模式的任何一部分开始课程设计工作。与目标模式比较，该模式不像目标模式那样事先预设一种线性的程序，封闭地进行课程设计，而是鼓励课程设计者考虑课程设计过程中不同的影响因素，视整个过程为一个有机整体，并以一种相当系统的方式进行课程设计。

三、情境模式的评价

（一）情境模式的价值和意义

情境模式采用文化分析的方法，将课程置于社会文化背景基础上，使得课程既具有较宽泛的理论基础，又有较具体的现实性依据。因而，情境模式在全面性、现实性方面更为合理。在逻辑上既克服目标模式的机械性和狭隘性的弊端，又弥补了过程模式的主观化和理想化的不足。

首先，劳顿的文化分析课程思想既关心普遍的、一般的价值准则，又关注具体的、现实的社会性目标和教育过程中的心理学方面的方法依据，为课程研制规范提出了一个综合的理论来源体系。

其次，斯基尔贝克的情境分析模式立足于学校内外具体情境的分析以确定目标、内容及实施策略，这使得学校层面的课程设计呈现出现实适应性及动态发展性的特点。

再次，情境模式赋予了课程文化选择的属性和文化传播的职能。从总体上反映学校教育在历史发展中呈现的一贯特征。除此以外，情境模式强调课程严格的选择性、组织性和结构性，解释了课程内容的基本特征。

(二) 情境模式的不足

虽然和目标模式、过程模式相比，情境模式有其合理性、综合性的特点，但是仍然存在局限性。

首先，从课程研制理论的来源说，虽然劳顿试图以哲学、社会学、心理学的综合来消除社会中心论、儿童中心论和知识中心论，并且希望设计出一个全面的课程指导思想层面的理论框架，但是它的依据却是社会文化的选择和传播。不仅如此，心理学的理论基础也只运用在方法、策略的层面，没有被纳入课程目标来源，造成课程研制指导思想在逻辑上呈现虚幻的合理性和全面性。

其次，在具体课程方案研制策略的选择上，仅仅以不同学校具体的情境分析为依据，使得课程蒙上现实适应论的阴影，容易使学校课程研制出现"头痛医头、脚痛医脚"的现象。应该说，学校现实的具体情境应该是学校研制课程的依据，但同时世界性、国家性、历史性、未来性等因素同样制约着学校课程研制。

本章小结

本章主要围绕现代课程设计与评价的模式进行研究。研究的要点主要有课程设计与评价模式的含义及结构要素；目标模式的产生、发展、特点及其评价；过程模式的基本原理、评价与现实价值；实践与折中模式的缘起及其"审议"艺术；批判模式的理论基础、内在机理和评价；情境模式的研制思路与评价。现代课程设计与评价模式的研究，可以提供给课程工作者在当下进行课程设计与评价多方面的启迪。

复习与思考

1. 试析实践与折中模式和过程模式的关联与融合之道。
2. 结合具体学科探讨运用过程模式进行课程设计的困境及其破除。
3. 对我国中小学现行课程设计模式提出必要的反思及建议。

第四章
课程背景情境分析与目标设计

※ 本章导航

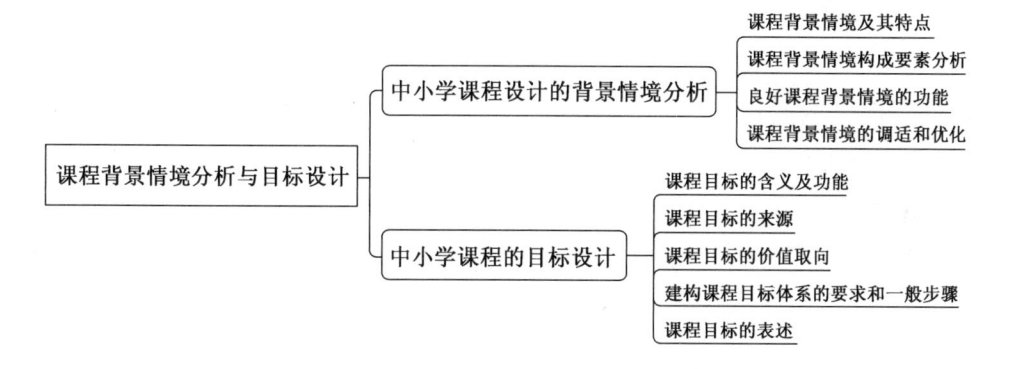

课程背景情境分析与目标设计
- 中小学课程设计的背景情境分析
  - 课程背景情境及其特点
  - 课程背景情境构成要素分析
  - 良好课程背景情境的功能
  - 课程背景情境的调适和优化
- 中小学课程的目标设计
  - 课程目标的含义及功能
  - 课程目标的来源
  - 课程目标的价值取向
  - 建构课程目标体系的要求和一般步骤
  - 课程目标的表述

※ 学习目标

1. 明确课程背景情境分析和课程目标的概念；
2. 知道课程背景情境的构成要素；
3. 理解不同课程目标的价值取向；
4. 明确建构课程目标体系的要求和步骤；
5. 能够对中小学课程目标设计进行相应的背景情境分析，并表述不同层次、不同类型课程的目标。

※ 学习重点

课程目标设计既是课程设计的首要环节，也是课程设计主体进行课程设计的首要职能。课程目标设定的科学性和可行性直接影响其后的课程内容设计、课程实施程序设计以及整个课程实践系统的质量水平。

※ 学习难点

理解课程目标的价值取向，在此基础上能进行课程背景情境分析及课程目标设计。

课程设计的第一步,是从课程目标的确立开始的。设计课程目标既是课程设计的首要环节,也是课程设计主体进行课程设计的首要的职能。课程目标设定的科学性和可行性等直接影响其后内容设计、实施程序设计的推进以及整个课程实践系统的质量水平。

任何课程的设计总是离不开特定的背景和情境,中小学课程的设计自然要系统认真地研究和分析课程发展的背景和情境。

第一节　中小学课程设计的背景情境分析

一、课程背景情境及其特点

课程背景情境是指影响课程发展的各种相关条件因素的综合,是教育及课程发展以及教育和课程活动随时都置于其中并受其影响的背景因素和办学及育人情境。课程背景情境包括宏观的背景要素和微观的情境要素。课程背景情境分析是对制约课程发展及课程活动的各种相关条件因素及其相互作用的分析。

课程背景情境一般具有客观性、社会性、传统性、整体性、潜在性、差异性、发展性等特点。

1. 客观性

这是指课程背景情境是不以人们的意志为转移的一种客观存在,有其自身存在和发展的规律。一定的课程发展及课程活动都是在一定的课程情境中进行的,不管人们的主观愿望如何,客观的、特有的背景情境总是要对课程的变革发展以及课程活动产生这样那样的影响,人们不可能无视,更不可能阻隔这些影响。同时,课程的变革发展以及课程活动客观上又会对其现存的背景情境产生一定的反作用,人们同样不能无视和阻隔这种作用。课程的背景情境是客观的,是可知可感的,人们可以认识并对其分析研究,从而能自觉地适应和把握它,并进而实现对其改造和促其发展。

2. 社会性

这是指课程背景情境植根于社会以及特定的社区土壤,反映了社会和特定社区的要求,同时,课程以及其背景情境的优化也肩负着促进社会和特定社区文明建设的重任。任何课程以及教育"都是发生于社会和为了社会的行为",社会的诸多因素通过多种途径渗透进课程及教育并与课程情境的诸多因素交织并存,从而对课程开发的各主体及课程活动各成员产生多种影响。课程开发自然要对各种社会因素进行分析研究,择善而从,择善而用,从而有效地保证课程及教育的健康发展,并有效地发挥课程及教育的育人功能。

3. 传统性

这是指特定的课程(包括国家、地方及特定学校的课程),其背景情境的形成会具有一定的"惯性",这种"惯性"在一般情形下会使得特定的课程情境持续地保持下去。当然,随着其他因素的变化,课程情境也会得到补充和完善。对特定的学校而言,其富有特色的课程情境都要经过长期努力的创设和巩固提高,才能逐渐形成并经久而不衰。

4. 整体性

这是指课程背景情境的各要素之间都有内在的联系,从而构成一个系统的整体,它们对课程发展的影响,既是从不同的方面,更是作为一个系统或网络而产生整体的影响。为此,对课程背景情境的分析要注重综合分析,要能形成对课程背景情境的整体认识。

5. 潜在性

这主要是对学校课程层面的内部情境而言的。学校的课程情境对学生发展的影响往往是在潜移默化中进行的。这种潜在性的影响,一般要经过一段时间,通过一个过程的积累,才内化为精神力量,从而驱动其行为表现。而这种影响一旦奏效,往往具有水滴石穿的作用。

6. 差异性

这也主要是对学校层面的课程情境而言的。每一所学校由于其历史和现实条件的不同以及课程教学实践的不同,因此各学校逐渐形成的课程情境一般都会具有各自的特色,而对校本课程发展卓有成效的学校来说尤其如此。课程情境的差异性不仅存在于不同的学校之间,而且同一所学校的不同时期也会表现出差异性。这种差异性在一定程度上也体现了一所学校在课程教学改革上的创造性。

7. 发展性

这是指任何课程的背景情境都是发展变化的。无论是课程背景情境的各要素本身,还是其相互关系以及其对课程活动的影响,都是不断发展变化的。因此,分析课程背景情境,不仅要认识其现状,还要认识其发展变化的规律和趋势;要始终保持对课程背景情境做动态的理解与考察。

二、课程背景情境构成要素分析

就我国而言,国家、地方和学校"三级课程管理体制"正不断发展和完善,同时由于我国各地经济、文化以及教育等的差异性,因此,不同层面的课程,特别是各地方和各学校的课程是不尽相同的,而课程的背景情境以及其要素的构成自然也不尽相同。为此,课程背景情境构成要素的分析拟从以下两个大的方面进行:

(一)课程发展宏观背景分析

课程发展的宏观背景要素主要有社会政治经济及意识形态的变迁,社会文化科学知识及社会信息的传播,教育及课程的整体变革等。

1. 社会政治经济及意识形态变迁的分析

社会政治主要是社会政治体系,包括政治观念、政治信仰、组织文化、政治意识、政治权力、政治制度及实施机关等。政治作为课程的背景因素对课程的影响模式如图 4-1 所示。① 其中政治权力制约课程的权力系统,政治权力决定下的制度化的政治意识影响课程的价值系统,而政治权力和政治意识通过中介影响课程的要素系统(如课程计划、课程门类、课程标准等)。

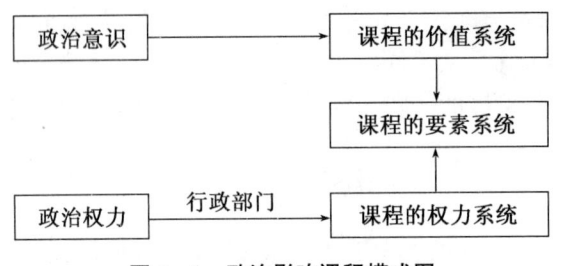

图 4-1 政治影响课程模式图

经济作为影响课程系统的根本性因素,一是通过政治意识、政治权力等中介因素影响课程;二是直接影响课程。其模式如图 4-2 所示。② 政治经济变迁是指政治经济体系的一切变化,这些变化必然影响到课程。如我国四十多年来改革开放所带来的政治和经济体系的变革发展,以及由此而引起的社会意识形态的变化,自然地会从各个方面影响着学校的课程体系的发展,这是不言而喻的。

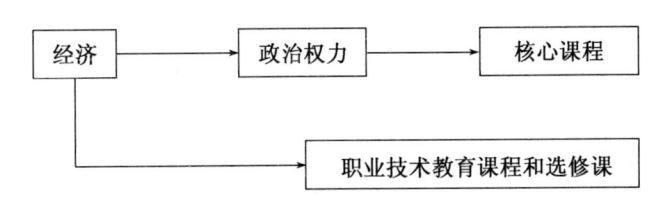

图 4-2 经济影响课程模式图

2. 社会文化科学知识及社会信息的分析

文化是课程的主要源泉,文化既影响课程的内容,也影响课程的类型。而课程也就是文化。事实上,学校的课程就是由于人类传递和传播文化科学知识及信息的需要而产生的。人类文化科学知识和信息是学校课程取之不尽的源泉。现代社会,正是文化多元化、知识爆炸和信息革命的时代,其对课程的革命性影响是全面持续而深远的。

课程的研制开发如何选择文化、选择知识和信息?现代社会的知识化和信息化会使现代课程发生哪些变革?课程工作者(规划设计者、实施者、评价者)将如何利用现代社会的文化科学知识和现代社会信息发展课程,如何通过课程的系统活动传播文化科学知识并推动社会文化的发展?这都是课程工作者要认真学习研究和解决的问题。

3. 教育及课程整体变革的分析研究

任何课程的发展,都要关注国家和地方的教育整体改革和课程整体改革的研究,要

---

① 吴永军.课程社会学[M].南京:南京师范大学出版社,1999:109.
② 吴永军.课程社会学[M].南京:南京师范大学出版社,1999:114.

分析研究国家的教育方针政策以及课程政策,研究教育理论和课程理论,研究教育改革和课程改革的走向。而且,不仅要研究中国的教育,还应关注世界的教育,要了解世界教育改革和课程改革的各种发展状况与趋势,要进行认真的比较,要有自己的思考,要能形成自己的教育思想和课程思想。

(二)课程发展微观情境分析

课程发展及课程活动的微观情境要素主要有在学校层面上的学生、教师的情况,学校组织结构、课程设施、资源状况和相关规章制度、校风班风、学校人际关系、成员态度及行为方式,家长及社区的课程发展期望等。课程微观情境分析即对这些要素进行分析。

1. 学生情况分析

学生情况分析包括:

(1)要了解分析学生的基本情况,如学生数、年龄分布、男女生比例、入学率、优生率,学生家庭背景,学生健康及生理状况,学生知识和技能基础,学生智力能力的发展,学生个性品质。

(2)学生的生理、心理等发展特点。

(3)学生发展中的存在问题以及原因。

(4)未来学生群体基本情况的预测分析。

2. 教师情况分析

教师情况分析包括:

(1)教师群体基本情况的分析,如教师数、年龄分布、性别比例、学历结构、职称结构、专业结构、政治成分结构及身体健康状况,师生比、教师工作量负荷,学术专长、科研成就、经济待遇等。

(2)教师的特征和素养分析,如教师性格、认知风格、价值观、仪态、任职动机,学业能力、进取精神、事业心和责任感、情感意志特征,合作态度、人际关系。

(3)教师的专业水平、技能和态度,教师的学生观,教师的组织能力和创新能力等。

3. 学校组织结构、课程设施、资源状况和相关规章制度的分析

学校组织结构是指为实现学校教育目标经由分工与合作,由不同层次的权力和责任制度而构成的学校人群集合系统。如职能制加年级部制、校长负责制、现代学校制度等。课程设施包括校园活动场所、课程活动场所、各种绿化设施、图书资料、教学设施、实验设备、体育设施等。资源状况包括学校的人力、物力、财力以及时间、信息等资源,还包括学校课程活动的一些物理因素,如通风、采光等条件。课程教学规章制度是指师生的课程教学活动及学校管理课程教学方面的制度和规范,这是课程活动得以良好运行的基础。

4. 校风班风、学校人际关系、成员态度及行为方式的分析

校风班风是指学校或班级所有成员在长期的活动和交往中所形成的一种共同的富

有特色的心理和行为倾向,是学校或班级成员共同具有的长期的思想行为作风。良好的校风班风对课程教学活动的运行及效果是至关重要的。学校人际关系是指在学校以及社会交往中所形成的学校人际纵横关系,如领导和教师、教师和学生以及领导之间、教师之间、学生之间等的纵横交错关系,这在一定程度上构成了学校的人际环境,从而通过影响人的认知、情绪和行为,而影响学校的课程教学过程以及效果。学校成员的一致性态度及多数人的行为方式自然是影响学校成员的巨大力量,它会产生对其他成员的类化作用以及促使个体形成从众现象,这自然应受到情境分析的关注。

5. 家长及社区的课程发展期望分析

随着我国社会主义市场机制及教育的市场机制的不断发展,学校逐步确立起视学生和家长为顾客的观点,学校更为尊重学生和家长在学校课程发展及课程活动中的权利,为此,学生和家长的课程期望成为课程情境分析的重要内容。另外,社区机构、大众传播媒介等对学校课程的期望以及与学校的互动等都是课程情境分析所应关注的。

这里需要说明的是,并非只对国家或地方层面的课程开发或设计进行宏观背景分析,而学校层面的课程发展就只进行微观情境分析。事实上,不同层面的课程设计都是要进行全面而系统的课程背景情境的分析和研究,只不过各层面的课程设计研制主体其立场、视角和侧重面有所不同而已。

三、良好课程背景情境的功能

课程背景情境是课程发展及课程活动赖以进行的基础和必不可少的前提条件。课程背景情境的重要意义在于,它既影响课程的规划设计,也影响课程的实施和评价,其中的有些要素更是自始至终地干预着课程活动的各环节,系统地影响着课程发展的全过程。课程背景情境对课程的发展及个体的发展所产生的一切影响,都是通过其自身的功能表现出来的。良好课程背景情境的功能主要有育人功能、激励功能和约束功能等。

(一)育人功能

课程的宏观背景自然是存在育人功能的,而对具体的学校成员特别对师生而言,课程的微观情境的育人功能更为直接和明显。为此,这里的育人功能主要是对学校层面的课程情境而言。课程情境的育人功能具体表现为陶冶功能、益智功能、健体功能和育美功能。陶冶功能是指良好的课程情境可以从各个方面给师生特别是学生以潜移默化的影响,通过熏陶、感化而养成他们高尚的道德品质和行为习惯;益智功能是指良好的课程情境能有效地促进学生智力的发展,提高他们智力活动的效率;健体功能是指良好的课程情境能有效地促进学生身体正常发育,提高学生的健康水平和发展学生的身体素质;育美功能是指良好的课程情境能陶冶学生的情操,激发学生的美感,培养学生正确的审美观点,唤起学生创造美的欲望和动机,提高他们感受美、鉴赏美、表现美和创造美的能力。课程背景情境的育人功能是在德、智、体、美、劳等全面发展的方面整体发挥其功能效应的。

(二) 激励功能

这是指科学和谐的课程情境包括科学和谐的宏观背景和微观情境,能促使课程发展各层面的主体及相关人员在课程开发及课程具体活动的全部过程都能产生内在的动力,能激发其学习、实践、研究、反思的积极性,从而发挥各自的独特作用,并有效地推动课程的科学发展以及自身的主动发展。

(三) 约束功能

这是指科学和谐的课程情境能对人的思想行为产生巨大的约束力量,使人在特定的时空条件下只能选择特定的行为方式。

四、课程背景情境的调适和优化

课程的背景情境是客观存在的,也是可知可感的。既然其对课程以及对人的发展具有诸多的功能意义,课程工作者就应认真地研究它,并切实地做好调适及对其优化的工作。

(一) 课程背景情境的调适

课程的背景情境特别是课程发展的一些宏观背景因素,对课程工作者来说,有的是必须置于其中并且是难以改变的。如国家整体的政治经济和文化发展态势以及科学技术水平,国家整体的教育改革以及课程改革的主旋律和发展趋势,这些都是课程工作者必须切实面对且要认真适应的,同时这些也是课程工作者需要认真学习研究、切实把握并应该和可以在课程活动中有效运用的。即使是课程微观情境的一些要素,有很多同样也是需要课程工作者去把握和适应的。为此,课程工作者的一个重要职责就是以辩证唯物主义和实事求是的世界观和方法论研究和把握课程情境,并秉持"教育要适应和促进社会的发展"这一教育基本原理的要求,以推动课程及教育工作以及课程工作者自身与课程情境的"交互"和调适。

(二) 课程背景情境的优化

自然,课程及教育工作者是具有主体性和主动性的,人们在面对以及置身于课程情境时也是应该并且是可以有所作为的。为此,课程工作者必须确立应始终不渝地推进课程情境优化的观念和信念,特别是在把握与学校层面的课程情境关系时,这种主体性和主动性的体现更是必要的。课程背景情境的优化应遵循以下的原则和要求[①]:

1. 课程背景情境优化的原则

课程背景情境优化的原则主要包括:

---

① 顾书明.校本课程开发实践系统论[M].徐州:中国矿业大学出版社,2002:88-92.

（1）整合一致的原则。这一方面是指要充分研究和把握课程的宏观背景要素，系统整体地运用和依据这些要素而推进课程的科学健康发展；另一方面要围绕优化课程情境的统一而明确的目标调节控制好人力、财力、物力、时空、信息等课程资源。课程工作者要确立全局观念，要从整体上对课程情境的各个方面进行统一的规划调整，以便把各种因素有机地协调为一个整体。

（2）因地因校制宜的原则。即从各地方和各学校的实际出发，充分运用各地各学校的优势，提倡多样化、鼓励个性化地优化各地各学校的课程情境。

（3）稳定发展的原则。即强调在稳定中求得课程情境的发展，在发展中保持课程情境的相对稳定，要始终推动课程情境保持其稳定持续的发展。

（4）参与有效的原则。即课程情境的优化要尽可能地调动各相关方面的积极性，充分依靠社会各方及课程发展系统内外的多方面力量，鼓励和动员各方面最大限度地参与。同时追求各种资源的运用及课程情境优化的综合有效性。

2. 课程背景情境优化的基本要求

在课程背景情境优化的实施过程中，应注意以下的基本要求：① 宏观背景要素的把握要注重整体性，保持适应性；② 正确调控课程的信息环境，保持开放性，坚持选择性；③ 努力提高课程工作者的整体素养，发挥主体性，增强弹性和示范性；④ 物质环境的建设要注重审美性，保证科学性；⑤ 有计划地进行学校文化和校风的建设，克服自发性，加强自觉性。

第二节　中小学课程的目标设计

课程目标是课程理论与实践的一个重要的概念和专门的范畴，本节将对其含义、功能、来源、取向、建构等问题进行讨论。

一、课程目标的含义及功能

（一）什么是课程目标

1. 什么是目标

目标是人们的行动所期望达到的标准、规格和状态。目标含有"里程"的意义，表现为个别（特殊）的、部分的、阶段（具体）的价值。这里的"人们"可以是群体，亦可以是个体，而"行动"既包括某一行动，亦包括某一时期的行动。

目标是人们对客观规律主观认识的产物，只有当人们认为自己的行为符合客观规律时，才会制定相应的目标，从而期望得到预期的结果。目标能否实现，与对客观规律认识的正确与否直接相关。目标又是人们自我主体意志发挥的产物。事物发展的多样性给了人们对自身行为选择的多种可能性，人们制定目标一方面是为遵循客观规律，另一方面更为了按自己的主体意志去影响和改变客体及自身。目标反映了制定者的价值取向和追求,目标的实现即人们行为价值的实现。目标制定是人们对客观规律理想思考的过程和结果,目标在其形成中和形成后,都是指导、激励、制约人们行为的重要因素,它使得人们的意志和行为都要服从和服务于目标的实现。

2. 什么是课程目标

最早提出"课程目标"并将其作为课程开发的出发点和归属的学者是博比特与查特斯,其后泰勒对课程目标研究做出了突出贡献,但泰勒并未对教育目的、教育目标、课程目标做很细致的区分。20 世纪 70 年代,美国课程论专家蔡斯(R. S. Zais)将课程目标区分为三个层次,分别为课程宗旨(curriculum aims)、课程目的(curriculum goals)和课程目标(curriculum objectives)[①]。奥利瓦(P. F. Oliva)研究课程目标则将其区分为从宏观到微观的五个层次,它们依次是教育宗旨(educational aims)、课程目的、课程目标、教学目的(instructional goals)和教学目标[②]。奥利瓦对"课程目的"和"课程目标"的界定是,"课程目的就是用没有成就标准的一般性术语表述的取向或结果","课程目标就是用具体化的、可以测量的术语表述的取向或结果"。它们都是课程规划者希望学生在完成了一个特定学校或学校系统的课程计划的部分或者全部后,达到的取向或结果[③]。有的认为课程目标是"课程设计的方向或指导原则,是预见的教育结果,是学生经历教育方案的各种教育活动后必须达成的表现"[④]。也有的认为,"课程目标是在特定阶段的学校课程所要达到的预期结果"[⑤]。

总结相关的研究,这里将课程目标定义为:课程目标是一定教育阶段的学校课程期望这一阶段学生的品德、智力、体质、审美等基本素质在参与课程活动的主动发展中所能达到的标准、规格和状态。

课程目标是课程本身要实现的具体目标和意图。这里包含几个要点:① 时限,即一定阶段或特定阶段;② 学生基本素质所能达到的发展水平,即其发展所达到的标准、规格和状态;③ 学校课程期望,这种期望应是国家期望、地方及社区期望、家长期望等的综合;④ 目标的实现途径和方式是课程活动;⑤ 学生的主动发展[⑥]。

(二) 课程目标的性质

可以看出,课程目标具有以下的性质:

---

① Zais, R. S. Curriculum: Principles and Foundations[M]. New York: Harper Collins Publishers, 1976: 306 - 307.

② Oliva, P. F. Developing the Curriculum[M]. 3rd ed. Boston & Toronto: Little, Brown and Company, 1992: 257.

③ Oliva, P. F. Developing the Curriculum[M]. 3rd ed. Boston & Toronto: Little, Brown and Company, 1992: 259 - 261.

④ 黄政杰. 课程设计[M]. 台北:华东书局,1991:186.

⑤ 靳玉乐. 现代课程论[M]. 重庆:西南师范大学出版社,1995:155.

⑥ 廖哲勋. 课程学[M]. 武汉:华中师范大学出版社,1991:84.

(1) 方向性。即课程目标始终指向于学生德、智、体、美、劳等方面基本素质的提高和发展。

(2) 从属性(层次性)。即课程目标从属于国家的教育目的和学校的教育目标。

(3) 阶段性。即课程目标是一定阶段的课程目标,如小学阶段、初中阶段、高中阶段。

(4) 整体性。即各级各类学校的课程目标和各个不同方面课程的目标是有其内在联系的,各种课程目标会构成一个有机的课程目标体系。

(5) 可行性。即课程目标反映了人们对课程活动期望所达到的理想状态的主观追求,这种追求不是随意的想象,它是经过努力能够实现的。

(三) 课程目标与教育目的、培养目标、教学目标的关系

确定课程目标是从国家制定的教育目的到实际的课堂教学目标所经历的一系列转化中的一个环节。而这一系列转化过程中可依次区分出四种不同的目标:教育目的(总目标)、培养目标、课程目标、教学目标。这四种目标是不同层次的教育目标。教育目的最宽泛,层次最高,指导范围最广,它是一个长期的目标;培养目标次之,是针对一个学段或一种类型的学校,培养目标对教育目的的解释具有独特性、针对性,也可以体现一个学校的办学指导思想和办学特色;而课程目标与教学目标是最具体的,其制定必须考虑教育目的和培养目标的要求。这四种目标的关系如图4-3所示。

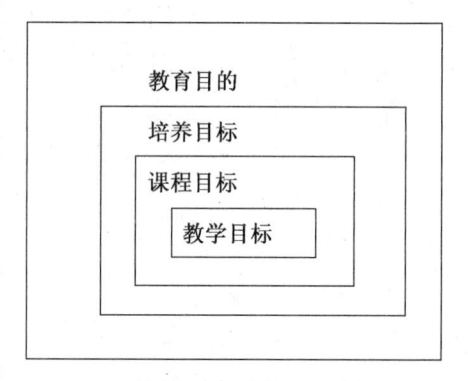

图4-3 教育目的、培养目标、课程目标与教学目标的关系

1. 课程目标与教育目的

教育目的是社会对教育所要培养的社会个体的质量规格的总的设想或规定,是对受教育者的总的要求。教育目的所体现的是普遍的、总体的、终极的教育价值,是最宏观的教育价值。教育目的是含有方向性的总体目标和最高目标,是一个国家乃至一种社会人才培养的终极目标,也是一个国家教育的起点和终点。它体现在国家的宪法、教育法、教育方针之中,也体现在国家、地方、学校的教育理念和教育实践活动之中。教育目的的核心是规定培养什么样的人,它具有历史性、一般性、概括性和抽象性的要求。教育目的决定学校培养目标、课程目标和教学目标的性质和方向。课程目标是直接影响学校课程内容的选择与组织、课程实施及评价等工作的,而教育目的对此不能直接提供具体指导。教育目的的实现,需要先将其转化为具体的培养目标,然后才能对课程目标的制定发挥指导作用。

2. 课程目标与培养目标

培养目标是各级各类学校及各个学段应具体达到的教育目标,它是教育目的在各

级各类学校中的具体化。培养目标与教育目的之间并没有实质性的区别,只是在时间性、区域性、概括性等方面有所不同。教育目的是一个国家在较长历史阶段内的教育总体目标,具有相对稳定性以及覆盖面大、包容性强等特点。培养目标则具有阶段性、层次性、灵活性以及区域性等特点。培养目标在本质内容上要服从于教育目的,但又要根据各级各类学校及各学段的特点,提出具有地方特色、学校类别特色以及学段教学特点的具体目标。[①] 培养目标在文字表达上往往要在学生基本素质培养的基础上对重点培养学生的哪些方面素质加以说明。

课程目标与培养目标在方向上是一致的,在本质内容上是相通的,而在一些方面又有区别,这包括:[②]

(1) 在概括性方面,培养目标高于课程目标。

(2) 在可操作性和可检测性方面,课程目标比培养目标更具体,更具有可操作性和可检测性,可以说,课程目标是培养目标的具体化。

(3) 在使用功能方面,培养目标适用于特定学校所有的教育教学人员。

课程目标既要求有关的课程或教学工作者明确其内涵,以利于课程设计,同时课程目标还要关注教师的教与学生的学,要充分顾及与学生特点、学科内容及社会需求的关系。

3. 课程目标与教学目标

教学目标是指"教学中师生预期达到的学习结果和标准"[③],它是课程目标的进一步具体化。教学目标不仅要明确目标的内容和行为,而且要具体说明达成目标的有关作业完成的条件、速度、质量以及类型等方面的要求,即教学目标一般都要强调作业化的要求。教学目标是完成课程目标的师生活动的准则,是指导、实施和评价教学的基本依据。

课程目标与教学目标的联系是非常紧密的,它们共同为达成培养目标发挥着各自的作用,是培养目标的具体化。在目标的确立方面,二者都要以教育目的为总目标,以培养目标为具体指导,在各自的范围内提出适应社会、适应学科、适应学生的具体的教育教学要求。目前课程理论中有倾向于"大课程"和"活课程"的观念,倾向于课程统合教学。从这个意义上说,课程目标也就统合了教学目标。也就是说,既要认识到教学目标是课程目标的进一步具体化,且这种具体化有其积极意义,同时又不主张将教学目标与课程目标做太严格的区分。有的学者就将课程目标和教学目标合称为"课程与教学目标"[④],主张课程与教学目标的制定应模糊一点,以便为人的创造性的发挥留有余地。

课程目标与教学目标的区别也是明显的且需要把握的,主要体现有:课程目标的制定主要由教育行政部门和课程工作者完成,具有较强的方向性和规定性,而教学目标主要由学校的教师制定,具有较强的实用性、灵活性和变通性。课程目标为课程编制提供依据和参考,为教师的教和学生的学提供依据和参考,是评价学校课程实施的基本标

---

① 高孝传,杨宝山,刘明才.课程目标研究[M].北京:教育科学出版社,2001:4.
② 钟启泉.课程论[M].北京:教育科学出版社,2007:109.
③ 顾明远.教育大辞典[M].上海:上海教育出版社,1998:717.
④ 钟启泉,张华.课程与教学论[M].广州:广东高等教育出版社,1999:144-145.

准,具有规范性和稳定性,它事关某一科类或某一学科的全局,对该学科产生影响和制约作用;教学目标也为教师的教和学生的学提供依据,但它是对局部的教与学产生导向、激励和制约作用。另外,教学目标具有很强的实践性和实效性,教育目的、培养目标、课程目标的主要意图都要通过教学目标的落实才能实现。

从上述分析可看出,课程目标与教育目的、培养目标、教学目标有着密切的联系。教育目的是一个国家或社会特定历史时期总体的终极的教育意图,为课程目标提供方向和总体要求;培养目标是对各级各类学校的具体培养要求,它高于课程目标,反映着教育的社会价值,它是根据教育目的制定的;课程目标是学校全部教育内容和教育实践活动的直接目标,外延有总体目标和学科目标之分。其中,课程总体目标是指某一类学校或专业所有课程设置和实施所要达到的目标,这与培养目标是一致的;学科课程目标是指从某一门或几门学科的角度所规定的人才培养的具体规格和质量要求,它是总体目标的具体化。课程目标的制定以教育目的和培养目标为依据,并体现教育目的和培养目标的意图;教学目标是培养目标和课程目标的具体化,它既指向课程目标,又指向教学单元目标和具体课时,是教师教与学生学的目标,是每个单元、每节课以及每个教学环节、教学活动应达到的具体目标。正如图4-3所示的,教育目的、培养目标、课程目标、教学目标由外及里,经过了一系列的转化(具体化)。

(四) 课程目标的功能

课程目标在课程活动中包括在课程设置、课程实施、课程评价中的诸多的重要作用都是由于其自身存在着重要的功能。

有的学者认为课程目标具有导向功能、调控功能、中介功能、评价功能。[1] 也有的认为,课程目标的功能主要有激发和维持动机的激励功能,规定、组织和协调师生行为的导向功能,检验、评价实际结果的标准功能。并且认为标准功能是课程目标所特有的功能,激励功能、导向功能均是标准功能的衍生物。[2] 本文认为,课程目标主要的功能是导向功能、激励功能和标准功能,并且这三种功能对整个课程活动发挥着有机和整体的作用,体现为整体的功能。

1. 导向功能

课程目标的方向性决定了课程目标的导向功能。课程目标所体现的价值取向被课程工作者和相关人员认同和接受后,必定会成为所有人员课程活动中所追求的方向,并导引大家通过努力而实现目标。

2. 激励功能

课程目标的激励功能即课程目标的价值及可行性被相关成员认同后,就会对各成员产生强烈的激励作用。如师生通过课程目标对自己所从事的课程活动的方向、内容、

---

[1] 靳玉乐.现代课程论[M].重庆:西南师范大学出版社,1995:157-159.
[2] 廖哲勋,田慧生.课程新论[M].北京:教育科学出版社,2003:150.

结果有明确的理解,其目标达成的过程就成为其价值实现的过程;当其认识到自己所从事的活动在系统中的地位、作用、意义,就会激发其参与课程活动的动机,调动其积极性,提高其自觉性和主动性,从而能充分发挥其课程活动中的主观能动作用。

3. 标准功能

课程目标的标准功能即完备科学的课程目标体系必然为课程实践系统的各方面、各人员、各环节提出明确详尽的活动内容及时间、数量、质量等的标准要求。从而以此标准为依据,明确有关的职责,制定有关的制度,衡量、鉴别课程活动的进展和成本情况,做相应的评价,并对有关偏差和未达要求情况加以控制。

二、课程目标的来源

确定课程目标是一项创造性的工作,而不是教育目的或培养目标的简单推衍。围绕课程目标的来源或依据这一问题的研究,曾经出现过不同的课程理论。泰勒集各种研究之大成,将课程目标的来源总结归纳为三个方面:对学生的研究;对当代社会生活的研究;学科专家对目标的建议。并且,泰勒提出要运用社会哲学和心理学两把筛子,对得到的多种建议目标进行筛选,从而选择既相互一致又非常重要的目标。这些观点都已成为课程工作者的共识。

(一) 对学生的研究

课程的一个基本职能就是促进学生身心的全面发展。为此,课程设计要认真关注对学生的研究。上一节课程发展微观情境分析已论及对学生的分析,除此,要尤其关注对学生的兴趣与需要、认知发展与情感形成、社会化过程与个性养成,以及学习发生条件等方面的研究。其中,特别关注学生兴趣与需要的分析往往是更为重要的。

关于学生兴趣与需要的调查研究,泰勒认为可分为以下几方面:① 健康;② 直接的社会关系,包括家庭生活以及与亲朋好友的关系;③ 社会—公民关系,包括在学校和社区的公民生活;④ 消费者方面的生活;⑤ 职业生活;⑥ 娱乐活动。

学生兴趣特别是学习兴趣的研究对课程目标的分析确定至关重要,这要借助心理学的方法包括教育心理学和学习心理学等的方法,从而探明其实质及表现。

根据学生的兴趣、需要确定课程目标,须对学生的现状进行调查。要考虑到学生在文化、地域方面的差异,要进行具体的、分层次的、分类别的分析,以确定学生兴趣和需要的共同性及差异性。另外,还要能用动态发展的观点看待学生的兴趣、需要。因为随着学生身心的不断发展以及与社会的不断交往,学生的兴趣、需要也会不断变化、不断生成、不断提升。因此,必须用动态发展的视角对学生的兴趣、需要做出判断。

(二) 对当代社会生活的研究

对当代社会生活的研究,当然是课程目标的重要来源,因为学生既生活于学校也生活于社会之中。学生个体的发展总是与所处社会的发展交织在一起。社会生活是动态的,作为课程资源并对课程产生重要影响的动态发展的社会生活,会持续地改变着学校的功能,改变着人们对基本技能、文化遗传、学科知识、教育个体与社会功能等的认识。而学校教育的文化功能、政治功能、经济功能等的实现又必定要以课程为中介而达成。因此,对当代社会生活的研究是课程目标研制所必需的。学校课程需要适应社会生活的需要,需要研究当代的社会生活,但又不能将学校课程仅理解为对社会生活的适应,还要认识到学校课程具有的相对独立性以及社会价值取向本身的不断变化;学校课程要考虑学生和社会的今天,也要考虑其明天,"我们今天对课程目标所做出的抉择,其结果将在二十年后同我们见面"[①]。

当代社会生活的研究所涉及的内容极其广泛,要从中确定课程目标并不容易,这需要思考和完善研究的方法,需要对研究的内容进行有意义的分类。泰勒对当代社会生活的分类是:① 健康;② 家庭;③ 娱乐;④ 职业;⑤ 宗教;⑥ 消费;⑦ 公民。当然,这种分类未必适合我国的国情,但还是有借鉴意义的。另外,前述英国课程论专家劳顿所采用的"文化分析法"也是提供了诸多的参考价值。从当代社会生活的研究中确定课程目标具有艰难性,其合理有效的方法与途径的寻找需要运用复杂性的思维方法。

课程目标来源的社会生活研究需要强调一些原则要求:[②]

(1) 公平性与民主性的原则。即研究社会生活需要充分考虑社会各阶层的需要,不能仅考虑社会优势阶层的需要,而忽略社会不利阶层或弱势阶层的需要。

(2) 共性与个性统整的原则。即课程目标的确定既要有国际意识和国际视野,也要体现出本国、本民族、本地方及社区的特色和个性要求,要寻求这诸多视角的平衡与统一。

(3) 适切与超越的原则。即从当代社会生活的研究中确定课程目标,不仅仅只是反映当下社会的需求与特点,更主要的是反映社会的未来发展趋势。

(三) 学科专家对目标的建议

学校课程的一个重要功能是传承文化、传递知识。而学科是文化知识的最主要的支柱或最主要的部分。因而学科知识及其发展成为确定课程目标的一个基本来源。作为课程来源的学科知识类型一般有:数学;自然科学(如物理学、化学、生物学等);技术学;社会科学(如语言学、历史学、地理学、经济学、教育学、人类学等);人文科学(哲学、文学、艺术学);等等。不同学科的专家自然谙熟该领域的基本概念、逻辑结构、探究方式、发展趋势,以及该学科的一般功能及其与相关学科的联系,因此,学科专家的建议是课程目标最主要的依据之一。此外,学科的功能包括两个方面:一是这门学科本身的专门化的属性及特殊功能,二是这门学科所能发挥的满足个人生活和社会生活需要的一般的教育功能。这两个方面的功能中,泰勒更关注的是学科的第二个功能即学科的一般教育功能。他认为,学科专家常常不是把该学科视作基础教育的一个组成部分,而常会把学生看作将来要在该领域从事高深研究的人,因此,由学科专家提出的课程目标往往容易过于专业化。为此,泰勒认为,在利用学科专家的建议确定课程目标时,要提出

---

① 施良方.课程理论——课程的基础、原理与问题[M].北京:教育科学出版社,1996:101.
② 钟启泉.课程论[M].北京:教育科学出版社,2007:115.

这样的问题:"这门学科对那些以后不会成为这个领域专家的年轻人有什么功用?"或者说"这门学科对一般公民有什么功用?"①这样就能突出该学科一般的教育功能。

课程目标主要来源于对学生的研究、对当代社会生活的研究、学科专家对目标的建议,这三者之间的地位是同等的,是不可偏废的。为此,运用系统的思想方法,有机地整合三方面的判断,从而确定课程研制中的课程目标,这是非常重要的。

三、课程目标的价值取向

课程目标总是体现着一定的价值取向,课程目标的形式总是表现为特定的一些追求。课程目标的取向主要是指课程目标所采用的形式,这涉及要不要制定课程目标以及制定什么样的目标的问题。在课程理论的发展史上,有影响的课程目标取向主要有普遍性目标、行为目标、生成性目标或展开性目标以及表现性目标等。课程目标一般是以这些目标为主构成的目标体系。

(一)普遍性目标

普遍性目标(global purposes)是将一般教育宗旨或原则,直接运用于课程领域,从而成为课程领域一般性、规范性的课程目标。普遍性目标是一种古老且长期存在的课程目标取向,上可追溯到中国的先秦及西方的古希腊、古罗马时期。如我国古代的经典著作《大学》中所提的教育宗旨为:"大学之道在明明德,在亲民,在止于至善。"在古希腊,柏拉图把"有德性的生活"视为教育的终极目的,亚里士多德则认为教育的终极目的是"幸福"。在古罗马,昆体良认为"受过教育的人"的理想是成为"大演说家"。在近现代教育史上,普遍性目标也是广泛存在的,而我国目前正在实施的新课程的总体课程目标也是由国务院《关于基础教育改革与发展的决定》(2001年)中所提出的教育目标转化而来。我国当代教育实践中的课程目标大多属于普遍性目标取向,这与我国长期的计划经济体制及教育上的"国家主义"和课程管理上单一的"国家课程"等密切相关。当然,这些状况正随着新课程的实施而得到很大的改变。

普遍性目标所体现的是"普遍主义"的价值观,这种取向所给出的课程目标是一般性的宗旨或原则而不是具体的目标菜单,所以课程工作者可以对这些目标进行创造性的解释和适切性的扩展。普遍性目标所具有的普遍性、方向性、指令性等特点,使其成为任何门类课程都不可缺少的部分。

普遍性目标取向也是有一定缺陷的。这包括:① 这类目标受日常经验所局限,往往缺乏充分的科学依据;② 这类目标往往以教条的形式出现,表现出一定的随意性,在逻辑上往往不够彻底、不够完整;③ 这类目标往往在含义上不够清晰、确定,常常出现歧义。②

---

① 施良方.课程理论——课程的基础、原理与问题[M].北京:教育科学出版社,1996:102.
② 钟启泉,张华.课程与教学论[M].广州:广东高等教育出版社,1999:149.

(二) 行为目标

行为目标(behavioral objectives)是以具体的、可操作的行为的形式而陈述的课程目标。在很多的课程文献中，人们已把课程目标与行为目标看作同义词，这主要是受泰勒《课程与教学基本原理》一书的影响。在这本书里，泰勒继承和发展了博比特和查特斯的"行为目标"理念。泰勒认为，每一个课程目标都应该包括"行为"和"内容"两个方面，前者是指要求学生表现出来的行为，后者是指这种行为所适用的领域。把课程目标分解为"行为侧面"和"内容侧面"是泰勒对行为目标的一大贡献，后人因此将泰勒称为"行为目标之父"。泰勒还主张在课程目标的概括化与具体化之间找到一个"度"。到了20世纪70年代，泰勒又指出，课程应关注学生学会一般的行为方式，"目标应该是清楚的，但不一定是具体的"[①]。泰勒的这一主张对行为目标的健康发展具有重要指导意义，但遗憾的是这一点往往不被人们所重视，行为目标愈益趋向具体化，其弊端亦愈益明显。

行为目标取向克服了普遍性目标取向模糊性的缺陷，在课程科学化的历程中做出了积极的贡献。行为目标的基本特点是目标的精确性、具体性和可操作性。这使得课程工作者特别是教师将课程内容以行为目标的形式陈述时，能清楚明了自己的任务，这便于教师有效地控制课程活动过程，也便于教师就课程内容与学生、家长等进行交流，更便于利用行为目标进行评价。可以说，行为目标对于基础知识和技能的熟练，对于保证一些相对简单的课程目标的达成是有益的。

当然，行为目标的缺陷也是明显的和不容忽视的。这包括：[②]

(1) 行为目标所体现的"唯科学主义"的教育价值观是有缺陷的。行为目标是控制本位的，而人的行为是主体的行为，是富有创造性的行为，在很大程度上是具有不可预知性的行为。这样，行为目标就割裂了目标与手段、结果与过程的有机联系，也泯灭了课程活动过程的创造性以及学生学习的主体性和主动性。

(2) 行为目标把人的学习分解成若干个独立的部分，而不是将其视为一个整体，这样，人所具有的整体性的心理和行为被原子化，这当然不利于课程活动陶冶学生的个性，培养"完整的人"。

(3) 课程目标都用行为方式来界定，课程就会趋于强调那些可以明确识别的要素，而那些较难测评、难以转化为行为的内容就会被忽视，进而导致其从课程中消失。如人的许多高级心理素质(价值观、理解、情感、态度、欣赏、审美情操等)就是很难用外显的、可观察的行为来预先具体化的。因为这些高级心理素质不只是行为，更主要的是意识问题。

资料链接4-1：行为目标范例——教育目标分类学

(三) 生成性目标或展开性目标

生成性目标(evolving purposes)亦称展开性目标，是在教育情境之中随着教育过

[①] [美]泰勒.课程与教学的基本原理[M].施良方,译.北京:人民教育出版社,1994:136-137.
[②] 钟启泉,张华.课程与教学论[M].广州:广东高等教育出版社,1999:153.

程的展开而自然生成的课程目标。生成性目标反映了人的经验生长的内在要求。如果说行为目标关注的是结果，强调行为目标是在教育过程之前或教育情境之外而预先制定的作为课程指令、课程文件、课程指南而存在的话，那么生成性目标关注的则是过程，是教育情境的产物和问题解决的结果。

生成性目标的渊源可以上溯到杜威"教育即生长"的命题。杜威认为，目的不应该是预先规定的，而应该是教育经验的结果。目的是在过程中内在地被决定的，而不是外在于过程的。课程的目的就是促进学生的生长。这样，生活、生长以及经验的改造本身即构成了教育的目的。只有将目的融入过程中，才能真正促进儿童的生长。

斯滕豪斯从另一角度看生成性目标，他认为学校教育主要包括三个过程，即"训练""教学""引导"。"训练"是使学生获得动作技能的过程，"教学"是使学生获得知识的过程，"引导"是使学生获得以知识体系为支持的批判性、创造性思维能力，这是使学生进入"知识本质"的过程。斯滕豪斯认为，教育的真谛是使人类获得更多的自由、更富有创造性，因而教育的本质是"引导"。在斯滕豪斯看来，"训练"和"教学"可以用"行为目标"来陈述，而"引导"的本质却恰在于其不可预测性，教育成功了就意味着学生不可预期的行为结果增加了。故"引导"不能用"行为目标"表达。而且学生通过"训练"和"教学"获得技能和知识的信息与"引导"所获得的批判性、创造性思维能力相比，是次要的和工具性的，因而"训练"和"教学"应服从于"引导"的过程。为此，斯滕豪斯主张，课程开发可以规定教师要做的事情以及规定要处理的课程内容，但教师不能把这些规定看作教育的目的或结果，并用以评价学生的学业。斯滕豪斯认为，课程不应以事先规定的目标（或结果）为中心，而要以过程为中心，即要根据学生在活动中的表现而展开。

生成性目标是过程取向的，它强调师生与课程情境的交互作用，并强调通过这种交互作用而不断产生出课程的目标，可以说生成性目标本质上是一种对"实践理性"的追求。诚如有的学者所认为的，教育"是一个有机过程。在此过程的任何阶段上，我们能提出的目的，不管它们是什么，都不能看成是最终目的；也不能武断地将它们插到后面的教育过程中去。目的是演进着的，而不是预先存在的，目的是演进中的教育过程的方向的性质，而不是教育过程中的某些具体阶段的或任何外部东西的方向的性质。它们对教育过程的价值，在于它们的挑战性，而不在于它的终极状态"[①]。

生成性目标注重人的自主性、创造性和个体性，强调个人接受既有文化时的个性化，强调个人对文化创造性发展。生成性目标不排斥并能容纳行为目标，对目标的表述主张采取开放式的态度，不强求统一的规格和标准，重视课程活动及结果的个性、差异性。它统一了行为目标中本来是二元对立的过程与结果、手段与目的，使课程目标成了学生在课程活动中、在与课程情境交互作用中所产生的自己的目标，而不是课程研制开发和教师所外在强加的目标；学生根据自己的兴趣选择和解释问题，并使这种过程持续终身，这还有助于促进终身学习。

当然，生成性目标也有其不足，如要求"教师即研究者"在当时或在理论上是过于理

---

① 瞿葆奎.教育学文集教育目的[M].北京：人民教育出版社，1989：625.

想化的。另外，学生的自主选择也会有一定的盲目性和困难等。这些都是应该关注的。

(四) 表现性目标

表现性目标(expressive objectives)来自美国学者艾斯纳(E. W. Eisner)。艾斯纳将课程目标分为两种：一为教学性目标(instructional objectives)，二为表现性目标。教学性目标是在课程计划中预定好的，旨在使学生掌握现成的文化工具。这类目标明确指出了学生在完成学习活动后应当学得的具体行为，如技能、知识等。教学性目标对大部分学生来讲是共同的，它通常是从既有的文化成果和各种学科中引出，并以适合于学生的方式进行表述。

表现性目标与教学性目标不同，是指每一个学生个体在与具体课程情境的种种"际遇"中所产生的个性化的创造性的表现。它旨在培养学生的创造性，强调个性化，因而会超出现有的文化工具并有助于发展文化。表现性目标关注的是学生在活动中表现出某种程度的首创性的反应的形式，它为学生提供了活动的领域，指明其作业的情境、将要处理的问题、将要从事的活动任务；而不规定活动的结果，不指定学生将从中学到什么，也就是说活动结果是开放性的。"一个表现性目标既向教师、也向学生发出一份请帖，邀请他们探索、追随或集中争论他们特别感兴趣或对他们特别重要的问题。"表现性目标是唤起性的，而非规定性的。其旨在成为一个主题，学生围绕它可以运用原来学到的知识、技能，并通过它得以扩展和拓深，同时赋予它个人特点。如"考察和评估《老人与海》的重要意义""参观动物园，讨论在那里看到的最有趣的几件事"等的表现性目标，其所期望的不是学生反应的一致性，而是反应的多样性、个体性。表现性目标本质上是对"解放理性"的追求，它强调学生个性发展和创造性表现，强调学生的自主性和主体性，尊重学生的个性差异，指向于人的自由与解放。因而对表现性目标及活动的评价应是一种美学评论式的评价模式，即以一种鉴赏式的批评，依据学生活动及其结果的创造性和个性特色检查其质量与重要性。

在艾斯纳看来，教学性目标和表现性目标这两种取向，对课程而言都是需要的，事实上也都存在于课程实践中。教学性目标适合于表述文化中已有的规范和技能，从而使进一步的探究成为可能；表现性目标则适合于表述那些复杂的智力性活动。且已有的技能和知识是这种活动得以进行的工具，这种活动有时还需要发明新的智力工具，从而导向创造性活动。

应该说，表现性目标与生成性目标是有些一致性的：诸如都反对把课程目标技术化（如行为目标）的倾向，都特别注重价值性；主张以人的自主发展作为课程目标取向的根本；注重人的自主性、创造性、个体性，注重课程情境的具体性；强调个人接受既有文化的个性化，强调个人对文化的创造性发展；不主张完全取消行为目标，主张用高层次的生成性目标或表现性目标"整合"行为目标，使之为总体上人的发展服务；主张目标表述的开放形态，不强求统一的规格和标准，重视课程活动和结果的差异性、个体性；课程评价上主张鉴赏式批评方式等。表现性目标还避免了生成性目标过于理想化等的欠缺。当然，表现性目标也有过于模糊等不足，是需要加以修补的。

四、建构课程目标体系的要求和一般步骤

(一) 建构课程目标体系的基本要求

建构课程目标体系要处理好与课程目标相关的一些因素的相互关系,为此,课程目标体系的建构要遵循一些基本的要求。关于这方面的研究,有的学者提出:"体现社会要求与学生个体需要的统一;体现学校的性质与任务的统一;体现学生原有的发展水平与其新的发展水平的统一。"[①]有的提出"系统化、具体化、层次化"[②]等要求。还有的强调"课程目标的统一性与多样性、灵活性的有机结合;课程目标的完整性;课程目标对社会变化的适应性"[③]等方面的要求。本节前已所述的课程目标的基本性质诸如方向性、从属性(层次性)、阶段性、整体性、可行性等,可以说也是建构课程目标体系的一般要求。除了上述这些要求外,这里还要强调以下几项要求:

1. 适应性要求

一方面,不同的课程目标研制主体(如国家、地方、学校)一定要从特定课程(国家课程、地方课程或校本课程)的功能特点出发,充分考虑不同层次类别学生的身心发展水平和知识基础以及个性特征,同时要充分考虑不同地方和社区的环境特点,从而研制和设计极具适应性的课程目标体系。另一方面,课程目标体系的研究及建构要既重视基础知识、基本技能等基本素质的要求,同时要着眼于社会及时代的变化,要注重课程目标及学生发展的社会适应性和时代适应性。

2. 容纳性要求

即国家课程目标对地方课程目标及校本课程目标,以及地方课程目标对校本课程目标等的容纳性和一致性要求。除此,还包括各级各类课程目标对学生群体及个体的各不相同的发展目标的容纳性。这种容纳性实际上更体现为国家课程目标、地方课程目标和校本课程目标等的支持度,尤其表现为课程目标对学生不同发展需求的支持度。

3. 动态性要求

即课程目标既是课程研制主体所预设的,也是在课程实践活动中不断生成的,同时也是需要在课程实践活动中不断调整和修正完善的。课程目标需要研究并预设,但不是一成不变的。

(二) 建构课程目标体系的一般步骤

课程目标体系的建构,一般有以下的基本步骤:

1. 认真研究并明确国家的教育目的和不同层次学校的培养目标

教育目的、培养目标反映课程的总体目标,是进行课程目标建构的方向性依据和准

---

① 廖哲勋.课程学[M].武汉:华中师范大学出版社,1991:86.
② 廖哲勋,田慧生.课程新论[M].北京:教育科学出版社,2003:156-159.
③ 钟启泉.课程论[M].北京:教育科学出版社,2007:123-124.

则。课程目标体系的建构必须与教育目的、培养目标保持一致,必须体现教育目的、培养目标的基本要求。为此,课程目标的研制者必须认真学习和研究国家的教育目的和不同层次学校的培养目标,做到确实地领会和贯通并能形成系统科学的教育思想。

2. 进行有关的"需求评估",确定课程目标的基本来源及其关系

"需求评估"即全面地收集并系统分析来自学生、社会和社区、学科知识发展等各方面的需求信息,找出课程发展与社会发展、学生发展、学科知识发展等的不平衡点或不足点或差距点。这其中要特别注重这些方面的关系和地位问题,要运用系统科学的思想方法确定课程目标的来源,并处理目标来源之间的相互平衡,进而确定课程目标的范围及课程目标的内容。

3. 确定课程目标的基本取向

课程目标自然是普遍性目标、行为目标、生成性目标、表现性目标等不同取向的课程目标的选择、相互补充与综合,从而构成课程目标体系的主体,而绝不会只以某一种形式的课程目标作为其唯一取向。要处理这几种目标取向之间的关系,需要切实地分析这些目标取向的优缺点、互补性及与各类课程之间的适切性,并根据不同课程的性质和学校培养目标的要求进行系统的论证和权衡取舍。

4. 论证调节以选择、组织并表述课程目标

将"需求评估"获得的课程目标资料汇集,选择、组织和明确课程目标的具体内容,按课程目标重要程度进行有关的排列,并就其达成的可行性等进行论证、筛选和调节,进而以恰当的方式表述课程目标。

五、课程目标的表述

课程目标的表述对课程规划及课程的系统研制都具有重要意义。清晰准确的课程目标表述,能直接为课程内容的选择与组织提供依据,并为课程实施及课程评价提供基本准则。而如果课程目标表述不当,则会浪费有关的课程资源,并会对课程组织、课程实施以及课程评价产生误导,从而影响课程实践系统的科学运行及绩效。

(一) 课程目标表述的基本要求

课程目标表述的基本要求是课程目标体系建构要求的进一步具体化,是课程目标体系建构最终呈现形式的基本要求。当然,其和前述的课程目标体系建构的基本要求有着高度的相关性。

据有关的研究,课程目标表述的基本要求一般有:[1]

(1) 完整性:课程目标体系包括所有准备包括的学习成果;

(2) 一致性:课程目标体系中,每个目标的叙述要与其他叙述的目标相一致;

(3) 明确性:课程目标要明确指出学生需要达到的学习成果;

---

[1] 钟启泉.课程论[M].北京:教育科学出版社,2007:127.

(4) 准确性：不能有任何含糊的内容，或者引起歧义的语词，陈述要准确无误；
(5) 适切性：陈述的课程目标要与学校的课堂教学环境，以及社会环境相适应；
(6) 有效性：陈述内容能够反映目标所代表的价值；
(7) 可行性：根据学生能力和现有教育资源可达到的目标；
(8) 通俗性：陈述语言能够让课程设计、课程实施、课程评价人员容易理解。

（二）课程目标表述常见的错误

在课程目标的实际表述中，常会有一些不能达到或不能符合以上要求的表述。关于课程目标表述常见的错误，有的研究列出了七个方面[1]，有的摆列了六大错误[2]。

这里概括相关的研究，把课程目标表述主要的错误列为以下几方面：

(1) 目标体系表述片面而不完整。即目标表述只关注学生在知识或技能某些方面的要求，而忽视对学生其他方面的素质要求，课程目标没有包含教育目的、培养目标的全部价值追求。

(2) 目标表述没有指明学生的学习成果，而当成教师与学生的教与学的任务来表述。如"使学生……""提高学生……""激发学生兴趣，鼓励、引导学生自学""教给学生分析两步应用题的方法"等的陈述方式。

(3) 目标陈述空洞，不准确或不完善。有的目标陈述的行为主体不是学生。如"培养学生……精神、态度"等；有的目标表述只指出理想的学生行为，但忽视其所应用的生活领域或内容，如"发展学生优良的道德品质"等；还有的目标表述列出了教与学的内容，如"物质与意识""生物的种类"等，却未明确学生怎样学及学习后的变化。

(4) 目标表述缺乏适切性和可行性。即课程目标表述与学校课程教学的环境条件不相适应，与社会的环境条件亦不相适应，其实施不符合学生的实际或不符合课程资源的现实。

（三）课程目标表述的方法

课程目标表述的具体方法因目标取向的不同而有所不同。

对行为性目标而言，有的提出"ABCD"表述法。[3] 这里的 ABCD 指的是具体课程目标所应包含的四个要素，这由马杰的"三要素"（"表现""条件"和"标准"）发展而来。A 是指学习者（audience），即目标表述句子的主语，一般是指学生，可以标为"初中二年级学生"或"三班学生"等；B 是指行为（behaviour），是目标表述句子的谓语和宾语，指学习者通过学习后应能够做什么；C 是指条件（conditions），是目标表述句子的状语，是说明行为在什么条件下产生；D 是指程度（degree），即明确行为的标准。"ABCD"目标表述法的例句如"在与同学的交往中（条件），学生（学习者）能复述（行为动词）他人的主

---

[1] 钟启泉. 课程论[M]. 北京：教育科学出版社，2007：128.
[2] 廖哲勋，田慧生. 课程新论[M]. 北京：教育科学出版社，2003：168-169.
[3] 廖哲勋，田慧生. 课程新论[M]. 北京：教育科学出版社，2003：174-175.

要观点(表现程度)"。通常行为主体、行为动词、行为条件和要求的程度是不可少的几个要素,但有时为了方便也可省略行为主体或行为条件。行为性课程目标的表述还有其他的方法,如加涅与布里格斯(Gagne & Briggs)的五要素(处境、学习能力、客体、行动、工具限制或特殊情况)方法。

对表现性目标而言,其表述的方法与行为性目标的表述方法自然是不同的。表现性目标的表述,不在学生从事教育活动后应该展示的行为结果,而在确立学生所经历的情境。如:解释"失乐园"的意义;检视和评估"老人与海"的重要性;使用铁丝与木头制作三维结构;参观动物园并讨论那里有趣的事情。

课程目标还可采用内部过程与外显行为相结合的表述方法。如地理课"人类与环境"课题要求"学生能确立可持续发展观点"目标的表述:

1. 学生能确立可持续发展观点。
1.1 能说出可持续发展的大概意思。
1.2 能运用所学的知识批判现实中破坏环境的思想和行为。
1.3 对包含不符合可持续发展思想的例子的材料,能指出这些例子并做出批判和评述。

这一组表述中,前面一部分"学生能确立可持续发展观点"是对内部过程的表述,后面三句话是为了说明内部过程而表述的可观察、可测量的外显行为。这种表述方法既适合认知目标的表述,也适合情感目标的表述。

本章小结

课程情境是指影响课程发展的各种相关条件因素的综合,是教育及课程发展以及教育和课程活动随时都置于其中并受其影响的背景因素和办学及育人情境。课程情境包括宏观的背景要素和微观的情境要素。课程情境分析是对制约课程发展及课程活动的各种相关条件因素及其相互作用的分析。

中小学课程改革情境转型的理念主要体现在新课程的设计理念上。课程设计一定要有科学合理的理念,根据各方面的因素的组合,形成设计的概念和主题。我们理解当前中小学课程改革情境转型的理念,也要从课程目标、课程内容、学习方式以及学校文化重建的角度来进行。

课程目标是课程理论与实践的一个重要的概念和专门的范畴,本章对其含义、功能、来源、取向、建构等问题进行了讨论。

复习与思考

1. 我国目前课程目标体系建构中最为突出的主要问题有哪些?
2. 对中小学某一具体课程目标的设计进行情境分析。
3. 构想家乡中小学的校本课程,尝试表述课程目标。

第五章
课程内容设计(一)

※ 本章导航

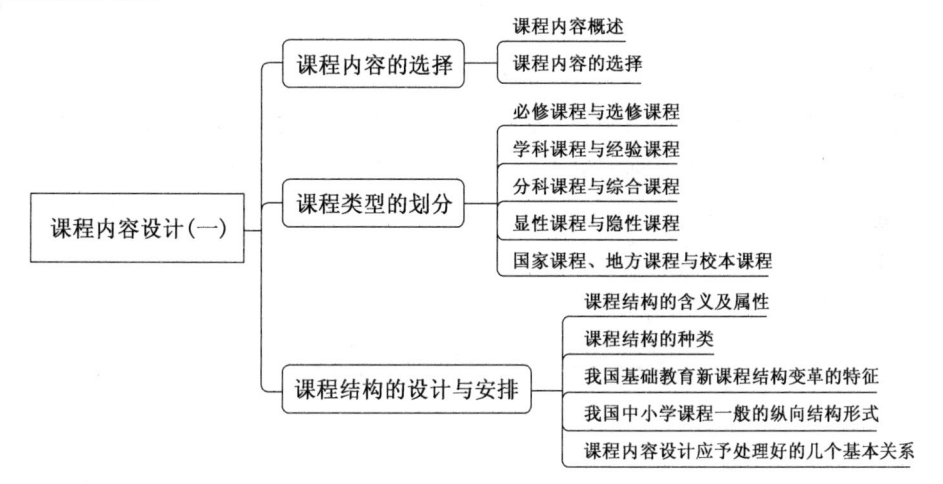

```
                                              ┌─ 课程内容概述
                          ┌─ 课程内容的选择 ───┤
                          │                   └─ 课程内容的选择
                          │
                          │                   ┌─ 必修课程与选修课程
                          │                   ├─ 学科课程与经验课程
课程内容设计(一) ─────────┼─ 课程类型的划分 ─┼─ 分科课程与综合课程
                          │                   ├─ 显性课程与隐性课程
                          │                   └─ 国家课程、地方课程与校本课程
                          │
                          │                       ┌─ 课程结构的含义及属性
                          │                       ├─ 课程结构的种类
                          └─ 课程结构的设计与安排 ┼─ 我国基础教育新课程结构变革的特征
                                                  ├─ 我国中小学课程一般的纵向结构形式
                                                  └─ 课程内容设计应予处理好的几个基本关系
```

※ 学习目标

1. 明确课程内容的内涵;
2. 理解课程内容的三种取向;
3. 把握课程内容选择的依据和标准;
4. 理解课程内容的类型和结构的含义及种类;
5. 初步具备选择、设计和评价课程内容的能力。

※ 学习重点

1. 掌握课程内容的内涵及基本取向;
2. 掌握课程内容选择的基本依据;
3. 掌握课程的主要类型及每种课程类型的特点。

※ 学习难点

1. 掌握课程内容的本质,课程内容与教材、教学内容的关系;
2. 掌握课程内容选择的主要依据。

> **问题情境**
>
> 2013年9月4日,河南商报记者李亚沛和郭清媛发表的《送走鲁迅迎来史铁生——在一线教学者看来,新教材更接地气》一文,被改名为《人教版语文教材删除鲁迅文章 作家称其过于深刻》,在网络上引起较大的反响。文章的核心内容是,人教版初一语文教材出现了不小的变化:30篇课文中,9篇被更换,单元顺序也做了较大调整。在被更换的9篇文章中就包括鲁迅的《风筝》。这一报道在腾讯微博引起热议。有人认为"新教材更接地气";有人认为"鲁迅的文章与时代脱节""鲁迅文章所体现的思想是社会的阴暗面,与社会主旋律格调不一致"。也有许多人发表观点,表示反驳。对此,人教社的相关负责人表示:有关教科书的内容调整,每年再版都会做一些微调。"主要根据教学一线老师、学生的反馈,来做一些技术层面的调整。与其他因素无关。"

课程内容是课程的核心问题,从某种意义上来说,课程的问题主要就是课程内容问题。课程内容是实现课程目标的载体,课程目标需要借助于课程内容来实现,它直接指向"教什么"的问题。而课程的实施及课程的评价等都可以理解为围绕课程内容的安排而展开的。

第一节 课程内容的选择

一、课程内容概述

(一) 课程内容的内涵

关于课程内容的概念,在国外课程理论研究中有着较大的分歧。一种是从课程社会学角度来定义课程内容,认为课程内容是在教育机构范围内要向学生灌输的知识;另一种是从技术学角度来描述课程内容,认为课程内容是在一门课程中所教授或所包含的知识,是指一些学科中特定的事实、观点、法则和问题等。在我国,一般多倾向于后者,例如,施良方先生认为:"课程内容是指各门学科中特定的事实、观点、原理、技能、态度、价值观及问题,以及处理它们的方式。"[①]事实上,课程内容的基本形态是知识,有直接经验和间接经验两种形态。

对课程内容的理解,需要把握以下三点:

首先,课程内容是根据特定的教育价值观和课程目标而选择和组织的内容体系;

其次,课程内容是发展的、多元的、多形式的,在不同的时代和不同的国家,由于社

---

① 施良方.课程理论——课程的基础、原理与问题[M].北京:教育科学出版社,1996:106.

会生产力水平、政治体制与教育目的的不同,课程内容也各不相同;

再次,进入新世纪,课程内容又进一步呈现出了生活化、综合化的趋势。

(二) 课程内容与教材、教学内容

在课程研究中,课程内容、教材、教学内容隶属不同的研究层面,分别有各自的研究范围和内容。但传统上人们比较关注教材这一具体的课程材料,以为教材就是课程内容、教学内容。如前所述,课程内容一般指特定课程中学生需要学习的事实、概念、原理、技能、策略、方法、态度及价值观等。课程内容往往以课程标准的形式规定下来,具有法定的地位,因而是相对稳定、不能轻易改变的。课程内容标准不仅包括"知识与技能"领域,还包括"过程与方法""情感态度与价值观"等领域。课程标准解决的是"教什么"的问题,而"如何教"的问题是教材呈现层面和教学展开层面的。"如何教"不仅包括"用什么素材教",也包括"用什么方法去教"。

教材解决的就是"用什么教"的问题,它包括一切有效地传递、体现课程内容和承载课程价值的文字与非文字材料。教材是师生教学活动的中介,不仅考虑方便教师教,更要考虑如何方便学生学,因此,教材不仅遵循学科逻辑,而且遵循学生学习的心理逻辑。课程内容与教材之间并不是一一对应的关系,而是一对多的关系,即相同的课程内容可以由不同的教材来体现。我们应该理性地看待教材在教学过程中的作用,教材是承载课程内容的中介,本身只是实现课程内容的手段而不是教学的目标。因此,教材不过是工具而已,是可加工、可调整、可质疑的。然而,在教育实践中,却大量存在"过于尊重教材",把传授和掌握教材当作教学目标的现象,这是应试教育的产物,也加重了学生的学习负担。

教学内容是教师在教学过程中根据具体的教学目标和教学情境对教材内容进行方法化处理,形成具体有效的教学设计。也就是说,教材进入教师的教学过程,经由教师的加工处理和"教学化"过程转变成为教学内容。教材是教学内容的一个成分,但不是全部。教学内容是教师对课程的物化形式——教材这个中介进行的创造性的、个性的演绎。教学内容是开放的,是动态的,是在教学过程中创造的,是教师对教材的二次开发。

(三) 课程内容的三种取向

自课程作为一个独立的研究领域以来,对课程内容的解释主要围绕以下三种不同的取向而展开。即:① 课程内容即教材;② 课程内容即学习活动;③ 课程内容即学习经验。对课程内容的不同理解,体现了不同的教育目的观。

1. 课程内容即教材

在传统上,人们历来把课程内容理解为学生将要学习的知识。知识的呈现方式则采用事实、原理、体系等形式。也许对知识的理解不同,但重点都放在向学生传递知识这一基点上,而知识的传递理所当然要以教材为依据。

当教育工作者把重点放在教材上,有利于考虑各门学科知识的系统性,使教师与学

生明确教与学的内容,从而使课堂教学工作有据可依。然而,把课程定义为教材,就会顺理成章地把课程内容看作事先规定好了的东西。这意味着学科专家最清楚教师应该教些什么,学生应该学些什么。这样理解课程内容,在实践中会体现以下几个特点:课程体系按照科学的逻辑进行组织;课程是社会选择和社会意志的表现;课程是既定的、先验的、静态的;课程是外在于学习者的,而且是凌驾于学习者之上的——学习者服从课程,在课程面前是接受者的角色。

把课程内容看作教材,对学生来说,学习内容是由外部力量规定他们必须接受的东西,而不是自己感兴趣的东西。由于教材本身并不引起兴趣,于是教师就想方设法采用各种技巧和方法,用糖衣把材料裹起来,使学生对材料有兴趣,让学生"在他正高兴地尝着某些完全不同的东西的时候,吞下和消化一口不可口的食物"。这种情况很值得反思。

2. 课程内容即学习活动

学习活动取向是对"课程内容即教材"提出挑战。活动取向的重点是放在学生做些什么上,而不是放在教材体现的学科体系上。以活动为取向的课程,特别注意课程与社会生活的联系,强调学生在学习中的主体性,它关注的不是向学生呈现些什么内容,而是让学生积极从事各种活动。其特点是强调学习者是课程的主体,强调以学习者的学习兴趣、需要、能力、经验为中介来实施课程;强调活动的完整性,突出课程的综合性,反对过于详细的分科教学;强调活动是人心理发生发展的基础,重视学生活动的水平、结构、方式,特别是学习者与课程各因素之间的关系。

课程内容的活动取向,往往注重学生外显的活动。虽然可以观察到学生外显的活动,但无法看到学生是如何同化课程内容的,无法看到学生的经验是如何发生的。事实上,每个学生从活动中获得的意义和理解的方式是各不相同的。如果仅关注外显的活动,容易使人只注意表面上的热烈,而不是深层次的学习结构,从而偏离学习的本质。

3. 课程内容即学习经验

泰勒首先把"学习经验"这个术语引入课程原理,其目的是区别那些把课程内容等同于教材或学习活动的观点。在他看来,学习经验既不等同于一门课程所涉及的内容,也不等同于教师所组织的活动,而是指学生与外部环境的相互作用。学生的学习取决于他自己做了些什么,而不是教师呈现了些什么内容或要求做些什么。所以,坐在同一课堂上的两个学生,可能会有两种不同的学习经验。他由此推断出:"教育的基本手段是提供学习经验,而不是向学生展示各种事物。"

持这种观点的人认为,将课程看作知识容易导致"重物轻人"的倾向,即强调课程本身的严密、完整、系统和权威性,却忽视了学习者的学习体验和学习过程。这种取向的一般特点即,课程往往是从学习者的角度出发设计的,课程是与学习者的个人经验相联系、相结合的,强调学习者作为学习的主体。

把课程内容视为学生的学习经验,必然会突破外部施加给学生的东西。从某种意义上说,学生已有的认知结构、情感特征对课程内容起着支配作用,它们是受学生控制的,而不是由学科专家支配的。知识只能是"学"会的,而不是"教"会的。然而,把课程内容视为学习经验,增加了课程编制研究的难度。

由此看来,这三种课程内容取向,都有其合理的因素,但也都有其明显的缺陷。用坚持一个方面而牺牲其他方面,使它们相互对立起来,或用形而上学的方式静止地看待它们的办法都不足取。本文考虑的是如何辩证地处理好这几方面的关系,这里采用的"课程内容"一词,兼顾到学科体系、学习活动和学习经验这几方面的因素。

二、课程内容的选择

今天,人类积累的知识和经验可谓浩如烟海,而且呈快速增长的趋势。一个人要掌握所有知识,哪怕是某一个领域的知识都是不可能的。在知识爆炸的信息社会,知识的"无限性"和学生精力时间的"有限性"之间的矛盾,决定了课程内容选择的必要性。所以,今天的教育工作者遇到的最关键的问题不是没有课程内容,而应该是如何对课程内容进行严格的、精心的选择和组织。课程内容的选择与组织是课程设计过程中的一项重要的基本工作,它涉及很多方面,也是许多课程问题的集结点。课程内容的选择涉及课程内容选择的依据、课程内容选择的基本原则等基本问题。在选择和组织课程内容时,除了要考虑到与目标的相关性之外,还要考虑到内容的科学性和有效性,它们对学生和社会的实际意义,它们能否为学生所接受,以及是否与学校教育的基本任务相一致等问题。

(一) 课程内容选择的依据

1. 课程目标

课程目标是课程内容设计过程的前提要素,它对课程内容的选择起着导向作用。课程内容的选择必须以课程目标为依据,即有什么目标,便有什么内容,目标要和内容一致。

在教育实践中,课程内容的选择时有偏离目标的问题。例如,新课程强调课程目标应从知识与能力、过程与方法、情感态度与价值观三个方面设计,但在实际的内容选择过程中,常会仅仅注重认知领域的有关内容,而缺乏对过程、情感和拓展领域等的关注。即使是认知领域也会仅注重零碎、片段的事实,而忽视更重要的概念、原理与原则等。

2. 学生的需要、兴趣与身心发展水平

课程的一个基本的职能就是要促进学生的发展。因此,课程内容的选择应该关注有关学生的各种研究,尤其是有关学生的需要、兴趣、身心发展特点等方面的研究。

在选择课程内容时,考虑学生的需要和兴趣,对于有效的学习是非常重要的。教育的效果、课程目标的达成很大程度上依赖于学生的积极性和主动性。如果学校提供的课程内容符合学生的需要,为学生所感兴趣,那么,学习者就会主动参与其中。杜威曾经说过,"当学习是被迫的、不是从学习者真正的兴趣出发时,有效的学习相对来讲是无效的"。史密斯和他的同事们也非常简明地陈述了以兴趣为基础选择课程内容的必要性,"学习者个人的兴趣不是课程内容的主要标准,是必要标准"。

学生的需要有主观需要和客观需要之分。主观需要是学生完全基于自身需求的需要,而客观需要是学生发展的需要。主观需要多指向当下,而客观需要主要指向未来。因而,学生对主观需要较为敏感,对符合自身需要的内容更感兴趣,而客观需要往往难以被学生感知和认同,更多是借助于成人的引导。由于主观需要和兴趣通常比较直观、肤浅和不稳定,因此,课程内容的选择和组织不能完全为了兴趣而兴趣,应该以学生发展的客观需要统领主观需要,以主观需要来激发客观需要。两者优势互补,相互激励,密不可分。无论是主观需要还是客观需要都应该在课程内容的设置上有所体现,都应该得到满足。

学生的身心发展水平与特点决定了对课程内容的接受程度。因此,在内容选择过程中,就需要根据学生的年龄特点和发展水平确定内容的深度、广度、难度。研究表明,学生获得信息和经验需要许多过程发挥作用,如感觉登记、选择性注意、加工速度,以及在环境的各个方面搜寻和利用信息的有效策略。而儿童在很多方面都与成人有所不同。例如,与成人相比,儿童在感觉登记的性质和操作上要差些,因为成人在感觉登记时会采用一种序列编码的策略,把感觉登记的信息及时转移到短时记忆中,而儿童没有运用这种策略,等等。这些研究都从一定程度上为课程内容选择的容量、深度、广度等提供了科学依据。

3. 课程内容本身的性质[①]

课程内容的选择要考虑课程内容自身的性质,包括课程内容的重要性、实用性、正确性等。

在知识爆炸的时代,内容的"重要性"对于课程内容的选择尤为关键。课程内容的"重要"可由下面几项判断:① 它是知识和文化中最基本的成分。② 具有一定的迁移力。③ 体现探究精神。"最基本的成分"也就是最核心的成分,缺乏这一成分,知识不成其为知识,文化不成其为文化,它们都丧失了本质,学习也缺乏意义。"应用性和迁移力"可以促使学生的学习趋于省力,同时内容间的关系也容易阐明,学习效果更好。"探究精神"是知识和文化进步的基石,有了它,事实、概念、原理、原则的发现和建立才有可能。

内容的"实用性",是指课程内容在实际生活中有用,也叫功用(utility),或者叫关联(relevancy)。但在考虑这一依据时,需要注意:① 日常生活出现多的,不一定是重要的,出现少的,不见得没有用。② 日常生活不一定是最理想的生活,内容选择如果以实用为唯一标准,可能只是维护这一不太理想的生活,对社会进步没有什么帮助。③ 实用有"即时"与"长期"之分,不能仅仅考虑即时的实用性,而不顾及长远发展的需要。

内容的"正确性",可以由以下三个层面来判断:第一,课程内容的选择,必须避免错误的事实、概念、原则、方法,这是最基本的要求。第二,课程内容必须反映知识的最新

[①] 陈旭远.课程与教学论[M].北京:高等教育出版社,2012.

发展,陈旧的内容应排除在课程之外。第三,人类的知识、文化、价值、理想,有许多不是截然属于对或错的,课程选择必须采取多元标准判断内容的正确性,将不同的现象呈现出来。

(二) 课程内容选择的准则

课程内容选择的准则就是选择课程内容应遵循的基本原则,一般认为,选择课程内容要注意以下几项基本准则:

1. 基础性和时代性相结合的准则

中小学教育是基础教育,基础教育是为每一个学生今后的发展和从事终身学习打基础的教育,是提高国民整体素质的教育。中小学教育的基本任务是要使学生有效地掌握人类文化遗产中的精华,并充分发展学生的各方面能力,以适应未来社会发展的需要。因此,所选择的课程内容应包括使学生成为一名社会合格公民所必备的基础知识和基本技能,同时也要包括学生以后继续学习所必需的技能和能力。因为当代社会信息量日益激增,要指望学生吸收社会所需要的全部信息已不再可能。为此,必须使学生具备丰富自己知识的能力,以及在复杂的社会能明辨方向的应变能力,选择课程内容要注意到学科知识广度与深度之间的平衡。

课程内容基于时代的发展是课程现代化最根本的要求。时代发展了,必然会对课程内容提出时代发展要求。课程内容的时代性主要是指将现代的科学、技术、文化成果在课程中及时地得到反映。例如,信息时代,社会对人的信息收集、处理能力的要求提高了,课程内容的选择则要有相应的变化。再如,计算机的普及,影响了数学课程内容的选择,从过于强调算术、代数技能到开始关注数学思想、方法和应用。当然,课程内容的时代性也面临着选择的困难,如现代性内容的增加与有限的学习时间的矛盾,经典内容的压缩与学科课程完整性的矛盾,传统的课程内容的取舍、组织与现代的教育思想观念的矛盾,等等。

课程内容选择遵循基础性和时代性相结合的准则,包含以下几点要求:

(1) 对基础知识的选择要精中求简,把对学科、对学生、对社会需求而言都必需的、真正的基础知识精选出来;

(2) 从现代科学、技术、文化成果中,选择具有代表性和典型性、与基础知识联系密切的内容作为课程内容;

(3) 用现代观念形成基础知识的组织结构和呈现方式,如物理课程中,大量的经典物理实验都可以通过传感器在数字化平台上,实现可视化、即时性的处理;

(4) 各学科课程中的作图等,均可通过计算机实现。

2. 学科化和生活化相统一的准则

受学科知识的影响,长期以来无论是中国还是西方,课程内容的选择都会自觉不自觉地以学科结构的需要为依据,这可以称其为课程内容选择的学科化。依据学科结构选择的课程内容,有利于人类文化的传递与发展,有利于保持学科知识的系统性和结构性。某一学科之所以能成为一门学科是学科自身具有逻辑体系,内容学科化的课程往往具有较强的逻辑体系和系统性,这对培养学生的逻辑思维能力和掌握学科的基本结构均具有好处。但是,课程内容学科化也容易导致过分注重学科严格的逻辑体系而形成较为封闭的课程系统,这就使得各学科间隔膜深厚,学科间的联系缺乏;长期学习这样课程的学生,容易导致学术视域窄化,难以用整体的、联系的知识去解决问题;同样原因,也使封闭的学科难以联系生活、联系社会,同时难以开放性地吸收最新科技、文化成果,从而一定程度上抑制了课程内容的更新。可见,课程内容学科化有利有弊,避免学科课程弊病的办法,就在于在课程中增加联系现代社会生活的内容,即课程内容的生活化。

课程内容生活化要求选择现实生活中的知识进入课程。这包括:

(1) 以学生的个人认识、直接经验和现实世界作为基础,通过归纳的思维方法,从现实生活特例和具体问题情景中发现学科知识。这方面的课程内容有利于激发学生的学习积极性,因为学生与自然、社会时刻联系着,从生活中积累了大量的感性知识的背景,自我产生的对生活现象的猜想与解释需要在学校课程学习中加以印证,产生的疑问需要在课程的学习中加以解答,所以课程中展现的生活知识也就容易激发学生学习的热情。

(2) 把学生获得的抽象的学科知识在现实生活中具体化,通过演绎的思维方法,运用学科知识去分析生活现象,解决实际问题,使学科知识获得直观、感性的整体意义。这方面的课程内容有利于学生应用所学的知识解决生活中的实际问题,既提高了知识的理解与接受程度,同时展示了知识某一方面的价值,还可以提高学生的实践意识和分析解决问题的能力。此外,与社会生活相联系的知识学习,有利于拓展学生的视野,增强社会责任感。

3. 实用性与发展性相统一的准则

在塔巴提出的六项课程选择原则中,就包括了内容的有效性和重要性以及与社会现实的一致性等要求。当课程内容的选择考虑社会现实、社会需求时也就蕴涵了选择者总体上所体现的社会主流意识形态。从课程设置与管理者的角度,都希望课程内容和课程目标与社会价值要求相一致,而具体的课程实践者由于多种多样的原因,真正课堂中呈现的课程内容与社会主流的价值观有一定的偏离,两者相吻合,是课程内容选择者的追求。知识因其实用价值而进入课程,当知识对社会生产力的促进作用被认识后,其在课程中的地位不断提高,因而课程所具有的实用性的社会价值就被广泛接受。可见,选择具有实用性的课程内容体现社会的主流价值。

知识也因其有助于学生的思维、感觉和想象,因其对学生的心智发展价值以及思想提升价值而进入课程,知识的这一功能使得课程内容选择者也要考虑选择那些对学生智力训练以及思想提升价值较大的内容作为课程内容。

实用性的课程内容便于课程实现其社会价值,发展性的课程内容便于课程实现其对学生的思维训练和思想提升价值,在课程内容的选择过程中,必须坚持两方面相统一的原则。课程应该通过提高人的全面素质去实现其社会价值,因而,课程内容应该选择对人的发展价值较大的、有一定实用价值的知识。诚然,有的内容兼备这两种功能,毫无疑问是课程内容应优先选择的内容;而较多的内容只具备其中的一种功能,如果某些内容在某一方面的功能特别突出、有效,也不应该简单地将其削弱和淡化而忽略其特有的作用与价值。

第二节 课程类型的划分

课程类型,又称为课程种类,是指课程组织的方式或设计课程的种类。关于课程的类型,不同国家、不同时期、不同教育学者会持有不同的分类标准,因此对课程所划分的类别也不尽相同。

课程作为一种教育化、再生性的文化,具有规定性与可选择性的统一、学科与经验的统一、分科与整合的统一、显在与潜在的统一等基本性质和特征,与此相应,就有不同性质的课程类型。从不同的角度,可以把课程内容分为必修课程与选修课程、学科课程与经验课程、分科课程与综合课程、显性课程与隐性课程等。随着"三级课程"管理体制的发展,又有国家课程、地方课程和校本课程。此外,在课程改革中被大力提倡并得到发展的还有核心课程和研究型课程等。

一、必修课程与选修课程

这是从课程计划中对课程实施的要求来区分的两种课程类型。一方面,课程是从社会文化中选择的,必然渗透着社会权威,从社会权威性的意义上,课程就是所有的学生必须学习的。另一方面,随着社会的发展和文化的不断丰富,特别是人们对自身、对儿童的认识深化,对个性的张扬及尊重,形成了多元价值观,这就提倡文化选择,而文化选择体现在教育中就是课程选择,由此看来,课程又应该是具有选择性的。

必修课程(Compulsory Courses)是指由国家、地方或学校规定,学生必须学习的课程。为了保证社会的需求和学校的教育质量,需要设定一定数量的必修课程,必修课程主要包括基本理论、知识和技能类课程,政治理论、体育、外语类课程等。实践性较强的教学生产实习、实验、社会调查等也会被列为必修课程。必修课程是面向所有学生提出的共同要求,是教育质量的最基本保障,它是社会权威在课程中的体现,强制性是其根本特性。必修课程主要具有以下功能:① 选择传递主流文化;② 帮助学生掌握系统化知识,形成特定的技能、能力和态度;③ 促进社会政治、经济、科技的发展;④ 帮助学生获取某一教育程度的文凭和某种职业的资格;⑤ 促进学生的体质、认知、情感和技能等的发展。

选修课程(Optional Courses)是相对必修课程而言的,它是指允许学生在一定范围内可以因人而异自由选择的课程。选修课程是为了适应学生兴趣爱好和劳动就业需要而开设的,这类课程用以扩大和加深学生的科学理论或应用性知识,发展学生在某一方面的兴趣、专长,传授科学方法。其内容既可以是有关知识方面的,也可以是有关技艺或职业技术方面的。选修课程可分为两种：一种是限定选修课程，又叫指定选修课程，它是限定在一定范围内供学生选修的课程，即规定学生必须从所提供的选修课程中选修其中的一组课程或是从指定的各组中选修一门或多门课程；另一种是非限定性选修课程，又叫任意选修课程，主要是一些深入研究类课程和扩大知识视野类的课程，可以由学生根据自己的志趣和需要任意选修。

由于社会经济文化的多元化发展，以及地区差异及个性差异的事实存在，选修课的开设及不断丰富成为世界各国课程改革的趋势。近代选科制最早产生于18世纪德国的高等学校。到19世纪末20世纪初，选科制在美国高校得到了飞速发展。后来，选科制逐渐被引入中小学教育。选修课制在我国发展有一个艰难的过程。1922年的新学制，除了将基础教育学制改为"六三三制"之外，另一重大的改革就是正式确立选科制，在《新学制课程标准纲要》(高中普通科部分)中，将课程分为公共必修、分科专修、纯粹选修三个部分。新中国成立后，出于政治的考量以及教育体制和课程体系的全盘"苏化"，基础教育和高等教育均是清一色的必修课程。直至"文化大革命"结束，改革开放以后，课程选修制度才又受到关注，大学陆续开设了选修课程。但这种选修课程还是非常有限的，且多以限定选修为主。此外，受计划经济体制的长期影响，选修课程与必修课程的结构一直没有形成比例、达到平衡。而中小学多以必修课程一统天下，几乎没有什么选修课。这些都不利于学生个性的发展。

二、学科课程与经验课程

这是从课程内容所固有的属性来区分的两种课程类型。

(一) 学科课程的含义

在现代社会中，科学技术占据主导地位，而科学技术是以学科形式分类的，以至所有知识都以学科形式来分类，因而进入课程的知识就以学科为表现形式。学科课程往往关注知识本身，对儿童发展来说便是一种限定，因为它体现的是一种成人的经验。在学科中心的课程设计中，儿童自身的经验常常被有意无意地排除在"主流文化"之外，事实上，教育过程中关照儿童自身的经验，与儿童的兴趣、爱好、情感体验等相结合，更符合教育的内在价值追求。

学科课程(Subject Curriculum)是以科学文化遗产(如科学、哲学、艺术)为基础组织起来的各门学科系统的总称。学科课程是分别从各门科学中选择最为重要的那部分内容，按各门科学固有的逻辑，系统地组成各种不同的学科，并彼此分立地安排它的顺序、学习时数和期限。在现代学校课程中占优势的通常是学科课程。

学科课程是历史悠久的课程形态，也是使用范围最广的课程类型。我国古代的"六经"和古希腊的"七艺"可以说是最早的学科课程。文艺复兴后，夸美纽斯提出的"百科全书课程观"，赫尔巴特根据人的"六种兴趣"设置的课程，斯宾塞根据功利主义原则设置的课程，以及后来出现的要素主义课程及结构主义课程等都属于学科课程的范畴。

(二) 学科课程的优点及不足

1. 学科课程的优点

在课程发展史上,学科课程之所以长期占据着重要地位,是由其显而易见的优点所决定的,主要包括:① 各门学科并列编排,学科体系逻辑性较强,有助于学生系统地继承和接受人类的文化遗产;② 学科课程有助于课程工作者对教学科目的设计和管理,便于教师进行课程的实施;③ 学科课程是按照学科组织起来的,通过学习按学科课程逻辑组织起来的教材,学生可以有效地掌握已被人类所获得的知识;④ 学科课程也有助于有关方面进行课程评价。

2. 学科课程的不足

学科课程的不足也是较为明显的,主要表现为:第一,科目繁多的学科课程导致总体课程体系臃肿不堪,同时也会加重学生的课业负担。第二,学科课程以分门别类的方式组织和编排,而学生的现实生活是完整的,这种课程上的人为割裂,造成学生认知结构的支离破碎,不利于学生综合能力的培养和发展。第三,由于学科划分过细,造成知识面过窄,内容偏深偏难。第四,各学科相互分离,彼此孤立,造成学习内容相互分离甚至脱节。第五,具体的某门学科课程对于该学科的一位未来专家或专业工作者来说是必备的,但对于其他学生来说也许是多余的,因为它们与日常生活和学生的经验缺乏联系。学科自身的需要与学生的需要和兴趣往往有冲突,学科教师面临这种冲突时,往往容易牺牲学生的利益,迫使学生服从学科的要求。

(三) 经验课程的含义

经验课程(Experience Curriculum)也称活动课程、生活课程或儿童中心课程,它是一种以学生的兴趣和动机为基础,以儿童的主体性活动的经验为中心而组织的单元活动作业的课程类型。经验课程主张以开发和培育主体内在的、内发的价值为目标,着眼于学生的兴趣和动机,旨在培养丰富的具有个性的主体,主张通过一系列的由学生自己组织的活动,使学生获得经验、培养兴趣、解决问题、锻炼能力。经验课程要求打破学科分界,完全根据学生的兴趣需要选择经验作为课程内容并组织活动,强调"从做中学"。该课程对于调动学生的积极性、主动性和创造性,培养学生的兴趣特长,丰富学生的精神生活,促进学生个性发展和思想品德的形成具有重要意义。

经验课程的思想可以追溯到卢梭等人。法国教育思想家卢梭、瑞士教育家裴斯泰洛齐、德国教育家福禄贝尔等都对早期的经验课程论思想的产生和发展做出过贡献,从而形成了18、19世纪流行于欧洲的"浪漫自然主义经验课程论"思潮。19世纪末20世纪初,美国哲学家、教育哲学家约翰·杜威逐步形成了他的"经验自然主义经验课程论",在"进步主义教育运动"中,由于杜威的倡导,美国芝加哥实验学校试行了"经验课程"或"活动课程",而杜威的学生克伯屈进而创立了"设计教学法",从而把杜威的"经验课程"发展到完备的水平。进入20世纪70年代,在西方又兴起了"人本主义经验课程论"，这种思想主张要从学习者的生活经验中找到依据，要以学生需要和情意为基础设置学术性课程、人际关系课程、自我实现课程等三类并行课程，这就是所谓的"合成教育"与"合成课程"（附加课程），亦即把情绪维度加到常规学科中以使学习内容具有个性意义。这种"合成课程"包括"参与""整合""关联""自我""目的"等五个要素。"参与"即学生与教师协商、合作，共同参与制订计划；"整合"即教材体现认知、情感和行为三者的相互贯通；"关联"即教材与学生生活的个体经验相关联；"自我"即学生自我是构成教与学的法定对象；"目的"即促进人的个性与人格的全面发展。"人本主义经验课程论"强调把课程重心从教材、学科转移到学习者的学习过程方面，并注意同社会生活合拍；强调自我、自然、知识、社会为"经验课程"的来源；强调"经验课程"与教学的一体化；强调"经验课程"之终极目的追求是使每一个"具体存在的个体"的个性完全获得独立与自由，使人获得解放，使社会日臻公正。

（四）经验课程的优点及不足

1. 经验课程的优点

概括起来，经验课程的特点和优点主要有：

（1）经验课程以学习者当下活生生的直接经验为课程开发的核心，课程目标为学习者的人格发展，课程目标的基本来源是学习者的经验及其生长需要。学习者在与其所处的情境的交互作用中，在解决所面临的各种问题的过程中建构经验，发展人格。

（2）在经验课程中，学习者是能动的、创造性的存在和学习主体。学习者不仅对学习的计划或设计有兴趣，对学习的结果也感兴趣。因此，在经验课程中，学习者参与课程学习活动的构想、计划、实施和评价。

（3）在经验课程中，学习者是整体的存在。经验课程的学习是过程，是学习者全人格参与的过程。因此，在学习过程中，学习者的需要、动机的发展与智力的发展是同等重要、相辅相成的。

（4）经验课程重视学习者的各种特殊障碍和各种特殊的社会境遇，尊重学习者在能力倾向、情绪等方面的个性差异，强调在尊重个性差异基础上的开发和实施。

2. 经验课程的不足

当然，经验课程的不足也是显然的，这表现为：

（1）经验课程缺乏系统的科学知识基础和严格的教学计划，容易忽略系统的学科知识的学习，也易于损坏知识的逻辑结构，会影响学生对基础知识的掌握，在实践过程中容易走向"儿童中心主义"。

（2）经验课程容易导致"活动主义"，而忽略儿童思维能力及其他智力品质的发展。

（3）经验课程在组织实施上对教师的要求较高，会对习惯于学科课程讲授法的教师带来不小的困难。

对待经验课程与学科课程的关系，不能采取一种非此即彼的二元论态度。经验课程与学科课程是相对的两种不同的课程。经验课程以学习者当前活生生的心理经验为基点,学科课程则以学科中的逻辑经验为基点,两者之间并不矛盾。经验课程并不排斥逻辑经验的教育价值,所排斥的是逻辑经验脱离学习者的心理经验,从而阻碍学习者的发展;而学科课程也不排斥学习者的心理经验,所排斥的是盲目沉醉于学习者当前的经验发展水平,从而抑制学习者经验的进一步发展。可见,经验课程与学科课程具有内在的统一性,是相辅相成的。在经验课程与学科课程的实际组织和实施中,要注意避免强调某一方面排斥另一方面而走向片面的极端,如果那样的话,则会导致"儿童中心主义"或"学科中心主义"。

三、分科课程与综合课程

这是从课程内容的组织方式来区分的两种课程类型。

(一)分科课程

1. 分科课程的含义

分科课程(Subject Curriculum)通常又称为科目课程。分科课程是根据各级各类学校培养目标和科学发展水平,从各门科学中选择出适合一定年龄阶段学生发展水平的知识,组成不同的教学科目。常有人把分科课程称为学科课程,这种说法的科学性或准确性值得研究。实际上分科课程和学科课程还是有差异性的,分科课程当然属于学科课程,但它的外延要小于学科课程,它更强调将学科分解到单一知识系列,以获得教学内容的清晰性和教学效率的高效性。知识的专门性、完整性、系列性是分科课程的重要特征。

2. 分科课程的特点、优点

分科课程是一种单学科的课程组织形式,它强调不同学科门类之间的相对独立性,强调一门学科的逻辑体系的完整性。分科课程坚持以学科知识及其发展为基点,强调本学科知识的优先性;分科课程坚持以学科知识的逻辑体系为线索,强调本学科自成一体。分科课程的优点主要表现为:① 分科课程有助于突出教学的逻辑性和连续性,它是学生简捷有效地获取学科系统知识的重要途径;② 分科课程有助于体现教学的专业性、学术性和结构性,从而有效地促进学科尖端人才的培养和国家科技的发展;③ 分科课程有助于组织教学与评价,便于提高教学效率。

当然,分科课程也容易导致轻视学生的需要、经验和生活,容易导致忽略当代社会生活的现实需要,容易导致将学科与学科彼此之间割裂,从而限制学生的视野,束缚学生思维的广度。应该承认,以往分科课程的这些缺点还是比较突出的。

新课程改革致力于改变课程结构过于强调学科本位、科目过多和缺乏整合的问题。根据新课程的理念,新课程对以往的分科课程进行了改革,使分科课程得以改善。新课程中的分科课程具有的特点有:

(1) 在课程目标上,强调知识与技能、过程与方法以及情感态度与价值观等方面的整合,摒弃了以往分科课程片面强调知识与技能的倾向,从而使分科课程的目标也实现了由知识本位向学生发展本位的转向。这是课程目标和教育价值观的重大改变。

（2）在课程内容的选择和组织上，注重体现基础性、时代性、实用性和综合性。各分科科目都力求精选终身学习必备的最基础的知识和最基本的技能作为课程的主干内容；各分科科目在保留传统课程内容中仍有价值的基础知识的同时，都特别强调从当代科学的最新成果中吸取新的基础知识，增加新的具有时代性的内容，体现时代特色，剔除陈旧过时的知识；各分科科目都注重与社会生活的联系，努力面向生活实际并服务于生活实际，从而使课程内容与社会生活实践形成互动的关系；各分科科目都力求与相关科目的相互融合，使课程内容跨越学科之间的鸿沟，最大限度地体现知识的"整体"面貌。

（二）综合课程

1. 综合课程的含义

综合课程（Integrated Curriculum）也称"整合课程""广域课程""统整课程"或"合成课程"。它有意识地运用两种或两种以上学科的知识观和方法论去考察和探究一个中心主题或问题。如果这个中心主题或问题源于学科知识，那么这种综合课程即"学科本位综合课程"（或"综合学科课程"）；如果这个中心主题或问题源于社会生活现实，那么这种综合课程即"社会本位综合课程"；如果这个中心主题或问题源于学生自身的需要、动机、兴趣、经验，那么这种综合课程即"经验本位综合课程"（或"综合经验课程"或"儿童本位综合课程"）。[1] 由此看来，综合课程是一种双学科或多学科的课程组织模式，它强调学科之间的内在联系性，强调不同学科的相互整合。如我国新课程在初中阶段设置的综合课程有"历史与社会""艺术""体育与健康"等。

综合课程的核心是价值整合，这种整合包括五个层面的内涵：第一个层面是相邻知识系列的整合。这是最直观、最基础、最容易实现的整合，比如代数、几何、三角等知识系列的整合。第二个层面是性质相近学科的整合。这是基于相邻知识系列有机联系起来的、比较容易实现的整合，比如把物理、化学、生物整合形成的"科学"，历史、地理等整合形成的"社会"等。第三个层面是人文、自然和社会学科的整合。这是当代为解决环境污染、战争威胁等社会问题而逐步发展起来的整合，如美国的"STS（科学—技术—社会）"课程。第四个层面是文化的整合。这类课程是为了弥补学科课程造成学校里的教育内容与社会发展中的文化发展之间存在的严重割裂的现象。第五个层面是儿童与文化的整合。现代工业化导致的是文化对人的异化，在学校教育中，这就体现为教育内容对儿童情意需要的漠视、疏离和束缚；教育内容的割裂带来儿童发展的片面化，从而形成了学校教育内容与儿童自由和谐全面发展的对立。儿童与文化的整合是最高层次的整合。

2. 综合课程的依据

综合课程是课程综合化趋势发展所带来的结果。从当今世界课程研究和课程改革

---

[1] 张华. 关于综合课程的若干理论问题[J]. 教育理论与实践，2001(6).

实践的发展趋势看,课程的综合化将会进一步加强和发展,这是因为:①

(1) 社会文化或学科知识发展的整体性要求课程的综合化。对学科中心课程的批判应是促成综合课程产生的契机。社会文化或学科知识的发展本身就是相互作用、彼此相联,而不是相互隔离、彼此封闭的;而课程发展既呈现了分化的趋势也呈现了综合的趋势,综合课程就体现了文化或学科知识间相互作用、彼此关联的发展需求;通过综合课程实际上是可以对不同学科的问题同时进行研究,而不必都要从单一学科的角度分门别类地进行研究。

(2) 学生心理发展的整体性要求课程的综合化。赫尔巴特的统觉论认为,人的认识和理解能力不是孤立的,学习者总是在事物的彼此联系中发展理解力,总是依据旧观念学习新观念,每一个学习者都基于其知识和经验的背景而整体地建构知识。学生心理发展的整体性必然要求学校课程具有综合性。而且,综合的、探究取向的课程能够为学习者提供许多潜在的机会,以使其发展和完善有意义的知识和技能,从而能增强学习者的自我效能感和学习动机,提高学习者的学习兴趣,以促使其心理的整体发展。

(3) 学生发展与社会生活的相关性要求学校课程的综合化。学生的发展与当代社会生活是息息相关的,过于强调学科课程会易于导致学生与当代社会生活的剥离;而学生的发展与当代社会生活的有机联系被学校的学科课程人为地分离以后,必然导致学生对学习的不满、冷淡,并导致学生学习的失败,而解决的办法就是让学生能在与现实世界的际遇和交互中进行学习。这就需要学校课程能将各种来自学术与非学术领域的知识和技能都整合起来,亦即进行课程的综合化。

3. 综合课程的优点

相对于分科课程,综合课程的优点主要体现在以下几点:

(1) 综合课程易于适应当代科技的迅猛发展,有利于课程容纳科技发展和社会需求所提供的新内容,特别是各种跨学科的内容;综合课程有助于师生应付知识的变化,包括应付知识的扩充(知识量激增)、知识的退化(面对知识过时而更新知识)和知识的破碎(提供整体的观点)等。

(2) 课程综合有利于减少课程门类,避免重复,增强学科间联系,减轻学生学习负担。

(3) 综合课程较注意按学生的心理顺序组织内容,这有助于激发学生的学习兴趣和动机,有助于学生积极主动参与课程教学活动,有助于学生能动地学习,并学会自己求知的方法,提高学习的能力。

(4) 综合课程有助于促进教师和学生共同进行创造性、合作性和促进性的学习,使得教师和学生能教研相长、学研相长、教学相长。

(5) 综合课程有助于提高学生对客观世界的整体认识,从而能更好地认识和处理当代的社会问题,以促进学生能更好地适应社会、改造社会。

---

① 顾书明.基础教育课程的综合化发展与高师院校课程体系的变革应对[J].黑龙江高教研究(教学与管理版),2001(6).

分科课程是一种单学科的课程组织模式,它强调不同学科门类之间的相对独立性,强调一门学科的逻辑体系的完整性。综合课程是一种多学科的课程组织模式,它强调学科之间的关联性、统一性和内在联系。单从学科本身的发展来看,这两种课程组织形式各有其存在价值,因为学科的发展呈现分化和综合并驾齐驱的趋势。既然学科发展既分化、又综合,那么分科课程与综合课程就都有其存在的必要。从学科本身的发展看,这两类课程组织形式似乎不能随意彼此取代。

四、显性课程与隐性课程

在课程论中,显性课程与隐性课程是两个相对应的范畴。它们是根据课程存在与起作用的方式进行分类的两种课程类型。

(一) 显性课程及其特点

显性课程(Explicit Curriculum 或 Manifest Curriculum)也叫显在课程、正规课程、官方课程,指的是为实现一定的教育目标而正式列入学校课程计划的各门学科以及有目的、有计划、有组织地实施的课程。这类课程是根据国家或地方教育行政部门所颁布的课程计划、课程标准而制定的。显性课程主要通过课堂教学而获得知识和技能,学生在显性课程中获得的主要是预期性的学术知识。

显性课程的特点:① 目的性。显性课程的开设通常都是为了实现一个明确的目的,并在此目的的指导下开发相应的课程。② 计划性。显性课程在实施过程中,通常都有相应的课程计划或课程标准,并在课程计划的指导下有步骤地实现既定课程目标。③ 可控性。显性课程通常都有考核课程实施效果的标准。通过这一标准来衡量课程目标实现的程度,并可以发现在实施过程中存在的问题并及时加以弥补或修正。

(二) 隐性课程

1. 隐性课程的提出[①]

隐性课程,也称潜课程、潜在课程、隐蔽课程(Hidden Curriculum, Latent Curriculum, Implicit Curriculum),在过去几十年中,这一概念在课程研究中曾处于显著的地位。该术语最初由杰克逊(P. Jackson)使用。杰克逊在他的《教室中的生活》(*Life in Classroom*, 1968)中首先使用了"潜在课程"一词。他分析了教室中的团体生活、报偿体系和权威结构等特征,认为这些不明显的学校特征形成了独特的学校气氛,从而构成了隐性课程。隐性课程由规则、法规和常规构成,对学生的社会化发生着不可避免的影响,并揭示学校是如何潜在地传递和强化各种态度和行为的。该术语所提供的新的观点超越了传统的对行为对象、涵盖内容、保持秩序、提高考试成绩等的关注。同时,隐性课程也提出了一些难题,包括如何知晓、证明和理解被掩盖的力量的存在。

---

① 张华. 课程与教学论[M]. 上海:上海教育出版社,2000.

杜威曾指出,学生学习的不仅是正规课程,还学到了与正规课程"不同的东西",这就是他所谓的"附带学习",这其实就是指"隐性课程"。布卢姆(B. Bloom)在《教育学的无知》(*Innocence in Education*)一书中使用了"显性课程"和"隐性课程"这对概念,并指出历来的课程研究忽视了隐性课程。布卢姆认为,隐性课程的主要目标与学生的学习有关,也与学校所强调的品质以及社会品质有关;学校的组织方式、人际关系等社会学、文化人类学、社会心理学的因素对于学生的态度和价值观的形成,具有强有力的持续影响。这是因为学校是一种特殊的环境,生活在其中的学生负有相互支持、关心和尊重的责任。学校的学习不可能是学生的单个学习,它是集体的活动。在这种集体活动中,有时要强调控制、等级、竞争,有时要强调鼓励、平等、互助。各个学校还有各自所强调的主要品质。布卢姆指出,隐性课程与显性课程同样重要,隐性课程能很好地达到某些教学目标(特别是在品质、习惯、态度方面),并比显性课程的明确目标能保持得更久。学生在学校中形成这些社会性品质对以后走入社会所起的作用,与学生形成的学习技能对以后工作所起的作用同样重要。

2. 隐性课程的含义

隐性课程的概念自提出后,引起了课程研究者的极大兴趣,并迅速为人们所接受。不同的学者从不同的视角探究隐性课程,见解也各不相同。我国有意识地研究隐性课程是从 20 世纪 80 年代中期开始的,至今隐性课程不仅成了课程理论探讨的一个重要课题,而且在教育实践中也引起了广泛的关注。但在关于隐性课程观念、构成、设计等方面,认识远未达成一致。这是因为不同学术背景的学者基于不同的视角研究隐性课程,见解不同,这也是学术研究之正常现象。

美国堪萨斯州立大学教授范兰丝指出:隐性课程是指那些在课程指导和学校政策中并不明确的学校教育实践和结果,是学校经验中经常而有效的一部分。隐性课程是不公开的、非预期的、隐含的或未被认识的。范兰丝还从教育实践和结果两个方面分析了隐性课程,她指出:"教育实践被看作隐性课程的一部分,包括能力分组,师生关系,课堂规则和程序,教科书中隐含的内容,学生的性别角色差异和课堂的奖酬结构。"

马萨诸塞州立大学的马丁教授对隐性课程概念的分析比较详细,她把隐性课程视为一种学习状态。她给隐性课程下的定义是,隐性课程是学校或学校以外的教育环境中产生的某些结果或副产品,特别是那些学生已经学到的,但未公开宣称为有意产生的学习状态。

美国威斯康星大学教授纽曼从学生的学习结果来探讨隐性课程的概念。他把学习结果分为预期且有意的、预期但无意的、未预期但有意的、未预期且无意的四种来探讨隐性课程,并将学生的学习结果作为分析隐性课程的依据。

美国教育哲学家高尔顿从学生学习、环境和影响三个角度对隐性课程进行界定,认为隐性课程是对学生的潜移默化的影响,教师对隐性课程是无意识地传授,学生是无意识接受的。

《国际教育百科全书》把隐性课程定义为:那些没有在课程计划或学校政策中显现,却是学校教育实践和教育结果中必不可少且有效的组成部分。一般是指形成学生的非正式学习的各个要素,如师生关系、能力分组、课堂规则与程序、隐喻的教科书内容、学生的性别差异以及课堂奖励方式等。

隐性课程是指学生在学习环境(包括物质、社会和文化体系)中所学习到的非预期或非计划的知识、价值观念、规范或态度。[1] 隐性课程是课内外间接的、内隐的,通过受教育者无意识的、非特定心理反应发生作用的教育影响因素。[2]

从以上对"隐性课程"的定义可以看出,尽管人们对"隐性课程"的概念界定不尽相同,但有一点是肯定的,即隐性课程与显性课程相对,是学校情境中以间接的、内隐的方式呈现的课程。隐性课程同显性课程共同构成教育课程的两大内容,是指在学校教育中没有被列入课程计划,却在潜移默化地影响学生身心发展的一切学校文化要素的统称,是以间接的、内隐的方式呈现的课程,是学生在学习环境中(包括物质、社会和文化体系)所学习到的非预期或非计划的知识、价值观念、规范。它不在课程规划(教学计划)中反映,不通过正式教学进行,对学生的知识、情感、信念、意志、行为和价值观等方面起潜移默化的作用。

3. 隐性课程的特性

从对隐性课程的概念分析中,可以看出它具有以下一些特性:[3]

(1)从存在方式看,具有隐蔽性。隐性课程的资源深藏于学校文化之中,这些资源在向学生发出信号时是以间接的、内隐的方式,而不是以外显的方式呈现并发挥作用的。它不是直接而公开地向学生施教,而是以隐蔽的方式,在暗示中把有关道德的、审美的、知识的等经验渗透到具体的人、事、物以及活动过程之中,并传授给学生。正是由于这一特点,隐性课程对学生的影响具有不可控性,同一资源(或事件)对不同的学生产生的影响可能是积极的,也可能是消极的。

(2)从作用的特性来看,隐性课程具有普遍性和渗透性。隐性课程是学校所有文化要素的结合物,几乎无所不包,它涉及学校的方方面面,并渗透于其中。它渗透并存在于学校的环境中、学校的观念和文化氛围中、人与人及人与物的关系中、学生的课外活动中,等等。可以说,学校的一草一木,教师的一言一行、一举一动,都渗透着影响人的隐性课程因素。

(3)从影响方式来看,具有无意识性。对学生来说,学校的实践活动具有发挥影响的某种潜在可能性,他们在从事一定活动的过程中,也就不知不觉地接受了隐含于其中的影响。在隐性课程中,学生进入角色的过程是自然而然地实现的,没有人向其发出指令,他们的进入是无意识的。

(4)从影响效果来看,具有长期性和间接性。学生在学校的隐性课程中通过情感融合的过程而习得,其效果可能部分在学校期间就显示出来,也可能在走出校门后经历与社会的磨合后产生作用。学生一旦习得,其影响效果是长久的、稳定的,甚至在其一

---

[1] 陈伯璋.潜在课程的概念分析[M].台北:师大书苑,1987:96.
[2] 班华.隐性课程与个性品德形成[J].教育研究,1989(12).
[3] 李先国,等.西方隐性课程研究的启示[J].基础教育参考,2004(12).

生中都受着这种影响。

（5）从存在形式看，隐性课程具有动态性。隐性课程的动态性具有两个方面的含义：一是一些隐性课程在适当的条件下可以转化为显性课程，二是隐性课程易受政治、经济、道德习惯和价值取向等因素的影响。

4. 隐性课程的范围

概括地说，隐性课程主要包括以下三个方面的内容：

（1）学生在学校生活的各种人际交往中所形成的思维方式、价值观和行为方式。人际交往有着巨大的教育潜力，建立学校师生之间、同学之间和谐的人际关系是隐性课程的重要内容。少年儿童总是通过周围的人去学习和认识自己，从而产生与他人联系的需要。学生从别人对他的态度中发展了自我观念，将别人的评价与对自己的评价加以平衡，并对别人的评价做出选择，有所批判。学生也正是在这个基础上形成自己的小圈子、游戏的团体与伙伴关系。学生所处的这种非正式群体中特有的价值观和行为方式对学生的影响是不可忽视的，它对学生的学习成绩及学生的抱负、个性的形成有着极大的影响。同样，和谐的师生关系对学生的发展也有重要影响。只有师生关系和谐，学生才会亲其师、信其道，才会朝着教师期望的方向发展，才会产生教学相长的互补效应。

（2）学校、班级中长期形成的制度性文化与非制度性文化。学校的制度性文化主要包括学校规章制度、学校机构体制、教师的职业道德规范、师生的行为准则等；非制度性文化包括学校领导的工作方式和工作作风，教职员工特别是教师的思想意识、价值观念、理想信念、思维方式、行为方式、教学风格、教学方式，学生在学校生活的各种人际交往中所形成的思维方式、价值观和行为方式，以及良好的师生关系、校风、班风等。学校和班级中长期形成的制度与非制度文化的作用是巨大的，它使生活及学习在其中的人潜移默化地受到影响，使新到这个环境的师生会自觉不自觉地接受这种熏陶，克制和改变原来不适应新环境的行为作风。一个学校、一个班级如果具有有条不紊的教学秩序、活泼紧张的生活作风、强烈求知的学习风气，它就会使生活学习在其中的人身心愉快、精神焕发，使他们自然产生一种集体的荣誉感、自豪感，并成为他们前进不息的一种动力。同时，这种精神面貌一旦形成也会使生活在其中的人自觉要求维护它，而破坏和污染这种精神环境的人和事便自然地会受到大家的抵制和谴责。这些都说明，学校、班级中长期形成的制度文化与非制度文化构成了隐性课程中一种不可缺少的因素。

（3）学校物理环境构成的物质性文化。学校所处的物理环境涉及学校建筑、校舍、校园环境、教室的空间安排等，这些都属于学校物质文化的范围。学校物理环境是构成学校整体文化的一个重要因素。学校物质文化对学生的心理平衡产生着一定的影响，如学校宿舍是否实用、安适并便于人际关系的交互作用；学校卫生设施是否足够学生使用等，都会影响学生对学校的看法并产生一种心理上的反应，同时也会随之影响学生的价值观念和态度。因此，应强调学校物质环境的教育作用，以收到潜移默化的效果。

五、国家课程、地方课程与校本课程

这是从课程设计、开发和管理主体来区分的三种课程类型。国家课程的主导价值

129

在于通过课程体现国家的教育意志;地方课程的主导价值在于通过课程满足地方社会发展的现实需要;校本课程的主导价值在于通过课程展示学校的办学宗旨和特色。关于国家、地方及学校层面课程设计与评价的意义等有关问题已在第一章有所讨论,这里只对三种层面的课程类型做简单介绍。

(一) 国家课程

由国家开发研制的课程叫国家课程。国家课程集中体现一个国家的意志,是国家根据人才质量培养的目标而设置的,具有统一性和规范性的特点。教学大纲或课程标准,以及由国家组织的根据教学大纲或课程标准编写的教材,就是国家课程的重要内容。严格说来,国家课程有广义和狭义之分。从广义上来说,国家课程是指国家有关部门制定和颁布的各种课程政策,比如教育部制定、颁布的课程管理与开发政策、课程方案,各类课程的比例和范围,教材编写、审查和选用制度等。从狭义上来说,国家课程是指国家委托有关部门或机构制定的基础教育的必修课程的课程标准或大纲。无论是广义的还是狭义的国家课程,都集中体现了国家的意志,是决定一个国家基础教育质量的主要因素,因此,国家课程具有统一规定性和强制性。

(二) 地方课程

由省一级的教育行政部门或其授权的教育部门在国家规定的各个教育阶段的课程计划内,依据当地的政治、经济、文化、民族等发展需要而开发的课程叫地方课程。地方课程有广义和狭义之分。广义的地方课程是指在某一地方实施和管理的课程,既包括地方教育行政部门在本地对国家课程的管理和实施,也包括地方自主开发的只在本地实施的课程;而狭义的地方课程专指地方自主开发、实施的课程。在一般情况下,人们所谈的地方课程都是狭义的地方课程。

(三) 校本课程

基于学校时空层面而开发的课程称之为校本课程(或学校课程)。校本课程强调以学校为主体和基地,充分尊重和满足学校师生的独特性和差异性,特别是使学生在国家课程和地方课程中难以满足的那部分发展需要能得到更好的满足。它是国家课程计划中不可或缺的组成部分。

(四) 国家课程、地方课程与校本课程的关系

上述的国家课程、地方课程和校本课程三类课程不是三个完全独立的部分,各类课程所具有的特定价值以及每种课程类型所具有的价值互补性,意味着它们在学校课程结构中都拥有着不可或缺的地位。它们构成了学校课程的有机整体,拥有共同的培养目标,实现不同的课程价值,承担不同的任务,履行不同的责任,从不同的方面促进学生的发展。可以说,校本课程是对国家课程、地方课程的丰富和补充,其开发的目的是满足学生和社区的发展需要。校本课程不是与国家课程、地方课程相割裂,它必须与国家

课程、地方课程配套实施。因此,在开发校本课程时,学校应根据国家和本省(自治区、直辖市)课程计划的有关规定,从当地社区、学校的实际出发,制订实施方案,同时依据教育部颁发的《学校课程管理指南》,结合传统和优势,开发适合自己本校实际情况的校本课程,提供给不同需求的学生选择,充分发挥国家课程、地方课程和校本课程对学生发展的不同价值。

第三节　课程结构的设计与安排

一般而言,在基层学校的课程内容设计中,教师所关注的往往是自己所任教的学科,也都认为自己所任教的学科是重要的,而对其他学科,尤其是学科间的联系则关心很少。这反映的是基层学校教师缺少课程结构意识,而认识课程结构对于教师来说又是非常重要的。课程结构是课程目标转化为教育成果的纽带,是课程实施活动顺利开展的依据。如果说课程类型问题主要解决的是课程内容与外在的社会文化等之间的协调平衡问题,那么课程结构所回答的问题就是要解决课程内容的各个部分之间的协调平衡问题,如课程体系应包含哪些课程领域,这些课程领域彼此之间是怎样的关系,这些问题的研究有助于更好地理解课程。

一、课程结构的含义及属性

(一)课程结构的含义

所谓"结构",即事物或客体内部各要素、各成分合乎规律的组织形式。而课程结构是指学校课程体系中各种课程类型及具体科目的组织、搭配所形成的合理关系与恰当比例,是由各类课程构成的、有机的、完整的统一体。课程组织结构是一个立体的整体结构。这一立体的整体结构包括其表层结构和深层结构。课程的表层结构或横向结构是课程表层内部各部分之间合乎规律的组织形式,是由一系列学科与若干活动项目所组成的整体。它包括学科与活动项目之间的时间、空间上的排列和组合以及学科的划分与组合、活动的划分与组合、专题的划分与组合等。学科课程、活动课程、综合课程等实际上就是课程的表层结构或横向结构;课程的深层结构则是指课程内容的各要素、各成分和各部分按照纵向序列所进行的合乎逻辑和合乎心理的组织形式。如学科课程所包括的课程计划、课程标准、教科书以及各类课程的内部结构等。

(二)课程结构的属性

关于课程结构的属性,一些学者的研究认为,课程结构的属性主要有客观性、有序性、可转换性、可度量性等。[①]

[①] 廖哲勋,田慧生.课程新论[M].北京:教育科学出版社,2003:232-234.

1. 客观性

课程结构的客观性是指课程结构的本质属性是客观的。课程结构总是某些物质结构的反映，它来源于社会客观现实的要求，包括社会分工与人的智力、体力发展的规律，人才结构赖以形成的客观要求以及科学结构演化规律等。同时，课程结构也有自身演化的历史，其中包含不依人的意志为转移的规律。

课程结构具有客观性是因为：

（1）课程作为一种文化现象，其内容来源于社会文化和社会生活。

（2）课程内容各要素、各成分间的结构关系反映的是科学知识间的关系、各种社会生活经验的结构关系以及不同学习活动间的结构关系。课程发展的历史表明，学校课程结构的演变往往是科学结构演变的结果，不同社会历史时期人类社会生活经验的构成关系的改变也往往导致学校课程的结构性改变。

（3）人们在设计课程结构时必然要考虑学生的身心发展水平和学习规律，而这两者是一种客观存在物。不同历史时期儿童往往表现出不同的发展特点和发展要求，因此，课程结构必然带上时代的特点。

2. 有序性

有序性指事物内部的要素和事物之间有规则的联系或转化，是描述客观事物之间和事物内部要素之间关系的范畴。课程结构的有序性是指从古代到近现代，课程结构的有序程度具有一定的发展顺序。同时，课程结构各要素、各成分、各部分的排列和组合具有一定的层次和序列（包括横向的和纵向的），课程内部各要素、各成分之间相互联系具有规则性。

课程结构的有序性既表现为"空间序"，也表现为"时间序"。从横向上看，课程内部各成分的空间构成是有规则的，此即"空间序"。而学校课程的展开和实施又是一个依次递进的过程，在这个过程中，课程内部各成分、各要素的呈现有一定的时间顺序，此即"时间序"。时间序和空间序的结合构成时空序，它们共同说明课程结构的顺序性和规则性的特点，这是课程结构存在的基本方式。良好的课程结构都是具备有序性特征的。

3. 可转换性

课程结构的可转换性是指课程结构各要素之间的关系不是一成不变的，而是能依地区、学校和学生等条件的变化而进行相应调整，处在合乎规律的不断变化之中。这包括课程类型的转换（从幼儿园到小学、到初中、到高中，其课程基本形式的转换）、教学目标的转换（从幼儿园到小学、到中学，活动项目的增多）以及教材组织形式的转换等。正是由于这种可转换性，中小学课程才能因地制宜，适应不同地区、不同学段、不同学生的特点和需要，实现课程模式的多样化。

4. 可度量性

课程内部各要素、各成分间的联系和结构方式往往可以用数量关系来说明，即课程结构的可度量性。诸如中小学课程内容成分含道德、认知、审美、健身等要素，学科课程与活动课程等占学时的比例，必修科目与选修科目等占总学时的比例等都具有可计量的属性,而且这些不同的量,直接影响着课程结构的质。

为此,分析学校课程的结构一般可以从考察以下几方面的比例关系入手:① 学科课程与活动课程的比例关系;② 必修课程与选修课程的比例关系;③ 学科课程内部工具类课程、人文类课程、自然类课程和体艺课程之间及其内部各具体科目间的比例关系;④ 活动课程内各类活动项目间的数量关系等。

二、课程结构的种类

在课程设计过程中,选定的课程内容需要按照课程的目的目标进行横向和纵向的组织。所谓纵向组织是指整个课程内容的前后连贯;而课程内容的横向组织,是指课程内容中的一部分与其他部分的结合与平衡。与此相对应,课程结构就有两个维度,即课程的横向结构和课程的纵向结构。

(一) 课程的横向结构

课程的横向结构,又叫水平结构,是指课程不同系列的成分之间在水平面上或横向上的结构过程及其结果;也可理解为课程各要素之间的平衡与协调问题。

课程的横向结构通常具有三个层次:

1. 宏观结构

宏观课程结构,即学校课程的类别结构,其基本构成成分是各种类型的课程。在课程的组织设计中,宏观课程结构涉及三个基本问题:① 国家课程、地方课程和校本课程的关系;② 显性课程(学科课程、活动课程、研究型课程等)和隐性课程的完备性及其相互关系;③ 选修课和必修课的关系。

2. 中观结构

中观结构即课程的科类结构,它涉及以下四个问题:① 学科课程内工具科、人文社会科、自然科、体艺科之间的关系以及各科课程内部各门具体课程内容之间的关系;② 活动课程中各类活动项目之间的关系以及各具体活动项目之间的关系;③ 构成隐性课程的各成分之间以及各成分内部各要素之间的关系;④ 限定选修课程与任意选修课程的比例关系。

3. 微观结构

微观结构即各科目(或活动项目)内的结构以及潜在课程各构成要素内的结构,集中地体现为教材的结构及其要素的相互关系。如"课文系统"(各种类型课文本身)与"课文辅助系统"(课文目录、编辑说明、课文注释、课文图表,等等)的关系;各学年(学期)教材间的纵向衔接关系以及各单元(课、节)的设置与纵横关系;整个教材的课程内容与学习活动方式的构成以及相互结合的优化等。

(二) 课程的纵向结构

课程的纵向结构,又叫垂直结构,是指课程要素的不同质量之间在纵向上或垂直维度上的结构过程及其结果。国内外许多学者根据实践需要,对课程的纵向结构进行了大量的研究,提出了许多优化课程纵向结构的主张和形式,其中主要有三种,即直线型课程、螺旋型课程和阶梯型课程(这与前述课程内容组织的逻辑有关系)。

1. 直线型课程结构

直线型课程结构是指在课程内容的排列上,按照由浅入深、由易到难的原则,环环紧扣、直线推进、不予重复的排列方式。直线型课程对于解决课程内容逐渐增加与学生学习时间和精力有限的矛盾问题具有重要意义,但是不符合学生的心理发展规律。

2. 螺旋型课程结构

螺旋型课程结构是指课程内容组织上采取螺旋排列方式,这种排列方式按照学习的巩固性原理,在相邻的两个以上主题、单元、年级或阶段里安排主题相同但深度或广度不同的内容,以便让学生逐步深入学习某门课程或某门课程的一个方面。其优点是把学科逻辑和学生认知相结合,缺点是内容的臃肿和较多的重复。

3. 阶梯型课程结构

阶梯型课程结构是根据客观需要与可能,从人类文化中选择出精华部分作为预期的教育内容和结果,然后按照学生发展的动态水平层次,把它们按难度高低分解后由简单到复杂、从低级到高级地排列成一道波浪式上升的阶梯,从而在课程实施中适应和促进学生的发展,一步一步地把预期教育结果内化为学生的发展成果。在阶梯型课程结构中,发展性寓于连续性中,连续性实现于发展性,两者是统一的。

三、我国基础教育新课程结构变革的特征

长期以来,我国中小学课程结构主要存在以下三方面的问题:一是课程结构上过于强调学术课程、学科课程,形成了学科本位的课程结构体系。二是整个课程结构体系中作为基础课程的必修课程过多,要求过高,缺乏弹性。三是课程结构中缺少必要的综合课程,学科之间的联系比较薄弱,分科课程一统天下。这些问题一直都是我国课程改革力图更好解决的问题。

我国新课程改革在课程结构方面提出体现均衡性、综合性和选择性等要求,而这三个要求也就是我国基础教育新课程结构变革的特征要求。

(一)课程结构的"均衡性"

课程结构的均衡性是依据全面发展的理论和素质教育的精神而提出的,即教育要培养的是德智体美劳全面、和谐、均衡发展的人。或者说,需要培养的是"全人"或"完整的人",而不是培养只有某一方面(如智力发达或拥有丰富知识)的人。

一般说来,课程结构均衡性的内涵主要体现在以下三个层面:

1. 学习领域或学科与活动的规划、组织应体现全面、均衡原则

按某一教育阶段的培养目标设置什么科目或多少科目,并按重要性排出主次,区分核心科目与基础科目。

2. 各学习领域或学科与活动的课时安排应体现均衡性,而绝不是平均分配

中小学开设的所有课程对学生的发展都具有不可替代的价值,它们一起促进了学生的全面发展。但是,尽管不同的课程具有不同的价值,但在教学任务上有轻重之分。各门课程依据培养目标的要求、学科自身的特点及课程之间的关系,在课程开设顺序上有先有后,在课程内容的安排上有多有少,在课时比例设计上有高有低。从这个意义上来说,各门课程要区别对待,使课程之间保持一种平衡。

3. 课程内容的选择也要体现均衡的原则

学习领域或学科确定之后,就要编制课程标准(或教学内容大纲)。在编制课程标准时,必须对内容做出合理的选择,如应该教什么,或不应该教什么;这一单元在整个领域或科目体系中到底安排多少内容才是恰当的;等等。

(二)课程结构的"综合性"

综合性是依据基础教育的特殊功能、现代社会对人的素质需求以及儿童的认知方式而提出的,它主要涉及在国家层面的课程结构中以何种方式和以怎样的程度体现课程综合化的发展趋势。课程结构的"综合性"主要通过开发和设置综合课程的方式体现出来。

课程结构综合性的内涵以综合课程为主要表现方式,主要体现在以下三个层面:

1. 从对课程内容综合程度由弱到强的视角

从对课程内容综合程度由弱到强的视角看,综合课程的模式主要有交叉课程、关联课程、融合课程、广域课程、核心课程和经验课程等。这些模式类型在国外大都被广泛应用,也有部分模式仍处于探索阶段,目前我国学校开发和设置的综合课程,其综合化程度总体上还需不断提高。

2. 从对课程内容的组织方式的视角

从对课程内容的组织方式的视角看,综合课程的范式大致有学习领域、综合学科、综合实践活动等三种。学习领域,即按照知识技能的相关性将学生原有的过于分化的学习内容统整为几种学习领域;综合学科,即将原有的分科课程统整为包容性更强的学科;综合实践活动,则是以实践活动的方式组织课程内容,学生在实践中综合掌握并运用分科知识与技能。综合实践活动课是所有课程领域中综合程度最高的课程,是所有课程领域中开放性最强的课程,在实施过程中也蕴藏着更多的不确定性和关联性,实施过程会涉及更加宽泛复杂的课程资源。

3. 从综合课程与分科课程在学校课程结构中所占比重的视角

一般地说,综合课程与分科课程在学校课程结构中所占的比重随学校教育层次的变化而变化。在低年级的课程结构中,综合课程所占比重应明显超出分科课程。随着年级的增高,综合课程在课程结构中所占比重逐渐降低,而分科课程所占比重逐渐提高,并最后超出综合课程。或者说,小学和初中阶段课程的综合性应强于分科性,而高中阶段课程的综合性弱于分科性。新课程改革就是这样处理小学、初中、高中阶段的综合性的,除各阶段都设置综合实践活动外,小学阶段的7门课程中综合课程多达5门,初中阶段的9门课程中综合课程至少有3门,有的初中多达5门。至于高中则是以分科课程为主。

(三) 课程结构的"选择性"

课程结构的选择性,是针对课程结构过分追求统一性、缺少弹性和灵活性的弊端,为适应地方、学校、学生的差异,满足地方、学校、学生发展的特定需要而提出的。一方面课程的结构要能够提供一定数量的课程以供选择,以促进学生个性的发展,另一方面要能够为地方和学校提供相应的空间以开发地方和学校的课程,从而建设具有地方特色和学校特色的课程。

课程结构的选择性主要体现在以下三个方面:

1. 课程结构要适应地区间经济文化的差异,具有一定的变通性

我国幅员辽阔,从地理位置和经济发展看,可分为东部沿海发达地区、中部地区、西部地区三大区域。各区域的经济发展需要有着不同文化知识结构的人才,因此应当允许各地根据本地经济发展的现实需要选择相应的课程,以适应这种区域经济和社会差异。我国是多民族国家,不同民族对本民族的文化有强烈的认同感和归属感,课程结构应适应不同民族的文化认同需要,如民族文化课程、地域文化课程等。由此看来,国家层面的课程结构需要具有一定的变通性,以有利于不同地区根据自身的需要做出选择。如规定多少比例的必修课、每门必修课程的课时,为地方留出一定的课程开发的空间。

2. 课程结构要适应不同学校的特点,体现选择性

课程改革取得成功不在于有多少理论文章和多少理论研究成果,而在于学校、教师乃至社会的教育观念是否发生转变,学校中实际发生的教育教学行为是否有了变化。因此,只有当真正调动、解放了每一所学校、每一位教师的积极性,使他们真正成为课程改革主体的时候,课程改革才是有希望的。每一所学校的主体性集中体现在通过选择并设置能够创造和形成本校文化特色的课程上。不论国家课程还是地方课程,在课程门类及其关系方面都应充分关照到每一所学校的学校文化特殊性;学校有必要也有能力根据本学校的教育思想对国家课程和地方课程进行校本化实施和特色化开发,创造性地实施国家课程和地方课程。国家或地方层面的课程计划还需要规定学校自己设置的选修课(校本课程)的课时比例。

3. 课程结构要适应学生的个性差异,建立和完善课程选修制

教育面对的是一个个具有独特个性的学生,教育的根本目的和内在价值是促进每一个人的个性发展。衡量课程改革成败的基本标志是看它是否促进了学生的全面发展和个性发展。为此,课程结构必须具有选择性,以适应学生的个性差异。

20世纪以来,世界范围内兴起了课程选修制(Elective System)。正确处理必修课程与选修课程之间的关系成为世界课程改革的重要课题。从世界范围来看,教育集权制倾向的国家长期着重加强了中小学必修课的建设,而忽视选修课的建设,如今,这些教育集权制倾向的国家的中小学课程改革逐渐呈现出加强选修课程的趋势。

四、我国中小学课程一般的纵向结构形式

在我国,中小学课程一般的纵向结构形式是指在长期的课程实践中所形成的学科课程的一般的纵向结构形式,亦即课程计划、课程标准、教科书。

(一)课程计划

课程计划是从整体上规定学校课程目标、内容、组织、顺序、进度、课时、学年编制以及评价标准等的课程文件。课程计划的主要内容有:

1. 规定课程门类

即进行课程设置,确定其结构。这包括确定课程及其比例、选修课比重、基础课比重、文理科比重等。课程计划在课程结构中有极其特殊、重要的地位,它既是纵向结构中最宏观的安排,也同时展现课程的横向结构。课程门类的规定通常都强调针对性、实用性和可接受性等要求。针对性亦即学校课程门类应与社会和个人目标相协调,与国家目标一致并适合当地条件;实用性即重视理论知识与实践活动的相互作用,把学校课程与社会生活和职业生活密切相联系;可接受性即精选必要的基础课程,减轻学生过重负担,使课程有助于适应和促进儿童的身心发展,并能促使其生动活泼地发展。

2. 规定各门课程开设的顺序及课时分配

这要根据课程知识的逻辑体系和学生的心理发展特点,按照"统整性""程序性""连续性"等标准统筹安排各学年、各学期的课程门类及课时,以形成科学严密的课程系统。

3. 学年编制和学周安排

即统筹安排好各学期的教学周数及实施活动等。

(二)课程标准

课程标准(或教学大纲)是以纲要的形式规定课程科目的内容、体系和范围以及课程实施进度和实施方法要求的课程文件。课程计划的各科目,都有相应的课程标准。课程标准一般包括说明和正文(本文)部分。说明部分是阐明课程组织实施的要求,提出学生应掌握的知识及深度广度、应掌握的技能及要求、与有关课程的联系以及与课外活动的配合等。正文部分则是规定了课程科目的各单元组织实施的各种具体的建议要求。

(三)教科书

教科书亦称课本,是关于具体知识材料的叙述,是教师和学生的教学用书。其结构一般包括目录、课本、习题、思考题、实验和实习作业、图表和注释等。课程计划中规定的课程(科目),一般都有相应的教科书。

五、课程内容设计应予处理好的几个基本关系

课程内容的设计,必须认真把握和处理好以下几个基本关系,尽管这些关系有的是由来已久的,而且有的一直也都是课程理论和实践普遍比较关注的基本关系。[①]

(一) 直接经验与间接经验的关系

直接经验和间接经验并不总是对立的,它们都是学生的学习所需要的,也都是课程所必不可少的。我国的课程传统较多地重视间接经验而忽视直接经验,而随着课程的改革和发展,将较多地关注直接经验。课程内容设计要致力于将直接经验和间接经验科学协调地统一起来。

(二) 人文主义与科学主义的关系

人文主义和科学主义都是社会文明的重要组成部分,是社会发展所必要的。人文主义课程和科学主义课程也都是重要的课程流派,而且这两种流派并不是必然对立的。人文和科学都是现代课程要素和现代人的素质要素所必不可少的。课程内容设计要同时大力地加强人文精神和科学精神,以便能大力地提高我国整个民族的人文素养和科学素养。

(三) 个人与社会的关系

这一矛盾关系是由来已久的,历史上的任何一种课程都会表现出其在这一矛盾关系上的倾向性。个人本位和社会本位的独立性是客观的,课程在处理这对矛盾关系上较多的不平衡性也是客观的。但两者的内在联系实际上也是客观的,因为个人的发展不可能脱离社会历史条件,社会需求的实现也需要以个人发展为基础。追求两者之间的平衡,应该成为课程发展的重要目标和动力。就我国的课程传统和课程现实而言,可能更多地需强化个人本位课程的思想,需更多地关注学生个性的发展,课程内容的设计应注意这样的倾向性。

(四) 知识与能力的关系

这也是课程论中由来已久的对立统一关系。知识和能力彼此之间是相互独立的,但又是相互联系和辩证统一的,对两者的任何偏废都不利于课程的发展,更不利于学生的发展。就我国而言,重知识、轻能力是我国较长时期课程传统和课程现实的缺陷,而课程的开发研制也就是在于纠正这种偏废而协调好知识与能力的关系。

(五) 分科与综合的关系

课程的发展史就是"合(混合)—分(分化)—合(综合)"的历史。现代科学的发展趋

---

① 丛立新.课程论问题[M].北京:教育科学出版社,2000:123 - 200.

势,一方面表现为不断地分化,另一方面又表现为不断地综合,分(学)科课程和综合课程都是现代课程体系中不可缺少的重要的课程形态,而且两者既相对独立又密切联系。就我国而言,课程的综合化正成为人们注重研究的课题,其理论研究和实践探索都有较大的发展空间。课程内容的设计在"综合化"方面应该说是大有作为的。

(六) 必修与选修的关系

对于"必修"或"选修",在国家课程中是由国家规定的,而在地方和校本课程中由地方与学校规定。必修课程有助于"公平发展",选修课程有助于"个性发展",两者在根本的教育价值上具有内在的一致性、统一性,并且拥有同等重要的价值。因此,课程的设计应从学校和学生的具体情况出发,既要保证一定的"统一"要求,又要尽可能提供学生较多的选择性,从而使"必修"和"选修"都能成为学校课程设计和管理的科学有效的机制,同时也都成为学校课程科学体系的有机构成。

本章小结

课程内容是学校课程开发与设计的一个重要组成部分,主要是指要求学生掌握的事实、概念、原理、技能、策略、方法、态度及价值观等。它与教材、教学内容有着显著的区别。对课程内容的理解有三种不同的取向,每一种取向都有一定的合理性,也决定了课程内容的选择和组织有所不同。

课程内容的选择不是随意为之的,有其基本的依据和原则,应综合考虑、统筹安排。当然,不同国家的不同时期,由于面临的问题和任务不同,对这些依据和原则的不同方面会有所侧重。

针对我国传统基础教育课程类型单一、结构失衡的状况,新课程改革强调课程类型的多样性和课程结构的合理性。课程内容从不同角度可以划分为不同的类型,基本类型主要有:必修课程和选修课程、学科课程和活动课程、分科课程和综合课程、显性课程和隐性课程等。这些课程的出现,不仅极大地丰富了课程的类型,也更好地服务于学生的发展。每一种类型的课程在学生发展中的作用都是独特的。因此,课程结构的设计同样是课程内容设计的重要方面,包括其横向结构和纵向结构的设计安排,如何合理安排课程的结构将是对课程设计者的挑战。

复习与思考

1. 课程内容选择的基本依据和原则有哪些?
2. 如何正确理解课程内容与教材、教学内容的关系?
3. 有人说"隐性课程不是课程",你怎么理解?
4. 如何理解课程结构的"均衡性"?

第六章
课程内容设计(二)

本章学习资源

※ 本章导航

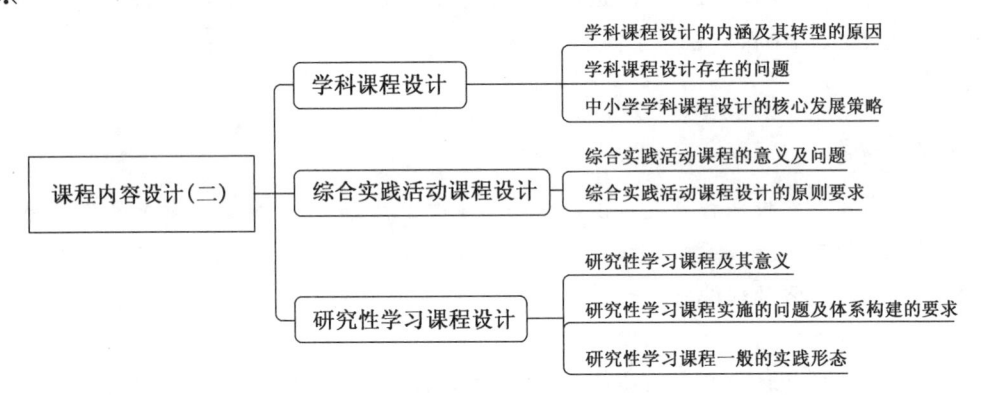

```
                                    ┌─ 学科课程设计的内涵及其转型的原因
                      ┌─ 学科课程设计 ─┼─ 学科课程设计存在的问题
                      │               └─ 中小学学科课程设计的核心发展策略
                      │
课程内容设计(二) ─────┼─ 综合实践活动课程设计 ┬─ 综合实践活动课程的意义及问题
                      │                        └─ 综合实践活动课程设计的原则要求
                      │
                      │                        ┌─ 研究性学习课程及其意义
                      └─ 研究性学习课程设计 ───┼─ 研究性学习课程实施的问题及体系构建的要求
                                               └─ 研究性学习课程一般的实践形态
```

※ 学习目标

1. 了解学科课程设计、综合实践活动课程设计的特点；
2. 了解当前学科课程设计、综合实践活动课程设计存在的问题；
3. 初步掌握设计学科课程、综合实践活动课程的策略要求。

※ 学习重点

明确当前学科课程设计、综合实践活动课程设计存在的问题,并能提出相应的课程设计策略。

※ 学习难点

掌握学科课程、综合实践活动课程具有针对性的设计策略。

上一章的"课程内容设计"在讨论了课程内容的选择、课程类型的划分、课程结构的研究和安排之后，已经知道学校课程主要的类型有学科课程、活动课程、综合课程以及研究性学习课程等，因而本章关于课程内容设计讨论的重心就要将其落实到这几个类型的研究上。我国的中小学新课程改革，无论是学科课程的改革及设计、活动课程抑或综合实践活动课程以及研究性学习课程等的发展及设计都已成为人们特别关注和致力于探究的热点问题。而不同课程类型的设计，也都会体现出各具特色的价值、特征及要求。

第一节　学科课程设计

课程改革具有系统性、复杂性并需要一个较长时期的历史检验才能初步判断成效，但课程改革应首先通过学科课程的改造和提升来带动课程的系统改革是一个基本的事实。在目前新课程改革仍以学科课程为主要框架的时代背景下，应积极面对和探究学科课程的种种利弊，切切实实地改造和提升学科课程，并广泛推进学习方式、学校文化、评价制度等相关改革，从而真正推进和深化新课程改革。

学科课程作为教育的一种人为选择，具有历史演进的必然性。它是人类发展历史的选择，同时又具有现实存在的合理性。对学科课程的设计进行分析研究，以不断提升学科课程的品质，就成了现时代课程理论与实践乃至课程改革必须关注和研究的重要课题。

一、学科课程设计的内涵及其转型的原因

（一）学科课程设计的内涵

在我国新课程改革的宏伟目标下，从学校课程体系建构的层面出发，中小学学科课程的设计是指以纵向的课程展开和横向的课程拓展两个维度为基点，改革传统的学科课程，使以学科课程为主导的学校课程体系实现功能和结构的转变。

中小学学科课程设计的内涵，具体可从以下三个角度来理解：

（1）从学科课程的纵向展开来说，对知识结构观加以改进，即以学科的基本概念、原理构建结构化的学科体系，易于知识的巩固和迁移，促进学生能力的发展。作为课程纵向微观结构基础的教学方式和学习方式的互动发展是学校课程改革的重点。

（2）从学科课程的横向拓展来说，对知识综合化加以改进，即根据两门及以上学科的内在逻辑联系，组建综合性的课程结构，打破单一分科造成的学科割裂状况。作为新课程改革亮点的综合课程、校本课程和综合实践活动，依据学校的现实条件均衡实施，是学校课程改革的重点。

（3）从学校课程的整体发展来说，以学校现行课程体系的现实为出发点，综合考虑学校各方面的主客观条件，整合进行学科课程纵向展开和横向拓展的两方面改革，有效

实现传统学科课程从功能到结构上的转型,进而把新课改的应然课程落实为学校的实然课程。

(二) 学科课程转型的原因

新课程改革推进了我国中小学课程从学科本位、知识本位向关注每一个学生发展的历史性转变,学科课程的转型是实现这一转变所必须解决的主要矛盾和关键环节。这是因为:

(1) 传统学科课程在原有基础教育课程体系中占主导地位,决定了学科本位、知识本位的单一课程取向。学科课程的转型对基础教育课程改革目标的实现有着决定性的意义。

(2) 传统学科课程的改善是新课程改革的一项重要内容。新的分科课程,在课程目标上要求实现知识与技能、过程与方法以及情感态度与价值观等的整合;在课程内容上要求体现基础性、时代性、实用性和综合性。

(3) 学科课程的转型是实现新课改具体目标的基本途径。传统学科课程的转型虽然只是新课改的一项内容,但它涉及课程功能、课程结构、课程实施、课程评价和教师发展等多方面因素,因此,它是新课改进行中诸多矛盾的主要方面。

(4) 在学校层面的课改实践中,学科课程的转型是一个合适的切入点,起着统摄学校课程发展的重要作用,具有较强的可操作性。

二、学科课程设计存在的问题

以影响传统学科课程设计的相关因子为参照系,深入分析我国课程改革发展中所面临的种种问题和困难,便可梳理出导致学科课程设计存在困惑的问题或主要原因。

(1) 对学科课程转型在新课改中的重要性认识不足,没能将其作为新课改要解决的主要矛盾来处理。一些一线教师对新课改要实现的具体目标还较为了解,而对课改的切入点和学科课程设计的问题缺少系统的考虑。

(2) 对学科课程设计的认识不全面,常会局限于课堂教学改革的深化,对传统学科课程纵向上功能的转变有一定认识,但较少考虑学科课程横向上结构的转型,或较少考虑两者的相互关系而孤立进行。

(3) 对课程资源开发利用的立足点有错位现象,未能关注学校及所在社区的实际条件并因地制宜地加以挖掘利用。在课程实践中,未能充分意识到自主开发和校本开发的意义,而影响了校本课程和综合实践活动课程的实施进程。

(4) 对课程转型的纵横发展缺乏整合的考虑,使课堂教学改革、综合课程的落实、校本课程的开发和综合实践活动的实施缺乏整体的计划而孤立推进。其根本原因在于未能抓住贯穿其中的主导线索并实施分步骤的推进。

(5) 对教学方式与学习方式共同转变的研究不足。教师教学方式的改变应建立在学生心理可接受性的基础上,在引导、促进学生学习认知特征逐渐转变的过程中渐次实施,两者存在着互为反馈、相互修正的循环关系。如果教师一厢情愿地改变教学方式,虽然课堂氛围热烈,但一过学生的好奇期就造成教与学的不适应。

(6) 对传统教学方式的偏激批判,出现以偏纠偏的倾向,削弱了对学生基础知识和基本技能的培养。实践中教师一味追求教学方法的翻新和现代教学媒体的使用,而不考虑教学的实际需要。

三、中小学学科课程设计的核心发展策略

教学方式和学习方式作为学科课程纵向微观结构的两个基本要素,是教师和学生活动方式的基本内容,两者的互动转变是学科课程实现功能转型的有效基点,学习方式的转变则为学科课程结构的拓展提供了迁移的线索。因此,以教师教学方式和学生学习方式的互动转变为基点,以学生学习方式的转变为主线,直接推动传统学科课程在功能和结构两方面的转型策略,本文将之定义为核心发展策略。

(一)纵向展开策略:学科课程的功能设计

课程的纵向展开就是指怎样从宏观的课程目标具体化为微观的课程形式。这在教学实践中逐渐形成了由课程计划、课程标准和教科书等构成的基本结构形态,而它们的根本基础在于学生的学习方式。学习方式越是不同,课程的差异也就越大,也就决定了课程的功能。就学校课程的发展而言,学科课程功能转型的立足点就在于学生学习方式的转变。毋庸置疑,这种转变的外部动因主要是教学改革,其中起主导作用的则是教师教学方法的转变。实践证明,要实现学习方式与教学方法的互动转变、真正让学生的学习方式摆脱传统教学模式的桎梏,重构师生的教学关系尤为必要,这就要求必须彻底转变教学观念,实现教学规范的转型。据此,一般认为,促进学科课程功能转型的纵向展开策略主要有:

1. 教学规范的主体性转变是学科课程功能转型的前提条件

一般说来,课程的纵向展开最终都要落实到教学活动中,而教学活动不管是以何种形态出现皆包容在教与学的基本关系之中。因此,如何理解这一关系就体现了对教学活动本质的把握,进而制约着教学规范的形成。传统学科课程的教学背后所隐含的价值观是对教学活动本质的背离,它所形成的教师们业已习惯了的教学规范便成了制约教学改革深化发展的阻碍。

2. 学习方式的深层次发展是学科课程功能转型的根本动力

学习方式作为课程纵向展开的最终依据,其基本特征的发展水平决定着课程功能的实现程度。传统的学科教学中,单一、被动和陈旧的学习方式使得课程的实施从目标到教学再到评价的循环只在浅层次中完成,并未涉及素质教育的深层次目标。因此,学习方式的深层次发展是学科课程功能设计的最根本条件。

(1)学习方式的深层次发展及现代学习方式。学习方式可分为接受和发现两种,在接受学习中,学习内容以定论的形式直接呈现,学生是知识的接受者;在发现学习中,学习内容以问题形式间接呈现,学生是知识的发现者。但传统的学习方式过分强调接

受而忽视发现。这里所说的学习方式的深层次发展,并不是非此即彼的转变,而是承认两种学习的独特价值和相辅相成的关系,在以往接受学习的基础上突出发现学习,最终形成现代学习方式。所谓的现代学习方式,是以弘扬人的主体性为宗旨,以促进人的持续发展为目的,由许多具体方式构成的多维度、具有不同层次结构的开放系统。

(2)现代学习方式的维度及层次区分。学习方式是一个组合概念,是行为参与、情感参与或认知参与及社会化参与的有机组合,有着各种维度和层次,最具代表性的也是新课程特别注重推动发展的有自主学习、合作学习、探究学习(或研究性学习)等。

自主学习是相对于被动学习而言的,是指在教学条件下学生高质量的学习;合作学习是相对于个体学习而言的,是指通过群体活动共同完成任务,有明确职责的互助性学习;探究学习是相对于接受学习而言的,是指学生在教师指导下发现、探索和解决问题的学习。而研究性学习,从广义上讲是探究式学习;从狭义上讲,是指学生个体或学生小组在教师的指导下,从自然现象、社会现象和自我生活中选择研究专题,并在研究过程中主动地获取、运用知识及解决问题的学习。因此,狭义的研究性学习渗透并体现了自主学习、合作学习和探究学习。同时还应认识到,所有能有效促进学生发展的学习一定都是自主学习,但并不是所有的学习领域都需要合作学习或探究学习。

(3)学习方式深层次发展的基本思路。首先,必须明确,对一些学习内容来说,不仅个体学习是必不可少的,接受学习也是必要的。其次,理清不同学习方式的递进发展层次:第一层是自主学习;第二层是合作学习和探究学习;第三层是研究性学习。再次,把层次发展进程分解为具有先后次序的实施要点系列便于综合发展,具体的次序要点有:①激发动机,强调自主:激发学习动机,引导学生自我监控、反馈和调节。②创设条件,优化教学:创造教学条件,促使学生想学、能学、会学和乐学。③引发冲突,建构体系:引发认知冲突,帮助学生不断建构自己的认知体系。④自主为本,合作协助:在个体自主学习的基础上,进行小组合作。⑤资源共享,知识互补:充分利用有限条件,发挥学生间的优势互补作用。⑥体验交流,统筹运作:实现认知过程、交往过程与审美过程的统一。⑦标新立异,培养个性:帮助学生坚持独特的学习个性和良好的思维品质。⑧换位思考,提倡质疑:培养学生质疑和反思的思维品质。⑨处理信息,解决问题:帮助学生学会处理信息、验证假设和推导结论。(关于现代学习方式,本书第七章将会进一步展开讨论)

(二)横向拓展策略:学科课程的结构设计

课程的横向拓展就是指课程结构怎样从学科本位向均衡性、综合性和选择性的转变,具体表现为学校课程的规划与管理。课程结构的拓展程度,从学校课程发展的角度看,宏观上取决于国家的课程政策;微观上受制于学生的学习方式。而在新课程既定的课程政策下,以学生学习方式的转变作为学校课程拓展的切入点是切合实际且十分必要的。因此,以学习方式的深层次发展为切入点的联接,推进学科课程的内涵式、综合化发展,并以校本课程和综合实践活动课程的整合开发为突破,逐渐实现课程结构的均衡性、综合性和选择性,是学科课程横向拓展策略的当然内容。因此,内涵式发展和综合化趋势是学科课程结构转型的主导方向。学科课程的转型是学校课程由以传统学科课程为主导的单一结构向均衡性、综合性和选择性发展的进程。这就意味着学科课程的结构转型包含静态质变和动态位移的两方面要求。"静态质变"即内涵式发展，是指传统学科课程的现代化发展，也是学科课程功能转型的必然延续；"动态位移"即综合化趋势，是指学科课程由分科向综合再向高度综合的拓展趋势，进而形成优势互补的学校课程体系。那么，如何把握这一主导方向呢？现从以下几方面来探讨。

1. 基础教育新课程体系学科课程结构转型的目标框架

新课改重建课程结构的方案为学科课程的转型提供了目标框架，为学校课程提出了综合性、均衡性和选择性的发展方向。具体可从三个维度来认识这一目标框架：

（1）从课程内容的组织方式看，首先是改革和重建分科课程，强调知识与技能、过程与方法以及情感态度与价值观三方面的整合，注重体现基础性、时代性、实用性和综合性；其次是倡导和实施综合课程，强调学科之间的内在联系性，注重不同学科的相互整合，具体有品德与生活、品德与社会、科学、历史与社会、艺术、体育与健康等；再次是设置高度整合的综合课程，即综合实践活动课程，强调探究与创新意识，关注生活实践活动。

（2）从课程计划的实施要求来看，调整和统整必修课程，完善和增加选修课程。一方面是从中小学至高中设置综合实践活动并作为必修课程，拥有6%～8%的课时量；另一方面是把地方课程和校本课程以选修课程的形式开发、设置和实施，拥有10%～12%的课时量。

（3）从课程开发的管理主体来看，实行国家、地方、学校三级课程管理，促进课程的民主化和适应性。

总之，这一目标框架充分体现了课程价值的多元化，也明晰了我国基础教育学科课程内涵式发展和综合化趋势的主导方向。

2. 学科课程内涵式发展与综合化趋势的过程诊释

学科课程的内涵式发展即"静态质变"，是指在分科课程的范畴内，改革和重建传统学科课程，加强教育内容的综合性，软化学科边缘，加强与现实生活和学生经验的联系，增进各学科之间在知识、技能和方法上的联系。其发展进程包括两个层次的开发：第一层次的开发是着重培养学生的基本素质和基础学力，并注意发展性学力和创造性学力的基础培养，形成基础型的课程形态；第二层次的开发是从实施的深度、广度等方面拓宽学生的知识面，在基础型课程形态的基础上，注重发展学生的各种特殊能力，培养个性，培养为终身学习打基础的发展性学力，并为学生创新精神和实践能力的培养奠定基础，形成拓展型的课程形态。通过上述开发，使现代分科课程同时具备发展学生基础性学力和发展性学力的功能。

学科课程的综合化趋势即"动态位移"，是指突破分科课程的范畴，实施综合课程，在学生基础性学力和发展性学力不断发展的基础上培养其创造性学力。其发展进程也包括两个层次的开发：第一层次的开发是综合课程的实施，有效延伸基础型和拓展型的两种课程形态,促进学生实现知识与方法的迁移,注重学生创造性学力的基础培养;第二层次的开发是综合实践活动课程的实施,强调学生通过实践,增强创新意识,学习科研方法,发展综合运用知识的能力,促进创造性学力的发展,最终形成研究型的课程形态。

基于上述分析,学科课程结构转型的主导方向具体表现为并行的三条线索:① 分科课程—综合课程—综合实践活动课程;② 基础型课程—拓展性课程—研究型课程;③ 基础性学力—发展性学力—创造性学力。很显然,学生学习方式的转变和学习能力的提升是学科课程实现结构转型的最佳切入点。

3. 学习方式的深层次发展是学科课程结构转型的渐次切入点

学科课程的结构转型是一个过程性的问题,只有在条件逐步成熟的过程中渐次拓展才是最现实和最有效的策略。这里所谓的"条件"是指学生学习方式的深层次发展并伴随着教学方法的调整。因此,学科课程结构的每一次拓展都应以相应学习方式的形成为切入时机。据此,学科课程结构拓展的合理时机依次如下:

(1) 在授受型课程形态的基础上,改变以往教学设计的陈述模式,注重演绎模式的运用,引导学生形成自主学习(意义学习)的能力,培养基础性学力,形成基础型课程形态。

(2) 改变课程实施的忠实取向,根据实际情况进行适当的调整,并在教学设计上引进归纳模式,引导学生形成合作式和探究式的学习能力,培养发展性学力,形成拓展型课程形态。

(3) 改进教学设计,引进课题研究模式,使研究性学习方式由广义向狭义发展,培养学生的创造性学力,形成研究型课程形态,此时也正是实施综合实践活动课程的良好时机。

第二节　综合实践活动课程设计

一、综合实践活动课程的意义及问题

(一) 综合实践活动课程及其意义

教育部印发的《基础教育课程改革纲要(试行)》中明确规定:"从小学到高中设置综合实践活动并作为必修课程,其内容主要包括:信息技术教育、研究性学习、社区服务与社会实践以及劳动与技术教育。"综合实践活动课程作为一种独立的课程形态,出现在我国基础教育课程计划中,成为第八次课程改革抑或"第三代"课程改革的一大亮点。综合性、实践性、自主性、生成性与开放性是它的基本特点。从课程的组织形式上来看,它超越了具有严密知识体系和技能体系的学科界限,强调以学生的经验、社会实际和社会的需要为核心,以主题的形式对各种课程资源进行整合。从学习方式上看,它注重学

生多样化的实践性学习方式,活动成为本课程实施的基本形式。学生需要在"做""考察""调查""实验""探索""服务""劳动"等一系列的活动中学习知识、体验生活、发展实践能力和创新能力。综合实践活动课程还注重体验学习,重视学生对实际活动过程的亲历和体验。从活动领域来看,它强调超越教材、课堂和学校的局限,在活动时空上向自然环境、学生的生活领域和社会活动领域延伸,强调学生与自然、社会、生活的密切联系。从课程管理的角度来看,它既是国家课程,又是地方课程,还是学校课程,体现了新的课程管理和课程发展形式。可以说,这种新的课程形态很好地体现了"教育回归生活""课程整合",以及"注重学生的社会实践"等现代教育理念。

对于这种新的课程形态,国家层面上制定了指导纲要和实施指南,没有明确的课程标准,更没有教材和教学参考书;课程的具体开发属于学校,这赋予了学校和教师课程开发的权利和责任,同时也对教师的课程开发意识与能力提出了挑战。实践中的综合实践活动课程是较受学生和一些教师欢迎的,学生在教师的指导或带领下开展了丰富多彩的活动,在其中享受着一种"放飞"的轻松和自由;部分参与的教师也感觉到参与综合实践活动课程的开发与实施有助于自身专业的成长。

(二)综合实践活动课程的问题

真实走进实施中的综合实践活动课程,会发现它给人一种"似是而非"的感觉。如:安排一些活动就当综合实践活动课,许多活动仍会处于自发盲目的状态,即开展什么样的活动,为什么要开展这些而不是另外的一些活动,以及以什么样的方式开展这些活动;活动缺少精心的设计,导致课程在很大程度上呈现出盲目、随意的特点;活动往往只是局限于某一个学科领域,不能实现跨学科的整合,造成课程的"学科化"倾向明显;课程的生成性在实施中更是很难体现,对于那些非预设的、方案上没有的问题,教师与学生较少顾及。

在对中小学教师进行"关于综合实践活动课程设计"的调研中发现,教师进行活动设计是缺少理论依据的,多是根据学生的兴趣来决定活动的内容,根据自己的感觉来确定活动目标,根据"便于操作"来选择活动方式,从而使得目标难以实现,学生遇到困难就放弃、退缩;活动方式仅限于查阅图书资料,以及简单的参观浏览等。这些现状使得有着良好教育理念的综合实践活动课程在实施中未能充分显示出很高的教育价值。综合实践活动课程的设计,已经成为中小学教师专业发展需要着力的重要领域。

二、综合实践活动课程设计的原则要求

(一)综合实践活动课程的设计要侧重"生活逻辑"

可以说,综合实践活动课程与学科课程的根本区别在于更强调对"生活世界"还是"科学世界"的关注。而与此相对应,形成了两种不同的思维逻辑。与对"科学世界"的追求相对应,学科课程作为其表现形式,产生了以高度严密性、系统性以及科学理性为特征的科学(学科)逻辑。它"要求人以理性的光芒去关照和探寻世界的内在规律、鄙夷

人的直觉、忽视人的体验,将人的活动机械化、刻板化"①。而与"生活世界"理论相对应,综合实践活动课程是以生活为逻辑主线,它以"直观性、相对性、不规则性以及情景性"为基本特点。综合实践活动课程之所以难以摆脱过于理性化、过于追求知识获得的思维模式,而成为学科课程的延伸,即是受长期处于统治地位的学科(科学)逻辑的影响。如何突破学科(科学)逻辑的限制,从生活逻辑的角度展开研究,是综合实践活动课程实现其价值所面临的重大问题。

1. 杜威的"比较棉花和羊毛的纤维"主动作业的启示

杜威在《学校与社会》一书中提到这样一个作业:"将棉花和羊毛的纤维进行比较"。先给儿童一些原料:棉花和羊毛,这些事物是可以抓住儿童的注意力、吸引他们的兴趣的。第二步,让孩子用手将棉花和羊毛制成皮棉和羊纤。学生在这个过程中的收获与体会就多了,他们发现劳动三十分钟、所得皮棉才不到一盎司,发现棉花的纤维比羊毛的要短许多(棉花纤维的长度约是羊毛纤维的三分之一),发现棉花纤维比较平滑,而羊毛纤维比较粗糙,便于纺织。学生由此推知他们的祖先为什么要穿羊毛衣而不穿棉衣。第三步是让学生研究将纤维制成衣料的过程,在此过程中他们发现了原始的梳理羊毛的框架、设计了最简单的纺毛程序等,重演了从原始的到现代的纺织机全部发展过程。

很容易看出:这一活动是循着从棉花和羊毛做成衣料的基本程序来指导学生进行活动的,而不是从对衣料的成分进行分析开始;是按照制作衣料的历史发展过程让学生自主进行研究的,而没有再详述各种纤维的特点、原料生长的条件,以及与生产机械有联系的物理学等科学问题。但通过这样的活动,学生不仅认识了棉花和羊毛纤维的特点,能真正懂得所使用的原料和所包含的机械原理,更重要的是它使得儿童有机会循着历史上人类进步的足迹前进,并理解了发明对社会生活方式的影响。"在这种作业中,心理需要、社会需要、认识的统一性与完整性达到契合"②。

2. 听听学生们的想法,避免研究过于"成人化"

"生活世界"中的学生是"未完成的人",是有待发展的"完人"。与成人对世界"体系化""理性化"的认识不同,他们对世界的认识往往是不成体系的,思维往往是跳跃性、发散性的。听听学生们的想法,他们的"幼稚"与"散乱"就是真实的生活。按照学生认识世界从直观到理性的顺序,而非知识本身的逻辑生成顺序来设计活动内容是活动课程区别于学科课程的一个重要方面。

当然,对学生"未成熟状态"的尊重并非要坚持"儿童中心论",杜威在《民主主义与教育》一书中引用埃默森的一段话,"关于儿童训练,有两点要注意:保存儿童的天性,但是阻止他扰乱、干蠢事和胡闹;保存儿童的天性,并且正是按照它所指的方向,用知识把儿童天性武装起来",而且这种对儿童期的尊重,并没有为教师开辟一条容易而悠闲的

---

① 郭元祥.综合实践活动课程:设计与实施[M].北京:首都师范大学出版社,2002:50.
② 褚宏启.对杜威课程理论的再认识[A].课程改革借鉴篇[C].北京:人民教育出版社,2003.

道路,"却立刻对教师的时间、思想和生活提出巨大的要求。这个方法需要时间,需要经常运用,需要远见卓识,需要事实的教育……"。儿童作为未成年人,在思维上还处于未实现系统化、理论化的未成熟状态,他们的许多想法更接近于生活本身;但又并不能过分地纵容他们,需要教师在活动的设计与实施中给予适当的指导与点拨,并且在儿童的思维角度上进行思考点拨,以提高活动的价值。

3. 研究中应习惯于"非制度性""非理论化",突破学科的逻辑界限

生活逻辑的不规则性、情景性等特点决定了思维中的直观性与发散性。活动设计中应具有"非制度性""非理论化"的思路,要运用发散性思维,以历史的眼光、从社会生活的角度突破学科界限,实现课程的综合性与生活化。

应当注意的是,这种生活逻辑并非完全排斥学科(科学)逻辑,两种逻辑互相渗透是实现学科课程与综合实践活动课程互补的重要前提。如在对海水污染情况的调查中渗透海水的化学成分研究;在对工厂排污的调查中渗透对净水知识的了解等。只是这种"研究"与"了解"不是开展活动的逻辑主线,而是在研究的过程中自然渗透的。

(二) 综合实践活动课程的设计应促进"生成"

在综合实践活动中,需要教师及学生有敏锐的眼光捕捉闪光点,而不能死板地执行"活动方案"。现实中的问题与教师的课程设计观念有密切的关系。

前已有述,目标模式与过程模式是课程编制的两种主要模式。可以说,综合实践活动课程的设计与实施更倾向于过程模式,强调生成性与开放性,强调教师与学生在课程设计的具体情景中发挥主动性,及时捕捉一些有价值的"闪光点",而从深层次、大范围进行研究。借鉴斯滕豪斯的过程模式,综合实践活动课程总体设计只需要确定一个较为宽泛的教育目标,以帮助教育者明确活动展开的总体要求,然后把更多的精力集中在过程的设计上,着重考虑活动的展开方式、活动的内容以及活动的评价等。这两种模式给实施综合实践活动课程的启示是,在设计主题活动时,既应做好活动的规划与预设工作,又要关注活动实施中具体研究的调整与生成。只有这样,课程促进学生发现问题、自主研究问题并解决问题的意识与能力等诸多目标才能实现。

可以说,生成性是综合实践活动课程的根本特征之一。它强调学生在参与的过程中积极体验,并在其中敏锐地发现问题、解决问题,从而发展其各种能力。课程生成性特点在活动设计中主要体现在以下两个方面:

(1) 活动目标的生成性。目标中的生成性是指预设目标需要在实际的研究活动中根据需要不断调整,以更好地实现活动的价值。如,在一个"压岁钱"研究小组中,原定目标是"形成节约用钱、合理消费的意识",但实际活动开展中更多的情况是鼓励学生用压岁钱来做些公益事情,鼓励学生舍得付出,舍得给予。这样,目标就应适当调整为"培养学生乐于为他人做出力所能及的贡献的意识"。如果这时的目标不适时做出调整,不能随着实际的活动情景做出反应,活动目标就很难继续发挥作用,也难以将活动不断推向深入。泰勒指出,"目标应当是清楚的,但不一定是具体的",把握目标设计中的留白艺术,对于较好地做到目标的不断生成是有积极作用的。

(2) 活动内容的生成性。活动内容中的生成性是课程生成性的最主要体现。在实施的过程中,当实际情况与预先想象的情况出现差异时,教师与学生如果一方面死死地抱住原定的内容设计不放,抱怨没什么可研究的;另一方面又缺乏对新出现的情景进行敏锐捕捉的意识与能力,就会造成许多"美丽的遗憾"。理论是僵化暗淡的,而实践是鲜活多彩的。随着活动的不断开展,会出现许多让人意想不到的情景,教师应指导学生依据实际活动中的发展表现和需求,及时调整、增加和改变主题;对于一些无意义或者经过努力仍然不可能完成的主题,要主动放弃;对于在活动过程中发现的新的、有意义的主题,应多加注意,灵活运用,充分挖掘。

正如"预设"只有在"生成"中才能体现其价值而不是累赘一样,生成性也是基于整体规划以及严密计划内的相对开放。当然,"开放性不等于'另立门户',生成性不等于'天马行空'"[1]。"拍脑袋"得出的研究内容或者方式是难以做出有价值的研究的。由于中小学生的兴趣与思维都难以较长时间地专注在一件事情上,如果活动的随意性较大,会出现频繁地更换研究内容、随意地更改目标、变动研究活动等现象,这些是不利于研究深入下去的。

生成性是综合实践活动课程的一个本质特征,是实现其课程价值的一个重要保障。对于实践中有价值的生成少而又少的现象,应当认识到生成性的实现是需要条件的。为了很好地促进活动的生成,可以从以下方面来考虑:

1. 活动设计应具有挑战性与开放性

应当说,具有挑战性与开放性是实现生成性最重要的一个条件。一个具有挑战性的活动能够引发学生进行深层次的思考,而开放性的问题可以给学生提供进行发散性思维的机会。相反,太简单,以及有着固定答案的问题是难以引起学生积极思考,难以让学生有所发现、有所创造的。如某学校的"旅游景点研究"主题活动中,在一个正在建设中的景点上,有块空地,老师请孩子们思考一下:这个地方想怎么建设?孩子们忙活开了,首先是做出了各种各样的猜测,有的说是凉亭,有的说是喷泉,还有的说是假山,甚至还有人说是陈列馆。接着老师请他们陈述猜想的理由,他们便从景点的整体设计(缺少些什么)、景点的性质(国际交易场所),以及将建景点的用途等做了分析;从网络上查找旅游景点建设大都包括哪些内容,并准备在两个星期后去访问景点的建设者。

"头脑风暴法"是这类问题常使用的讨论策略。操作方法是,首先确定一个主持人、一个记录员,其他同学在主持人的安排下发表各种意见,记录员将建议无任何选择地全部记录下来(适当地概括,并将相同的合并)。规定的时间到了之后,或者没有新意见再被提出时,停下来,对各种意见做出筛选和评价。这种方法可以给学生很大的自由空间,也给了学生多种思想在一起碰撞交流的机会,在各种讨论活动中是一种较受欢迎的方式。

---

[1] 郭元祥.综合实践活动课程的实施[M].北京:高等教育出版社,2003:222.

2. 活动设计中巧用"留白"艺术

中国艺术,无论绘画、建筑、音乐、书法,都惯用"计白当黑,虚实相生"的留白技法,而这"留白",节省了绘画者的笔墨,省却了建筑师的材料,却给了欣赏者丰富的想象。正如人人都熟悉的断臂的维纳斯,正因为失却了双臂,才表现出了无穷变幻的美,给观赏者以无尽的遐思。在综合实践活动的设计中,若能借鉴绘画与雕塑的表现手法,巧妙地使用一下"留白"艺术,将会起到意想不到的效果。在设计活动时,设计者(教师与学生)关注的焦点往往是计划的完整性、内容的充实性、环节的严密性、节奏的紧凑性等。但若能在目标设计、内容安排以及方式的选择上留有一定伸展性与弹性空间,则可以为学生进行深入思考提供机会、为其进行自主活动留有空间。

(三)综合实践活动课程的设计应促进学生的思维成长

从某种意义上来说,综合实践活动课程的设计及实施是学习方式的革命,"活动"成为课程实施的基本形式。学生需要在一系列的活动中学习知识、体验生活、发展实际操作能力以及综合思维能力等。但实践中存在活动"表面化"现象,一些活动较多注重学生外显活动方式的改进,而忽视内隐活动方式的提高,忽视对于学生思维能力的培养,使得综合实践活动课程处于较低的水平;学生看上去是形式上的活动主体,但实质上被动地受活动所牵制。比如:一些活动中教师总是要求学生进行调查、访问、制作、实验等具体活动,却往往忽视对学生进行方法方面的指导;活动较多地关注学生活动的数量、类型、频率等,强调活动中的知识含量、活动对学生的吸引力等,而不注重为学生提供思辨的空间与机会;学生间的交流大多是展示自己的做法或者作品,常仅停留在实物与现象层面,甚至有的资料只是从网络上机械下载,未经任何的加工;等等。这需要引起综合实践活动课程设计者的注意,在综合实践活动中要探求实现思维发展的活动方式。

此外,并非所有的活动都可以引起人们思维上的发展,将材料简单地下载、粘贴难以引起学生的积极思维,单一的文字、实物报告对学生的思维促进也极为有限。如何在实际的综合实践活动课程设计与实施过程中增强对学生思维能力的培养?可从两方面进行探索:

1. 通过各种形式的信息重组,将所获取的信息"概括化、言语化、简缩化"

这是促进思维发生和发展的重要途径,具体如下:

(1)文字缩写。文字缩写是信息重组的一种最简单方式,指整理收集资料时,不是机械地将信息"粘贴""堆积"到报告上去,而是鼓励学生对信息进行简单的概括加工,最后以学生自己的话将信息做出说明。如在"大海的故事"主题研究中,每次通过网络查找资料、收集到的信息可谓量大冗杂,学生习惯于将收集到的资料堆在那里,应付检查;老师似乎也是"多多益善",不去筛选、整理。而在一些主题研究中,教师指导研究小组开展"缩写小短文"活动,结果发现,学生不仅能够更好地把握信息,其概括总结能力也得到了很大发展。简单的"文字缩写"活动即让学生经历了一个将信息"概括化、简约化"的过程。在这一过程中,学生需要认真筛选、仔细揣摩,这时思维现象就发生了。

（2）运用多种方式表达自己的观点。鼓励学生通过多种方式（特别是艺术方式）来表达自己的观点，是针对学生的成果展示多是以书面报告的形式而提出的。运用多种方式来表达自己的观点可以激发学生其他方面的潜能，活跃学生的思维。如自己将收集到的资料编成故事向同学讲出来；将自己的研究结果用图表、图画等形式表示出来；将自己的研究过程与体会用话剧的形式表演出来等。通过多种手段的设计与编排，给了学生进行深层次、换角度思考的机会。书面报告是目前综合实践活动课程中成果展示使用较多的一种形式，因为它简便易行，无须费力。"当我们任意将某一或某些活动方式变为极端的时候，也就是我们不经意放弃某一或某些活动方式的时候。因为任何活动方式的讨论，都是在活动整体中发现活动方式的意义，也即是在活动方式的相互联系、相互作用中发现活动方式的价值。"[①]再如举办小辩论会，通过辩论会这一组织形式，给学生提供在辩论中开动脑筋、积极思考的机会。运用多种方式来表达同一内容是锻炼思维能力的一种有效途径。

（3）鼓励学生写好"反思日记"。综合实践活动课程是强调过程记录的，学生需要将研究过程中收集到的资料、信息记录储存起来。而要求学生写反思日记，是要求学生对所收集到的资料进行重新组织整理、将收获简单列出，对于未调查到的信息思考其他的调查方式，并对调查的过程进行收获与失误的分析、对研究体会加以整理。可以说，这是一个良好的学习与生活习惯。应当明确的是，一项活动结束后，学生所获得的收获应该包括两个方面："一个是可见的物化收获，一个是无形的精神与方法的收获。"[②]且后一种收获意义更大，是学习者可以获得持续性收获的一个重要条件。而这一收获的获得需要学生在活动中不断地进行反思，不断地总结经验、有所感悟。

2. 在综合实践活动课程实施的预设计中注重对学生思维能力培养

思维的发生作为综合实践活动课程的一个重要目标，是应当也是可以贯穿于课程实施的整个过程之中的。如：在确定主题时，鼓励学生围绕一个主题自由发问，并评选最有价值的问题。有价值的问题的提出是需要经过认真思考的，而一张照片、一次参观，即可以用来鼓励学生提问和积极思考。

（1）方案设计时，将学生的自主学习（自主设计）与合作学习（相互争论与批判）相结合。即先由学生自主设计活动方案，自主设计活动方案的过程即独立思考的过程。然后通过合作学习，请同学之间讨论完善学生自主设计的活动方案，并相互给对方提出不同意见，争当"挑刺小能手"，讨论的过程是思考的过程，"挑刺"的过程更是培养其批判性思维的一个有效途径。

（2）收集资料过程中，整合活动学习与文本学习。整合活动学习与文本学习，即在通过实践活动获得直接经验的同时，也不忽视对于文本类间接经验的获取，实现理性的实践活动。如，让学生比较一下"访谈得到的资料与网络上收集到的信息有什么异同"，"区别一下生活中的认识与书本上的介绍有些什么差异，并分析原因"等。心理学的研

---

① 李臣之.综合实践活动课程开发[M].北京：人民教育出版社，2003：204.
② 李长吉.论活动课程中的思辨[J].教育发展研究，2003(4).

究表明：文本的信息与实践活动对于人的发展都是非常重要的，它们从不同角度、通过不同的方式对人的认知发展发挥作用。实地考察、调查与访谈等是综合实践活动课程所强调的重要学习方式，是获取直接经验的重要途径，它对于具有理性认知特点的间接经验有着很好的诊释作用；而通过书籍以及网络查找资料等文本学习是一种相对间接的学习方式，它对于增加认识的深度与广度，进而提升实践活动中的经验认识、推动实践活动起着重要的作用。而且，要想让学生对自己研究的问题持续感兴趣并具有深度体验，让学生通过书籍与网络占有大量的相关资料是必要的。

应该说，思维的发生不仅是综合实践活动的一个目标，也是活动深层次展开的一种不可替代的催化剂，是活动的一种境界。有人将活动课程中的活动分成三个层面：行为层面、技术层面和思辨层面；认为思辨境界的活动可以使得行为与技术层面的活动获得提升，从而实现活动课程的本意，可以说深层次思维的发生是活动达到较高水平的一种标志。通过改变活动方式以及创设各种条件让学生的思维在活动中得到成长是综合实践活动课程的一个本质要求。

第三节　研究性学习课程设计

课程改革纲要及相应的课程标准中，要求研究性学习课程（或研究型课程）与基础性课程、拓展性课程并驾齐驱。尽管它没有具体的、统一的课程实体，却有着典型的样态，即学生从自身生活和社会生活中选择和确定专题，以类似科学研究的方式主动地获取知识、应用知识和解决问题的专题研究或课题研究。这也就是狭义上的研究性学习，即研究型课程。新课程改革以来，研究性学习课程的样态已突破了狭义的专题研究，而不断地在具体的学科中渗透，体现出"研究性学习走进学科课堂"的趋势。研究性学习自从提出，人们就在两个层面上实践着它，即独立于学科的专题（主题）研究与在学科中的渗透。不同的学校有不同的做法，有的是二者兼顾，有的是二者并列。

一、研究性学习课程及其意义

（一）研究性学习课程及其特点

"研究性学习课程"或"研究型课程"是新课程改革中所探索形成的一类新型课程形态，其名称有诸如"跨学科研究活动""探究课程""探究型学习活动""自主性研究活动""课题型课程""研究型活动课""开放性主题活动课程""研读课程"等。一般认为，研究性学习课程是指以培养学生创新精神、研究能力和实践能力为基本目标，以从学习生活和社会生活等各个方面所选择和确定的研究（探究）专题或项目为基本内容，以学生个人或小组合作方式进行自主学习或研究性学习为基本学习方式的课程。

研究性学习课程与综合课程有着内在的联系，它不属于某一门学科，是跨学科的、综合了各门学科知识的课程，但它又不同于综合课程。虽然在很多情况下，它涉及的知识是综合的,但它并不是几门学科综合而成的课程。研究型课程与活动课程亦有着内在的联系,它是以学生为主体、学生开展自主活动的课程,但它又不同于活动课程。它不是一般的活动,而是以科学研究为主的课题研究活动;虽然它以问题为载体,但不是接受性学习,而是以研究性学习为主要学习方式的课程。

根据上述的界定和讨论,可以看出,研究性学习课程具有以下的特点:

(1) 研究性学习课程的主要目的不是理解前人已发现的知识,而是让学生进入主动探索知识的过程。

(2) 研究性学习课程的具体内容不是由专家、教师事先选择组织起来的,课程的选择、组织编排是在教师、学生与学习探究的对象三者之间的交互作用下完成的,因而学生的学习过程与课程内容的建构过程是统一的、同步的。

(3) 研究性学习课程的综合性既表现为它的跨学科性,也表现为单科课程学习中学科内系列知识的综合运用和能力培养的综合性。

(4) 研究性学习课程在其学习活动展开的过程中,特别强调创设有助于探索研究的开放的情景和途径,从而使学生能围绕主题主动地搜集信息,加工处理信息,进而解决问题。

(5) 研究性学习课程特别重视学生实践,尤其重视社会性实践的重要地位。

(二) 研究性学习课程的意义

在我国全面推进素质教育、加速课程发展的大背景下,各中小学注重开设研究性学习课程,其意义主要有:

(1) 实施以提升学生创新精神和实践能力为重点的素质教育,需要相应的课程。研究性学习课程正是以培养创新精神和实践能力为基本目标的课程,因而研究性学习课程最有利于培养学生的创新精神和实践能力。

(2) 研究性学习课程有利于转变学生的学习方式和教师的观念及行为方式。研究性学习课程的设计和实施强调学生采用研究性学习方式,主张通过主动的探索、实践、发现和体验,以培养学生的科学精神、创新思维、搜集处理信息及分析解决问题能力。着眼点既是在转变学生学的方式上,着力点又是在转变教师教的观念和教的方式上。

(3) 研究性学习课程有利于学生自主学习,从而开发学生的潜能,发展学生的个性。研究性学习课程不是以接受性学习为主,而是以研究性学习为主,强调学生自主学习的过程。学生在学习过程中从提出问题、设计方案到探索研究、解决问题都是自主操作,处于自觉主动地位,这最充分地发挥了学生的主体作用。学生在课题研究等自主学习中,激发求知欲,发挥聪明才智,释放潜能,从而能生动活泼、积极主动地得到发展。同时,学生的自主学习可根据自己的兴趣爱好,自主选择课题,自主独立地进行研究,从而能充分发挥自己的特长,发展自己的个性。

(4) 研究性学习课程有利于知识和能力的综合以及理论与实践的结合。研究性学习课程研究的问题是综合的问题,必须综合各方面的知识才能解决。学生在学习的过程中要自己去尝试、探索、研究和实践,要进行比较、分析、综合、判断、演绎、归纳、想象和创造,还要动手进行各种操作以及与他人交流、协作等,也就是说要综合运用各种能力才能解决问题、学好课程。另外,学生通过研究性学习课程的学习,既可获得一些间接经验,更可获得较多的直接经验;既可通过课堂学习,也可在现实生活和实验活动中进行各种体验,从而实现理论与实践的结合。

二、研究性学习课程实施的问题及体系构建的要求

(一) 研究性学习课程实施的问题

无论从理念还是从实践上说,研究性学习对广大的中小学教师而言,都是一种较新的事物,既没有成熟的经验,也缺少可直接参照的摹本,特别是基层学校缺乏相应的基础,致使研究性学习在实施的实践中存在一些问题。这包括:

1. 结果导向误区

对研究性学习的定位不清,会导致许多形式主义上的短期行为。主要表现有:关注少数出色同学的课题探究,忽视大多数;停留于成果的汇报,忽视对过程的辅导;为研究性学习而研究性学习,忽视研究性学习对其他课程学习的潜在意义和渗透作用;注重报告的撰写和最后的结果,而不关心学生实质性的感受和实质性的收获;关注小组的作业,忽视个人的表现。

2. 选题方式问题

多数学校鼓励教师和学生共同发现和提出题目,开发题库,供学生自由选择,而没有什么限制,这有利于开发师生的潜能、发挥师生的积极性。"提出一个问题往往比解决一个问题更重要,因为解决一个问题也许仅仅是一个数学上的或实验上的技能而已,而提出新的问题、新的可能性、从新的角度去看旧的问题,却需要有创造性的想象力,而且标志着科学的真正进步。"[①]当然,这种问题必须是真正的问题且要对学生的现有解决水平构成真正的挑战,学生为找到解决问题的方法,必须有意识地做出相应的努力。一般而言,对师生提出的"问题"的性质要加以限定,应坚持三条标准:

(1) 课题的确立到解决之间要存在着可供研究的空间,不能是可以直接从网上下载而不需要思考的信息式问题,也不能暗示了某种解决方式或基调。也就是说,课题本身不能预示着预定的答案,而需要对知识的复杂性和模糊性进行探讨。

(2) 对课题的研究要有利于学生获得多方面的积极体验,包括信息技术的运用、观察、访谈等多种研究方法。

(3) 课题要适合学生已有的知识、能力或技能方面的基础,即具有学生参与研究的可行性。研究性学习的课题到底应该是什么样的,并没有一个截然的非此即彼的裁判标准。而且,课题研究的效果也不仅仅是题目方面的问题,更重要的是学生采取什么样

---

① [美]爱因斯坦,[波]英费尔德. 物理学的进化[M]. 周肇威,译. 上海:上海科学技术出版社,1962:66.

的态度和方式来学习和研究这一课题。所以,理想课题与非理想课题的区分只是相对而言的,即使像"改革开放以来的江苏中小学教育"这类题目若采取"口述史"或其他有别于"图书馆研究""书本材料研究"的方式来研究,也是有价值的。但这类题目以及"艾滋病及其预防"等题目,或者是没有为学生提供一定的研究空间,或者是没有为学生提供参与研究的可行性,反而会误导学生去网上或书本中抄一抄材料、再加以编辑就了事。这样,为了使学生的学习和研究具有一定的深度、真正导向高级思维,至少在课题的设计上不能暗示学生仅仅去摘录一定的资料,以为这就是研究。

3. 活动组织的设计问题

小组合作是目前学校所普遍采取的活动方式。但这种合作在一些情况下要么是局部的或枝节性的分工,没有体现研究的全面性和全程性;要么是"基于分工的小组",组内不同成员角色不同、所承担的工作职责也非常不同,如有些人专门负责做记录,有的专门查资料,有的则负责最后研究报告的撰写,而不是实质性的小组合作,即小组其实是一种学习共同体,每个成员都必须在其中承担起实质性的研究任务。上述的情况,对大多数学生来说,其高级思维能力就没有得到比较充分的发展。这就使得一些学生在行为上参加了这种学习活动,即在表面上看来是"参与"(student involvement)了,但并没有实质性的"投入"(student engagement)。必须强调,只有实质性的投入才与学生的高层次思维发展有关。

(二) 研究性学习课程内容体系构建要求

一般而言,研究性学习课程内容体系的构建应注重以下的要求:

1. 人本性要求

即研究性学习课程内容的选择和组织都要注重以学生为本,全面围绕学生的发展。学生的兴趣、经验以及年龄特点都是研究性学习课程内容选择及课程组织需关注的因素。

2. 社会性要求

即研究性学习课程的内容选择及课程组织必须体现社会发展的要求,符合社会的需要,与现实生活相结合,强调实际应用。课程选择上要注重其与时代及现实生活的密切联系,如人口、环境、资源、生态等都可作为研究型课程的内容。

3. 综合性要求

即围绕某个专题组织多方面或跨学科的知识内容,以利于学生对多学科、多方面知识的融会贯通和多角度、多层面地思考问题。

4. 实践性要求

研究性学习课程内容以直接经验为主,而直接经验主要通过实践习得。因此,必须高度重视组织学生的实践活动,使学生通过课题研究的实践活动以获得创新、创造等体验,并在此基础上将其内化为学生的心理特质。

5. 结构化和模式化要求

研究性学习课程同综合课程等一样,也必须形成自己的结构体系。这须根据其目标找出其组成要素,再考虑各种不同的组合方式并进行选优,从而形成其体系。研究性学习课程的组织模式常见的有:"概念中心模式"——以所选择的一些基本概念为中心组成总体结构而形成课程体系;"主题中心模式"——围绕所选择的一些主题形成基本框架并组织课程内容;"方法和过程中心模式"——以方法和过程为线索而将有关知识串联在一起并形成体系;"问题中心模式"——以社会、生活或科学问题为中心,以解决问题的逻辑顺序为线索组织课程内容;"心理学模式"——以某种心理学理论为指导而组织课程。中小学不同的阶段所采用的课程组织模式是不同的,这需要从实际出发。

6. 开放性和弹性要求

即在研究性学习课程主题的确定、研究视角的选择、方法的运用、时间的安排以及结果的表达等方面,都应有相当大的灵活度,以留给学习者、指导者个性和才能发挥的足够空间。不同的学校、不同的教师、不同的学生可以有不同的具体内容。此外,课题的难易程度都应留有一定的弹性。

三、研究性学习课程一般的实践形态

(一) 渗透学科内的研究性学习

所谓渗透学科内,有两种含义:一是在学科领域内,选择与本学科有关的课题来探究,或者通过学科教学活动,生成具有一定的复杂性和模糊性的问题,让学生探讨或研究。二是在学科教学中贯穿研究性学习的思想,充分发挥学生学习的积极性、主动性。这种学习活动类似于以往的发现学习,但它不是对预定结论的再发现,而是通过讨论等探讨有一定的开放性和模糊性的问题。这两种形式都有助于把研究性学习与本学科的知识和方法结合起来,在提高学生研究能力的同时,深化学科知识的学习。

非课题化的学科内研究性学习,旨在改变课堂上学生被动的学习方式,让学生充分开动脑筋,但并没有比较规范的探究步骤;而课题化的学科研究性学习,与目前研究型课程中的专题研究一致,只是课题的来源不同而已。这一类型的研究性学习往往与过去的学科兴趣活动有很大的关系,可以说它是学科兴趣活动的深化或提升。这类研究性学习往往由本学科的教师或专家作为导师,选题的范围比较明确,研究过程中所借助的资源也比较稳定,因此操作起来比较简单,受到的限制条件比较少也不至于在时间、内容等方面,与学科知识的学习产生太大的冲突,因而易于实施。

(二) 研究型课程中的专题学习

如果说学科内的研究性学习是从学科到问题,那么研究型课程中的专题学习活动就是学科外的或跨学科的研究性学习。它没有学科定向,只有问题,而且并不在意这种问题究竟属于哪一学科,学科知识如果说有用也只是作为一种解决问题的资源而存在,而解决问题的资源往往又不限于学科知识。因此这种类型的研究性学习的探究活动往往超出学科之外,甚至是跨领域的,涉及的范围更为广泛。它选题较广泛,课题的来源往往不是来自学校,而是来自生活或社会;相应地,指导人员往往也不限于学校教师,甚

至也不只是某一方面的专家,而往往需要多方面合作。这种类型的研究性学习比较复杂,以致不少教师和校长反映,无论就设施条件而言,还是就教师的能力而言,学校往往难以胜任这种指导。可见,这种研究性学习对现有学校教育的挑战很大,然而,学生对这种研究性学习的兴趣往往更大。

资料链接6-1:基于学科的研究型课程设计

本章小结

学科课程作为教育和课程的一种人为选择,具有历史演进的必然性,它是人类教育发展历史的选择,同时又具有现实存在的合理性。对学科课程设计进行分析,以提升学科课程品质是现时代课程理论与实践乃至课程改革必须关注和研究的重要课题。

实施中的综合实践活动课程,许多仍处于自发盲目状态;活动常常只是局限于某一个学科领域,不能实现跨学科的整合,造成课程的"学科化"倾向严重;课程的生成性在实施中较难体现,对于那些非预设的、方案上没有的问题,教师与学生亦少顾及;调研中发现,教师进行活动设计缺少理论依据,较多根据学生的兴趣决定活动内容,根据感觉确定活动目标,根据"便于操作"选择活动方式;活动目标难以实现,学生遇到困难易放弃、退缩;活动方式常限于查阅图书资料及简单的参观浏览;等等。对于综合实践活动课程的设计,已是中小学教师专业发展需特别着力的重要领域。

课程改革纲要的要求中,研究性学习课程(或研究型课程)与基础性课程、拓展性课程并驾齐驱。尽管它没有具体的、统一的课程实体,却有着典型的样态,即学生从自身生活和社会生活中选择和确定专题,以类似科学研究的方式主动地获取知识、应用知识和解决问题的专题研究或课题研究。这也就是狭义上的研究性学习,即研究型课程。目前其样态已突破狭义的专题研究,而不断地在具体的学科中渗透,体现出"研究性学习走进学科课堂"的趋势。研究性学习自从提出,人们就在两个层面上实践着它,即独立于学科的专题(主题)研究与在学科中的渗透。不同的学校有不同的做法,有的是二者兼顾,有的是二者并列。

复习与思考

1. 如何理解学科课程、综合实践活动课程和研究性学习课程在新课程中的地位及相互关系?

2. 当前学科课程、综合实践活动课程及研究性学习课程的设计存在哪些问题?结合对教育现实的了解,谈谈你的认识。

3. 以所学专业方向的课程科目为对象,设计综合性的课程结构体系。

第七章
课程实施方式及策略设计

本章学习资源

※ 本章导航

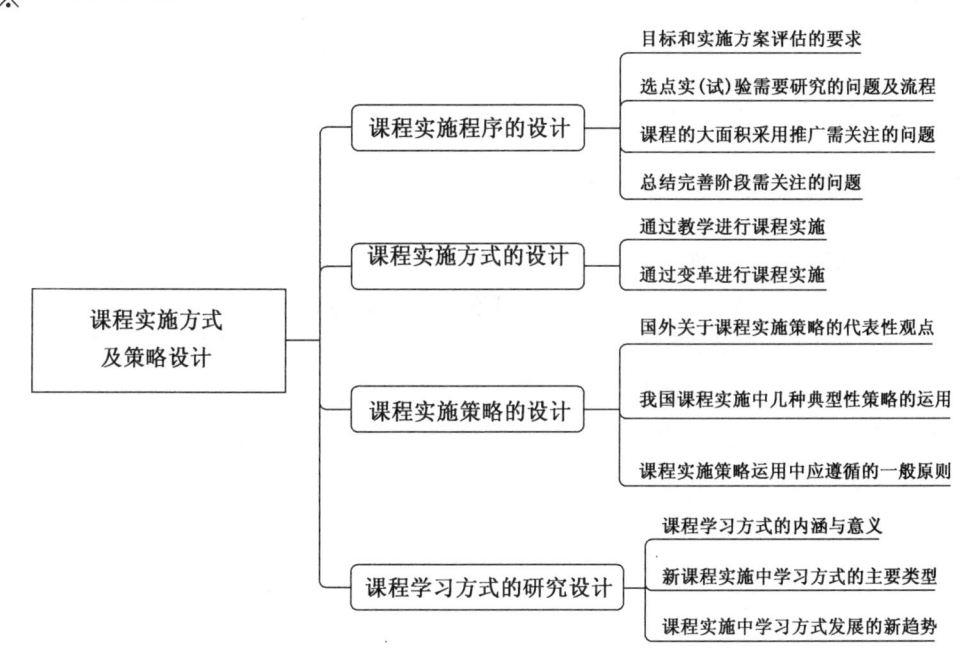

```
                                          ┌─ 目标和实施方案评估的要求
                      ┌─ 课程实施程序的设计 ─┼─ 选点实(试)验需要研究的问题及流程
                      │                    ├─ 课程的大面积采用推广需关注的问题
                      │                    └─ 总结完善阶段需关注的问题
                      │
                      │                    ┌─ 通过教学进行课程实施
                      ├─ 课程实施方式的设计 ┤
   课程实施方式        │                    └─ 通过变革进行课程实施
   及策略设计 ────────┤
                      │                    ┌─ 国外关于课程实施策略的代表性观点
                      ├─ 课程实施策略的设计 ┼─ 我国课程实施中几种典型性策略的运用
                      │                    └─ 课程实施策略运用中应遵循的一般原则
                      │
                      │                      ┌─ 课程学习方式的内涵与意义
                      └─ 课程学习方式的研究设计┼─ 新课程实施中学习方式的主要类型
                                             └─ 课程实施中学习方式发展的新趋势
```

※ 学习目标

1. 知道课程实施的一般方式；
2. 掌握课程实施策略运用的原则要求。

※ 学习重点

知道课程实施的两种方式，明确课程改革的一般程序，理解课程和教学整合的基本要求，掌握课程实施策略运用的原则要求。

※ 学习难点

理解课程实施的方式以及掌握如何设计一个完善的实施方案。

159

课程实施是课程实践和发展系统的重要环节和阶段。理想的课程组织设计必须付诸实施,才能体现其价值。通过规划、设计而形成的课程方案或计划,只有进入实施阶段,才能成为实质意义上的课程。越来越多的事实表明,课程实施的质量直接决定课程改革发展的成效。而要提高课程实施的质量,就必须明晰课程实施的程序、方式、策略及有代表性的学习活动方式,而这些也都需要精心和科学的设计。

第一节 课程实施程序的设计

在课程教学的过程中,不同类型课程的实施,其程序是会有一定的差异性。但一般而言,课程的实施通常包括的一般程序有目标和实施方案评估、选点实(试)验、课程的大面积采用推广、总结完善等。[1]

一、目标和实施方案评估的要求

(一)目标和实施方案评估及其意义

在课程实施之前,课程实施的主导者如教育行政部门应组织由行政领导、专家、基层学校校长和教师代表、相关社会人士等组成的课程实施评估组,对课程的目标、构成要素、内容、呈现形式、组织结构等进行评估。这也叫前馈控制,即在正式活动开展之前,通过对预期活动的反馈调节以控制活动的质量。工业界和科技界称这种做法为原型评价,即在新产品试产或投产前进行有关评估,以确定新产品生产的可行性和有效性,从而保证批量生产时的质量。通过课程实施前对课程目标、要素、内容、形式、组织结构等的评估,从而能及时有效地发现和修正问题,调节和完善计划。课程实施前的目标、计划等的评估,对保证和提高课程实施质量的意义是重大的。

在此步骤中,尤其要关注课程目标的评估。因为在课程实施过程中,课程目标是课程活动的蓝图,是教育工作的指南,也是衡量课程最终质量的准绳。一定的课程目标是一定的教育价值观的体现,是一定的教育思想的反映。因此,在课程编制了实施方案之后,人们就进入了对课程目标的评估。

(二)课程目标评估的要求

从涉及课程计划的技术层面上来说,课程目标的评估更要注重以下几个方面的要求:[2]

1. 课程目标总和与培养目标的一致性

教育实践表明,任何学校的人才培养目标总是要通过课程来实现的。课程目标是

---

[1] 顾书明.现代课程理论与课程开发实践[M].北京:人民出版社,2008:243-247.
[2] 陈玉琨,等.课程改革与课程评价[M].北京:教育科学出版社,2001:158-160.

否覆盖了学校培养目标,这对于培养目标能否落实有重要影响。

在课程计划评价中,课程目标总和与培养目标的一致性可从两个方面加以考察:

其一,课程目标总和覆盖培养目标的全面性。课程目标总和覆盖培养目标的全面性首先要求培养目标的全面性。全面发展的教育需要全面性的培养目标,目标不全面就很难造就全面发展的人才,这是培养目标必须全面的原因之一。此外,培养目标之间相互支持的特点也决定了培养目标必须是全面的。在培养目标的系统中,有些子目标就其自身的价值来说可能并不高,但从教育过程的观点来看,缺少这些子目标,目标系统就不完备,或者更准确地说,有些较重要的子目标的实现是以较不重要的子目标的实现为前提的。如果在目标系统中由于某些较不重要的子目标得不到充分的实现,而使另一些较重要的子目标的实现受到较大程度的影响,则称这个目标系统是不全面的。

然而,培养目标总是要通过一定的课程来加以实现的。如果一培养目标的体系或目标体系中的一部分目标没有一定的课程来加以实现的话,这个目标体系或其中部分目标就很可能是名义上的目标。因而,培养目标的全面落实需要课程目标在总体上全面覆盖,而不能有一部分培养目标游离在课程目标之外。

其二,课程目标总和覆盖培养目标的冗余度。与此相反的另一种情况是课程目标总和超过了培养目标。培养目标的确立是建立在对学生现有水平和发展规律的研究基础上的。课程目标总和超过了培养目标意味着人们拔高了培养目标。随意拔高培养目标,在教育过程中,往往是造成学生负担过重的重要原因,对大部分学生身心发展会产生不利影响。"过犹不及"就是这一道理。在我国,课程目标总和覆盖培养目标的冗余度过高是较为普遍的现象,在评价课程计划目标时,对这一问题要给予特别的关注。

2. 课程目标实现的可行性

一个目标的建立,不仅要研究它的必要性,而且还必须考虑它的现实可行性。所谓现实可行性就是说它在学校教学教育活动中是现实可行的,是符合学校的客观基础、具有客观条件保证,是能为教职员工所理解、接受并能在实际工作中得到落实的。

同时,课程目标也必须是充分考虑学生在该领域发展的实际水平和符合学生身心发展规律的。如果一课程体系在一门或多门课程上,其目标超出了学生现有的基础,脱离了学生发展的实际水平,或者违反了学生身心发展的客观规律,那么这一课程目标或这一目标体系是不具有可行性的。

3. 课程目标表述的准确性

一般而言,教育目标在表述中要注意以下几个基本要求:其一,教育目标的行为主体必须是学生而不能是教师或教育工作者。其二,教育目标只能用教育活动的结果而不能用教育活动的过程或手段来表述。其三,教育目标的表述必须是确定的而不能是模棱两可的。其四,对于用于评价和检查教学效果的具体目标来说,行为化的教学目标的行为动词必须是具体的,而不能是抽象的。上述关于教育目标表述中需要注意的问题,同样也是课程目标表述时需要予以关注的问题。换言之,只有课程目标的表述符合上述四点要求,这样的课程目标表述才是准确的。

自然，在对课程目标进行评估的同时或紧接其后的，是对课程实施方案，其中特别是课程内容及呈现形式和组织结构等的系统的评估。

二、选点实(试)验需要研究的问题及流程

(一) 选点实(试)验需要研究的问题

选点实(试)验即选择有关区域、学校、年级、班级等进行有关课程实施的实验，是组织有关的课程教学、进行总结、获得经验，并进行有关的调研，从而获得对课程实施真切而全面的认识，形成下一步大面积采用推广课程的较为完善的整改意见。这种选点试验规模较小，涉及的人数较少，消耗的课程资源亦较少，但试验的条件应精心地选择和控制，以便于分析研究。

选点实(试)验中，要考察和研究以下几个问题：① 在特定环境中成功实施课程的基本条件；② 在控制条件下课程实施有可能达成的最佳目标程度；③ 有可能出现的最坏情况及应对措施；④ 学生对课程实施的欢迎程度及适应程度；⑤ 教师在课程实施中的努力程度及适应程度；⑥ 大面积采用推广课程时还会遭遇的问题等。

(二) 选点实(试)验的基本流程

除了需要关注上述问题之外，在选点实(试)验过程中，实施主体还必须掌握选点实(试)验的基本流程。一般而言，选点实(试)验的基本流程大致包括以下几个步骤：第一，课程实验教师和实验学生的选取与分配；第二，课程实验的前测；第三，课程实验变量的操作与执行；第四，课程实验情境的控制；第五，课程实验的后测；第六，课程实验数据、资料的记录和积累。

(三) 选点实(试)验保障体系建设的内容

在明晰了选点实(试)验程序的基础上，选点实(试)验要想真正取得理想的效果，还必须加强课程实验的保障体系的建设。

课程实验保障体系的建设一般包括以下基本内容：其一，建立课程实验的组织领导机构；其二，培训实验教师；其三，建立课程实验学习研究制度；其四，在学制与考试制度上给予适当支持；其五，各类人员要保持科学的实验态度。

在上述条件都具体落实之后，就有必要对选点实(试)验的效果进行评价。可以说，课程实(试)验评价是课程实验的重要问题之一。课程实(试)验评价既是课程实验一个完整的过程的终点，又是课程实验进一步深入发展的起点。它对保障选点实(试)验的成功进行具有极为重要的价值。

三、课程的大面积采用推广需关注的问题

这里所谓的课程大面积采用推广也是因课程的类别不同而有异的。如国家课程、地方课程和校本课程，其实施采用推广的范围当然是不相同的。其中需要特别关注的

问题或工作包括：

（一）课程实施主体的教育培训

在这个阶段，对所有课程实施主体进行理解与认同课程的教育培训是必不可少的。各级课程管理机构要通过切实有效的教育培训使有关成员都能成为课程实施自觉而主动的主体。尤其要注意加强对教师的培训。因为众所周知，教师是课程改革的主力军和生力军，其素质高低直接决定课程实施的水平和效果。

自然，对教师的培训在不同的地方还存在一些需关注的问题：

其一，许多教师对课程改革与教师培训认识或许不足。一些教师在长期的教育教学工作中，已经习惯于传统的教育教学方法，对新课程改革的理念与策略认识不足，甚至对课程改革还有拒斥心理。同时，他们对教师培训本身的价值与意义也认识不足，这就在思想层面，对课程改革产生了很大的阻力。

其二，教师培训课程及教材难以适应新课程的要求。新课程有新的课程标准、新的培养目标、新的教学方法、新的评价模式，原有的培训教材对教师进行培训当然难以适应新课程的要求。

其三，培训师资队伍素质不能满足要求。课程改革的教师培训不同于以前的教师进修学习，培训师资队伍的素质不能满足要求，是制约教师培训的瓶颈之一。因此，培训队伍的建设急需跟上，相关教育行政部门要精心组织骨干力量，组建专职培训队伍，以尽快实现各级培训。

提高教师培训的水平可以采取的措施有：第一，更新思想、树立系统科学的新课程改革理念；第二，实现学历培训向能力培训的转变；第三，更新教师培训内容；第四，革新教师培训的手段与方法；第五，建立、健全培训管理制度。

（二）注重课程领导者的作用

在课程的大面积采用推广阶段，课程领导者的作用也是十分重要的。此时，课程领导者所做的事情更多的是提供条件、咨询指导和协调帮助。课程领导者通过指导性报告、工作分析、个别提示等方式给课程实施者以切实的理论和实践的帮助，从而使课程实施者提高水平、把握好工作的同时也把握好自己。当课程实施中出现矛盾和问题时，课程领导者则能进行有效的协调和帮助，以保证课程实施的顺利进展。当课程实施进展到一定阶段时，课程领导者则要组织课程实施人员的自查以及聘请有关课程专家和社区人士等进行阶段性质量检查，并进行相应的总结分析，从而进行必要的反馈调节和质量控制。

四、总结完善阶段需关注的问题

当课程实施告一段落以后，则必须进行全面而系统的总结以进一步改进和完善课程，同时也提升课程实施主体自己的水平。总结研究对课程实施是非常必要的。当进行课程的规划、设计而形成课程的实施方案或计划时，这只是对课程未来的设想，而当进行总结时,则很多以前的设想已成了经历的过程,因而总结是对实施过程的回顾。

课程实施的总结研究需要考察的问题有:① 课程实施的进程哪些是其主要环节?② 在这些环节上,我们抓住了什么?我们失去了什么?③ 就整个课程的实施,我们取得的主要成绩是什么?我们的欠缺或失误是什么?其原因是什么?④ 课程实施主体的各成员在课程实施中哪些表现较突出、适应性较好?哪些表现(或努力程度)不够、适应性较差?各自的素质如何?⑤ 我们对课程实施的最为深刻的规律性的认识是什么?

通过上述问题的分析研究,从而辨优劣、分主次、寻联系、定因果、找规律,使课程实施总结的过程成为课程实施主体的思维发展过程,在促使完善课程的同时,也促进着课程实施主体的思维的升华和水平的提高。

第二节　课程实施方式的设计

在明晰课程实施基本程序的基础上,为了使课程实施能真正取得理想的效果,还必须加强对课程实施方式的研究与设计。一般而言,课程通常可以通过两种方式予以实施:一是通过教学进行课程实施,一是通过变革进行课程实施。下面分别就这两种方式展开论述。

一、通过教学进行课程实施

(一) 课程与教学的关系

关于如何看待课程与教学之间的关系的问题,美国学者塞勒(J. G. Saylor)等人提出的三个隐喻可以帮助我们思考和考察这个问题的实质。①

隐喻一:课程是一幢建筑的设计图纸;教学则是具体的施工。作为设计图纸,会对如何施工做出非常具体的计划和详细的说明。这样,教师便成了工匠,教学的好坏是根据实际施工与设计图纸之间的吻合程度,即达到设计图纸的要求来衡量的。

隐喻二:课程是一场球赛的方案,这是赛前由教练员和球员一起制定的;教学则是球赛进行的过程。尽管球员要贯彻事先制订好的打球方案或意图,而达到这个意图的具体细节主要由球员来处理。他们要根据场上具体情况随时做出明智的反应。

隐喻三:课程可以被认为是一个乐谱;教学则是作品的演奏。同样的乐谱,每一个演奏者都会有不同的体会,从而有不同的演绎,效果也会大不一样。为什么有的指挥家和乐队特别受人欢迎,主要不是由于他们演奏的乐曲,而是他们对乐谱的理解和演奏的技巧。

上述三种隐喻,从不同视角反映了课程与教学的三种关系。除了塞勒等学者关于课程与教学的三种关系的代表性观点之外,学界普遍存在着一种整合的观点,即倾向于

---

① J. G. Saylor et al. Curriculum Planning for Better Teaching and Learning[M]. Thomson Learning, 1981: 258.

把课程与教学作为一个整体来看待。

一般而言,课程与教学的整合,主要从以下两方面来做:

首先,要把教学作为课程的开发过程。在以往的教学实践中,课程一般会被理解为官方课程文件,教学也主要被看作落实"制度课程"的重要途径。于是,课程与教学就成为彼此分离的两个领域。课程是官方制定的,教材是专家编写的,教学的过程就是忠实而有效地传递课程的过程,二者之间的关系变成了单向的线性关系。在这种情况下,课程不断地走向孤立、封闭和萎缩,而教学也显得死板和沉闷,师生的生命力和主体性难以发挥,课程失去活力。而如果把教学作为课程开发的过程,则教学不再只是忠实地实施课程计划的过程,而是成为课程知识的建构与开发过程。教学是课程开发的过程,是具有社会历史特性的教学事件;教学是课程开发的过程,是师生共同创生课程的过程。于是,课程与教学便开始由"专制"走向"民主",由封闭走向开放,由专家走向师生,并且在相互转化、相互促进的过程中彼此有机地融为一体。

其次,要把教学作为课程的体验的过程。课程不只是"文本课程",而更是"体验课程"。这意味着,课程的内容和意义在本质上并不是对所有人都是相同的。在特定的教育情境中,每一位教师和学生对给定的内容都有其自身的理解,对给定的内容的意义都有其自身的解读,从而对给定的内容不断进行变革与创新,以使给定的内容不断转化为"自己的课程"。换言之,在课程实施的语境中,客观上要求教师在课堂教学的过程中,不应该仅仅局限于课本,要让学生用自己的直接经验和参与性活动理解知识、体验课程;要尽可能地拓展学生的视野和知识范围,给学生补充一些相关知识,或启发学生思考、讲述教材外的相关知识。

(二)通过教学进行课程实施的基本要求

教学是课程实施的基本途径与重要方式。它包括将课程方案的精神与课程标准的要求转化为教学设计,根据课程改革理念设计教学目标、处理教学内容、选择教学方法、设计评价方式。课程改革需要教师转变传统的课程观、知识观、学习观,转变角色,形成新的教学行为与教学方式。例如:从知识的传授者转向学习的促进者;从经验型教师转向研究型教师;从课程的执行者转向课程的开发者;从封闭型教师转向开放型教师。

同时,转变学习方式。即改变单一的记忆、接受、模仿的被动学习方式,通过主动参与、亲身实践、独立思考、合作探究进行学习。学习方式变革包括:由被动学习转向主动学习;由接受学习为主转向接受学习与探究学习并重;由封闭式学习转向开放式学习;由单一学习方式转向个性化、多样化学习方式。通过学习方式的变革,形成搜集和处理信息的能力、获取新知识的能力、分析和解决问题的能力,以及交流与合作的能力。

(三)课程实施中的教学方法变革

课程改革的核心环节是课程实施,而课程实施的基本途径是教学。而在教学活动中,决定教学活动成效的因素很多,其中教学方法是影响教学有效性的关键要素之一。为

了适应课程改革的现实需要,当代教学方法亦表现出如下一些新的变革特点和趋势:①

(1) 心理学的研究成果已成为现代教学方法发展的重要基础和前提,教学方法的发展与教学实验紧密结合,且注重用系统整体的观点研究教学方法理论。

(2) 重视学生学习的主体性,即注重激发和保持学生学习的动机和兴趣,尊重学生主动学习的地位,使教学的过程成为积极学习、能动发展的过程,并重视其过程中的体验和自由个性的实现。

(3) 重视学生知情智力的统一。知情智力即认知智力和情感智力。现代教学论提出了"情感智力"的概念。这样,智力就不仅仅是认知性的,情感也是智力。而且强调认知实质上是情感的,情感实质上也是认知的,智力就成了认知智力和情感智力统一,就把智力和情感统一起来。教学方法上就改变了讲授法、实验法、研究法等一味流行的情况,而发展了陶冶法、传授—接受教学、问题—发现教学、研究—讨论教学等教学方法及其组合。

(4) 更重视学习方法并加强其研究。现代教学更强调"教的本质是学法"的观念,并注重学习方法的研究和应用,如发现学习、掌握学习、自学辅导、学导式等都是其研究成果。

(5) 重视现代教育技术的应用,教学方法的技术化成了世界范围的一种基本趋势。

另外,从课程实施的角度,教学方法变革所表现的趋势又有:

(1) 课程实施中更为关注学生,具有鲜明的"学生立场"。教学方法的选择充分考虑学生的年龄特点、心理特征及认知风格,力图最大限度地促进学生主动、健康地发展。

(2) 课程实施中更为加快教学方式由"灌输式"向"对话式"的转变。教学中"对话"的内涵极其丰富,它既包括教师与学生之间的对话,也包括学生与学生之间的对话;既包括教师与文本之间的对话,也包括学生与文本之间的对话。

(3) 课程实施中更为注重建构平等、互动、共同发展的师生关系。在传统教学中,人们往往把教师看作知识的权威与化身,学生是知识的容器;提倡师道尊严,强调学生对教师的绝对顺从。这样,师生之间完全处于一种不平等的关系之中。而现代教学则认为教师是学生学习活动的组织者、促进者和引导者,学生是学习活动的主体,具有学习活动的积极性和创造性。他(她)可以在已有知识经验的基础上建构知识,而不只是被动地接受知识。

二、通过变革进行课程实施

(一) 变革的本质与动因

变革是事物渐进地改变自身性质的过程。课程变革的本质一般是指课程的某种变革、改革或变化。理解课程变革的本质,关键是理解变革与改革两个概念的内涵。利思

---

① 顾书明.教育学[M].徐州:中国矿业大学出版社,2000:322-323;黄甫全,王本陆.现代教学论学程[M].北京:教育科学出版社,1998:257-259.

伍德(Leithwood)认为,课程指的是有关教育学生的经验,其涵盖教育哲学观、价值观念、目标、组织结构、材料、教学艺术、学生实践、评估以及学习结果等。富兰(M. Fullan)引用利思伍德对课程的定义,认为上述课程诸方面发生的任何课程变化都可称为课程变革。课程变革的含义在小的方面可以指单一学科的变化(如新的阅读计划的改变),在大的方面可以指综合性变动(如对某一年龄阶段的儿童实施教育的综合规划)。这样,课程变革可以指教学本身或课程教学在教育安排的条件下所发生的一切变动。由此可见,课程变革涉及课程与教学领域的一切变动。但无论多么宽泛,有一点是必须明确的:课程变革对于被其影响的人来说一定要产生某种新意,否则不能称其为变革。

在当前,我国课程变革正处于快速发展之中,之所以进行这样规模宏大的课程变革,是因为如下的社会历史动因:一是国际化的背景。由于经济全球化、科技信息化以及追求人的个性化等的时代趋势,课程变革已经成了国际性的趋势。我国自然要顺应潮流,进行变革。二是素质教育不断发展的客观需要。素质教育客观上要求进行课程变革,要求从知识与能力、过程与方法、情感态度与价值观等多维度来促进学生健康主动地发展。三是减负增效的需要。基础教育改革发展的一个重要的任务就是减负增效,为此就必须进行课程变革,以为各类教育教学活动相关主体缓解压力,增加实效。四是摆脱人类生存与发展危机的现实诉求。当前人类的生存和发展面临严重的挑战。主要指人类目前面临的诸如政治经济的变局、生态环境的恶化、自然资源的短缺、人口迅速膨胀等威胁着人类自身生存和发展的一系列重大问题。除了人与自然和谐关系被破坏之外,由于工具理性对价值理性的长期压制,人类生存和发展的困境还表现为人的精神力量、道德力量的削弱或丧失,而这恰恰是现代科学技术或物质力量无能为力的事情。要使人类真正摆脱上述困境,课程就必须进行变革,通过课程变革,对学生加强人与人、人与自然关系的正确认识,从而使学生形成人与人、人与自然的正确认知。

(二) 变革的模式

在明确了变革本质与必然性的基础上,还必须清楚课程变革的主要模式。关于变革的模式,主要有以下三种典型模式:[1]

1. 消除变革抵制的模式(ORC 模式)

这个模式基于这样一种假设:有计划的课程变革的成败,取决于课程领导者是否有能力克服教师对新课程计划的抵制。一些组织管理学者注意到这一事实:在各种社会组织中,某种行为方式一旦确立,就会对变革形成阻力。大多数人会担心变革会使他们付出更多的努力或会带来不利。克服这种阻力的一个策略是,课程领导者和组织者要让实施者(主要是指教师)共同参与课程决策。课程改革的领导者需要认识到,实际工作者一般都会对改革持否定或怀疑态度,因为他们更习惯于现有的做法。如果让他们有机会参与审议课程改革方案,参与课程计划的制订,这会促使教师把新课程改革视为

---

[1] 施良方.课程理论——课程的基础、原理与问题[M].北京:教育科学出版社,1996:136-138.

自己的事情,从而可以避免对新课程计划的抵制。这也是为什么有人认为课程理论的焦点是探讨课程决策者与实施者之间的关系。

当然,教师的参与程度是有限的,他们不可能像专业课程研究者那样参与课程编制的全过程。而且从人数量上来说,也只能是由一些教师代表参加。但只要课程领导者广开渠道,让教师有机会以某种方式发表自己的见解,就可以使教师感到这项课程改革不是他人强加给他们的。事实上,课程编制是一项协作性的工作,没有教师在实际教学工作中的配合,任何课程改革都是不会有好的结果的。

实际上,这个模式是把课程实施过程分为两个阶段:发动阶段和运作阶段。换句话说,在实施一项新的课程计划之前,须进行充分的发动和动员工作,让教师清楚认识到这项工作的意义。

2. 领导—障碍过程的模式(LOC 模式)

这个模式可以被看作"消除抵制模式"的进一步延伸。这种模式认为,课程实施的主要问题在于教师对新课程计划的抵制,所以,一定要搜集各种材料以确定教师抵制的程度和性质。对于课程领导和组织者来说,关键在于使这些障碍变得无效。这要通过提供下列五个条件而做到:① 使所有成员都清楚地了解课程改革的方案;② 使每个成员都具有实施新课程计划所必备的技能;③ 提供实施新课程所必需的材料和设备;④ 调整学校组织方式,以便与新课程计划的要求相一致;⑤ 使所有成员都有参与的动机,愿意花费必要的时间与精力,以促使新课程计划的成功。

可以把这五个条件看作课程实施过程的五个阶段。这就意味着,领导者不仅要负责消除在课程实施开始时出现的抵制现象,而且还要确立和维护完成课程实施的各种条件。所以,如果说"消除抵制模式"主要关注发动和动员工作,那么"领导—障碍过程模式"更关注在整个过程中为教师提供必要的条件。有的学者认为,如果教师有机会参与课程设计起始阶段的工作,这两个模式会更有效。

3. 兰德变革动因模式(Rand Model)

这种模式是由兰德社团在对美国联邦政府资助的有关课程计划的评价过程中形成的。研究人员根据他们的调查结果得出结论:在学校决定采纳新的课程计划之后,课程变革的主要障碍存在于学校的组织动因之中。困难在于人们已经习惯于原来的一套做法。根据这一原因,兰德模式强调在课程编制过程的各个阶段(尤其在课程实施阶段)中的组织变量,无论是支持性的还是抵制性的,都要予以注意。

兰德模式认为变革过程包括三个阶段:① 发起阶段;② 实施阶段;③ 合作阶段。在发起阶段,课程变革的领导者要努力使大家支持预期的课程变革。为了得到支持,必须让大家了解新的课程计划,并一致同意把这项任务作为学校工作的共同目标。领导者一旦获得了大家的支持,课程变革活动便进入了第二阶段,即实施阶段。在实施阶段,需要对新的课程计划的重点和要点做出适当调整,以适应本校的情况。因为这个模式的基本假设是,课程实施的成功,取决于课程变革的特征、教学和行政管理人员的能力、社区环境,以及学校组织结构等因素。在合作阶段,所实施的新课程计划已成了现行课程的一部分,领导者要提供必要的人力和物力,以便新课程能按既定方式继续下去。必要时,还要提供在职培训,以便教师能够胜任新的课程要求。兰德模式指出,成功的课程实施要求人们注意组织机构的动因。

(三)变革的趋势

在知识经济时代,世界政治、经济、文化、科技等各个领域都发生了急速的变化。在此背景下,世界课程变革表现出一些新的发展走向。具体表现为:

(1)课程政策的变化趋势。课程政策变革的核心是课程决策权力分配的变化。从世界各国来看,课程决策权力分配有一种均权化的趋势。

(2)课程内容的发展趋势。进入21世纪以来,人类全面进入信息时代、知识经济时代。这个时代既要求学习者具备基本的信息能力和素养,又要求学习者的个性得到充分发展,因此,重视信息技术知识和个人知识成为课程内容发展的重要趋势。

(3)课程结构的发展趋势。必修课程与选修课程、活动课程与学科课程等均衡发展。

(4)课程实施的发展趋势。课程实施开始由"忠实取向"转向"相互调适取向"和"创生取向",并且特别强调教师在课程实施中的地位和作用。

(5)课程评价的发展趋势。课程评价表现为建立评价主体多元、项目多元、方式多样、关注结果与重视过程的评价体系,突出评价对改进课程教学实践的功能,淡化评价的甄别与选拔的作用。

与此相适应,在课程实施过程中,我国的课程变革也呈现出以下一些发展趋势:第一,提升课程变革的理念水平和理论品位。第二,在课程政策上,实现国家课程、地方课程与校本课程的整合。第三,在课程内容上,实现学科知识与个人知识的内在整合。第四,在课程结构上,更新课程种类,恰当处理必修课程与选修课程的关系,努力实现课程的综合化。第五,在课程实施上,超越忠实取向,走向相互调适取向和课程创生取向。第六,在课程评价上,超越目标取向的评价,走向过程取向和主体取向的评价。

第三节 课程实施策略的设计

所谓策略是指既具有目标性、计划性,同时又具有一定的艺术性、在其具体情景中显示直觉性特征的行动方式。策略一般具有四个基本要素,包括指导思想、实施程序、行为技术和效用评价。

课程方案和计划能否转化为现实,在于课程实施的效果,而课程实施的成效如何很大程度上取决于课程实施中所采用的策略。基于此,许多学者对课程实施的策略进行了积极的探索与研究。在此拟通过介绍几种国外课程改革的实施策略,并结合我国基础教育新课程改革所采取的策略进行分析,以期对我国的课程改革研究提供一定的启示。

一、国外关于课程实施策略的代表性观点

(一) 钦与本恩的课程实施策略

钦与本恩(R. Chin, K. D. Benne)的课程实施策略为思考课程变革提供了一个分析框架,但是由于这种分类方式所依据的是人性论、政治学方面的不同假设,因此往往显得过于抽象,钦与本恩认为课程实施策略具有下列三种类型:①

1. 实证—理性策略 (empirical-rational strategies)

该策略相信人是理性的,只要使实施者相信改革是合乎理性的,他们就会服从并加以实施。它强调实施者的能力与主观上要求改革的迫切程度。因此,采用此模式的关键在于澄清实施者对改革必要性的认识,同时对他们进行培训以增强其效能。该策略最具代表性的例子就是"研究—开发—推广"(Research, Development and Dissemination Model, RD&D)模式。该模式把课程变革视为一种技术化、理性化的线性过程;指向课程变革的技术本身,而不是学校与课堂中教学的性质。

波斯纳(G. J. Posner)指出,这种"研究—开发—推广"模式具有下列特征:②

(1) 需要实施的技能假定为可以学习的(learnable)及可以特定化的。

(2) 课程方案由专家设计并使其臻于完美。由于假定课程方案能适合不同的学校情境,教师很少有机会进行现场修改(on-site modification)。

(3) 假定课程目标已得到课程开发者、教师和学生的认同,并且这些目标成为评价学生的主要基础。

(4) 评价课程的方法主要是心理测量式的,如成就测验或态度调查。

(5) 课程实施以"忠实"程度作为评估的基础,课程方案的使用者是变革的被动接受者(passive recipients)。

尽管"RD&D"模式具有广泛支持者,这种模式也曾在20世纪五六十年代的"新课程运动"中普遍运用,但基于该模式的教育改革从未获得完全成功,经常发生误用现象。这与该模式的理论假设有关,即教育改革是科学本位和技术驱动的,课程变革过程被视为一种工业生产过程。实际上教师作为课程计划的被动接受者,教学技术是难以从一个情境传递到另一个情境的。而该模式的步骤是彼此分离的,因而难以避免在实践中相脱节的问题。

2. 权力—强制策略 (power-coercive strategies)

该策略要求个体遵从那些制度高位者的意愿。尽管学校教育中很少直接采用这种策略,但是可以经常看到那些高位者通过提供各种物质的或符号的奖赏,强迫人们接受

---

① R. Chin, K. D. Benne. General Strategies for Effecting Change in Human Systems[A]. W. G. Bennis, K. D. Benne, R. Chin. (4th ed.)[C]. The Planning of Change. New York: Holt, Rinehart and Winston, 1985: 22-45.

② 李子建,黄显华. 课程:范式、取向与设计[M]. 香港:香港中文大学出版社,1996:28.

新计划。采用这种策略的人,往往利用自身的制度优势,通过法律或行政命令,迫使无权势的一方顺从。

3. 规范—再教育策略(normative-reeducative strategies)

该策略同样奠基于人的理性和智能,但与实证—理性策略的基本假设有很大不同。实证—理性策略认为人的智能是纯个人、心理的现象,改革是一系列合乎理性的活动和依照线性序列展开的过程。规范—再教育策略视人的理智为社会、文化的产物,受他们的态度、信念、价值观以及所处情境、人际互动的影响,并由此引起行为的变化。这就增加了改革过程中的不确定因素,表明"教育改革不只是技术的工作和行政手段,必须关心教师对创新的认同感、情绪和理解"。

(二) 麦克尼尔的课程实施策略

美国学者麦克尼尔(J. D. McNeil)把课程实施策略分为以下三种:[①]

1. 自上而下的策略(Top-Down Strategies)

自上而下策略是由国家和地方一级的教育机构发起的。课程以其对学校教育活动极强的规划能力而成为学校变革的核心,相应地,某种来自上层的课程改革计划,往往成为催发和推动学校变革的契机。采取这种策略来实施课程变革,技术性很强,要求学校中的其他因素与改革相一致。否则这种技术上的变革将会受到阻碍难以进行或只是暂时得到实施而不利维持。这种策略又可表现为两种形式:

(1) 调查与发展模式。这种模式是国家或地区性课程改革中普遍采用的策略,强调国家或地区等上层机构要创设条件使学校管理者与教师充分认识改革的价值。类似于前面提到的"研究—开发—推广"模式。

该模式将从大学、地区实验室等教育机构中获取的资料作为改革的计划或产品而进行传播、推广。由于改革的计划来源于国家或地区等上层机构,因此要实现有效的传播,就需要创设一定的条件:实施者要充分了解改革的价值;学校的管理者能够确信改革将会使学校获益;对于改革的价值要广泛宣传;学校的全体教师有机会接受关于课程改革的有关问题的培训和学习。

对"调查与发展模式",人们对其批评主要集中于缺少对政治因素的关注,这种因素可能会影响人们对改革的接受。而且,倘若改革中没有共同的标准,当不同背景的教师和学生在使用课程计划时,就会使课程计划扭曲。这种状况往往会导致改革倡导者的失望、技术专家的无奈和人们对于改革价值的怀疑。

(2) 多因素策略。多因素策略为克服"调查与发展模式"的弊端,更多地关注政治的、社会的与经济的因素,主张通过利用三种组织要素——社会准则、教师领悟力与技术来克服单因素变革的局限。因此,这种策略比"调查与发展模式"更进了一步。

[①] J. D. McNeil. Curriculum: A Comprehensive Introduction[M]. 5th ed. New York: Harper Collins College, 1996.

由上可知,自上而下策略的两种典型的模式,由"调查与发展模式"到"多因素策略",其支持者试图在努力克服策略本身的局限,通过下放决策权力、扩大实施队伍以及提供改革相应的支持等手段使策略逐渐趋于完美。但策略本身所固有的矛盾无法通过内部的调和来解决,这就为"自下而上策略"的产生提供了机会。

2. 自下而上策略(Bottom-Up Strategies)

自下而上策略是与自上而下策略相对应的一种课程实施策略。该策略是变革机构试图通过教师检视学校中的问题,以当地或以教师所关心的问题为起点来进行变革。由此作为个体的教师成为革新者而引入变革。

这种策略的典型模式是"整合发展策略"与"教师作为变革动力"(Teacher as Agents of Change)。

"整合发展策略"主张处理教师当下关心的问题,借此发动学校系统内的组织变革。这种方式认为课程变革必须消除教师的疑虑,因此首先要帮助教师识别与分析其能力范围之内的问题,分析引起困难的原因,使教师产生新的领悟力和能力、对问题分析的理论能力,然后激发教师从行动上采取变革。

运用该策略应注意:第一,激发教师讨论改革的可行性,产生改革的期望。第二,部分教师开始采取行动。第三,使教师产生"我为什么这么改革"的判断。第四,针对改革产生的新问题,教师反思新课程的基本假设,产生"课程与教育目标是否相一致"的疑问。

"整合发展策略"以教师为课程实施的主体,以教师所关注的问题为起点进行改革。"教师作为变革动力"最初由塔巴(H. Taba)提出,她认为课程编制应始于教师对教学单元的设计,这将为以后进行全面的课程编制奠定基础。这些观点从一定程度上激发了教师参与课程实施的欲望与热情,但策略实施起来还是存在一些问题:一是教师态度和技能的转变必须经过长期的学习与培训;二是这种策略需要教师之间的沟通和互动,要处理大量的人际关系工作;三是改革者只有具备大量的将理论与实际改革情境中所出现的问题相联系的专门知识,才能在纷繁复杂的改革中做到游刃有余。

3. 自中而上策略(Middle-Up Strategies)

自中而上策略是凯润·露易丝和罗伯特·佩特里(Karen Louis and Robert Pently)提出的,是扬弃了前两种策略的弊端而产生的。他们认为,自上而下的策略过于依赖附带的奖赏,如别人的认可、事业的进步和对不依从者的威胁。而自下而上的策略以个人或群体对改革的倾向为先决条件,如果学校文化本身是传统的、守旧的,就不容易进行改革;而且将教师作为改革的行动者,由于教师自身素质的限制,他们往往选择低质量的改革。在这种背景下,产生了自中而上策略,该策略认为学校是改革的最适当的单位。① 自中而上策略主要包括以下几种因素:① 帮助教师注意来自校外的信息,利用这一点作为改革的诱因。② 鼓励教师建立如何运用新信息改变观念。③ 通过教师

---

① 马云鹏,唐丽芳.课程实施策略的选择——课程改革中一个不可忽视的问题[J].比较教育研究,2002(1).

互相交流提供机会来促进新观念的广泛传播。④ 通过联合校外人士来促进新思想的普及、推广。这些因素从某种程度上可以理解为对学校提出的要求,在自中而上的改革策略之下,学校要成为课程实施的主体,在着眼于学校整体发展的同时,更重要的是要聚焦于学校的核心组成部分——教师,通过为教师创造条件,推动与协助教师参与变革。

二、我国课程实施中几种典型性策略的运用[①]

以下几种策略都是就学校层面课程实施策略进行的相关讨论。

(一)课程实施中因材施教策略的运用

1. 因材施教策略的含义及意义

课程实施的过程中,不同的学习者其学习的风格特点是不相同的,不同的教学方法及策略的优势也是因人而异的,因而教育者在课程实施活动中必须注重研究和科学运用因材施教的策略,从而保证每一个学生在学习过程中能得到公平的教育机会。因材施教的策略从本质上说是尊重学生个性和差异性的,是从每一个学生个体的实际出发的,因而也是人本化的策略。因材施教的策略要求教师把了解和研究学生作为一项重要的基础性的工作,要认真地去观察分析每一个学生的认知特征和动机倾向,从而既能具体了解又能总体把握学生的学习风格,在此基础上提供并适时调节有针对性的、与之相匹配的教学风格。当教师的教学风格与学生的学习风格相匹配时,可以想象学生的学习将处于有利的状态。

2. 课程实施中因材施教策略的运用

课程实施中,教师既要分析研究并把握学生的学习风格,从而提供相匹配的教学风格,还应与学生讨论研究其学习风格特点,要引导学生认识和分析自己的学习风格特点,并在此基础上,师生共同研究设计出相应的学习策略。这样,学生就能够从自身的学习能力类型出发,从不同的学习任务和学习方法的要求出发,而有计划地、主动灵活地、扬长避短地学习,从而发挥最大的学习效能。

因材施教策略的运用,并非要减少学生的差异,事实上也不可能减少这种差异。课程实施中因材施教策略的运用,可能还会使学生水平的发展和不同方面的发展差异更大。这种发展的差异性既是原本客观存在的,也是无害于人的个体的发展和无害于社会的。恰恰相反,丰富多彩的社会需要的正是丰富多彩的个体个性的各不相同的发展。因此,教育的平等性要求教育者在进行教育时必须是"不平等"的。受教育者也正是在这种"不平等"的课程学习中自主地走向"自我"。

(二)课程实施中促进自我发展策略的运用

1. 自我发展及其机制

"自我"即对主体自身的调控,"自我发展"即自我调控能力的逐步形成。自我是人格

---

① 顾书明.现代课程理论与课程开发实践[M].北京:人民出版社,2008:243-247.

的核心,自我发展涵盖了人格和道德发展的主要内容,因此,促进学生的自我发展,是教育工作必须关注的一个重要方面。课程的实施当然应关注促进学生自我发展策略的运用。

人的自我发展是一个过程,是个体从一个生物体转化为一个社会化了的人,从一个共生性的个体变成一名具有独立性的主体的逐步的过程。这一逐步形成个体自我调控能力的过程,其机制为:①

(1) 观点采择。即在人际交往过程中,学会用其他人的观点看待自己。这强调了充分的人际交往活动是形成和发展学生自我的重要途径,因而课程的实施应注重在课程教学过程中努力让学生形成积极的意义体验。

(2) 外力内化。即个体是在抚养者和亲近者提供的强化和抑制下成熟而独立,外在提供的这种作用是个体自我强化和成熟的自我控制的源泉。

(3) 活动形成自我。即个体的社会化是在其生理能力特征的限定下,在完成生活任务的活动中形成的。活动的过程使得主体纳入对象的现实之中,同时现实又转变为主观的对象印象。活动使原本无特定对象的主体需求在活动中得到了满足,从而使主体形成了特定的需要,即把活动的内涵转化成了主体的自我价值取向和人格倾向。

(4) 自我选择与构建。即强调理想自我的产生在自我发展过程中所发挥的内在引导性作用,认为理想自我与现实自我之间具有一定程度的差异,是正在发展中的青少年走向成熟的标志和内在动力,而自我的构建与理想自我的选择密不可分。积极的自我选择与构建必须强调开放性。这种"开放"包括个体对自我经验的开放,即在人际沟通中坦诚地接受自己的感受,现实地评价自我;对现实世界的开放,即要了解社会、参与社会,根据对社会的认识和社会责任的感受来建构自我;向未来开放,即积极地创造自我。

2. 促进自我发展策略的运用

课程实施中要促进学生自我发展,就要鼓励和促使学生投入各种有助于形成和建构自我的活动,要创造尽可能多的机会,以使学生在开放性的活动中形成开放的个性,在现实的活动中感受自我、认识自我,并形成与现实自我相关联的理想自我。

具体地可以从这样几方面进行安排:②

(1) 让学生从课程学习的不同场合和角度认识自我。人的自我意识是通过人际交往,在了解别人对自己的评价中或学会用别人的眼光看自己而逐渐形成的,且是在学会用多方面多种眼光看自己时成熟起来的。课程的实施要为学生创造尽可能多的交流沟通的机会以及表达和展现自我的机会。诸如:多组织各种小组式讨论、采访和调研活动,让小组成员能轮换主持;班干部亦可采用轮换制,让大家尝试一些管理和服务工作;班级的生物角、图书角、班报组、广播台、卫生值日、课程的专题设计等都可以分配大家轮换负责。这样,使尽可能多的学生能从尽可能多的不同角度认识自我,并通过学会倾听而了解其他人的观点以及形成和表达自己的观点,进而通过各种综合的途径和综合的方法而形成比较成熟的自我意识和自我调控能力。

---

① 李晓文,王莹.教学策略[M].北京:高等教育出版社,2000:156-159.
② 李晓文,王莹.教学策略[M].北京:高等教育出版社,2000:172-186.

（2）让学生在课程学习的融洽进取氛围中，在同化和谐的师生关系中建构自我。引导学生进行同学和师生间的交流沟通，是形成现实自我与理想自我接转的重要途径。学生集体的融洽进取的氛围、同学间的比较评价和竞赛鼓励等是学生自我发展的现实基础。

（3）组织学生在丰富的课程学习生活中发展自我。课程的学习生活是丰富多彩的，但丰富多彩的课程学习生活是需要师生共同的精心设计和构建的。这包括各种认识和参与社会的情景活动，文学欣赏、文学创作和文化活动，科学实验和实践探索活动等。

人对现实生活社会的了解和参与是形成自我的摇篮，而且参与本身也孕育和包含着一种社会化的精神。因此，课程的实施要突出学校课程与社会实践的联系。要通过媒体网络等各种渠道了解社会，关注时事政治，组织调查研究深入社会生活。设计具体的社会问题情景，讨论交流各自的认识，从而使学生在认识和参与社会的情景中建构自我、发展自我。

文学欣赏、文学创作和文化活动对于学生理想自我的选择和积极自我的建构具有重要的导向和调节作用。文学创作和文化活动还能从多方面满足学生自尊的需要，并使学生逐步地确立对自己欣赏、创作和组织活动能力的自信心。文学欣赏、文学创作和文化活动等对自我发展的强烈的、持续的、互动的引力和推动力是课程实施中应充分予以重视和利用的。

科学实验和实践探索活动对学生自我发展的建构作用是持久深刻、立竿见影的。课程实施中的科学实验和实验探索活动可以极大地激发学生科研和实践活动的兴趣，使其从中获得多方面的乐趣，进而逐步形成影响其一生发展的志趣；也可以磨炼其克服困难、勇往直前的意志品质，还可以培养其科研和实践活动中的协作精神以及对社会的事业心和责任感，从而使学生能成为社会群体中和社会发展中积极的、有益的"自我"。

（三）课程实施中自主学习策略的运用

自主学习策略的基础理念是以学生为出发点，充分尊重学生的自主性，满足学生在学习内容、时间、地点和形式上的自由选择的需求，从而使学生能在积极主动的学习过程中，建构自己完整的人格。自主学习策略的学习观强调要变被动学习为主动学习，课程教学取决于学生的需要，重点放在知识的应用上，学生可据自己不同的学习风格采用多元化的学习路径，以追求学习的最佳效果。自主学习策略包括"按需学习计划"和"非指导性教学"。

1. 按需学习计划

按需学习计划要求学生能在获得协助的情况下决定其学习目标，计划其学习的方案，并自我负起责任运用适当的方法去进行学习以达成学习目标。而教师要协助学生进行有效的学习，教师扮演诊断者、个别指导者及特殊资源供应者的角色。课程教学目标通常强调学生的行为成就目标（performance objective）。

按需学习计划系统强调以下三种功能：① 必须能协助每位学生为他的教育发展建立其特定的目标；② 帮助学生评定并参与能够使其完成他的教育目标的学习活动经验；③ 随时诊断学生的教育进步状况。

按需学习计划的运用方式：首先，要建立一套完整的行为目标；然后，设计学习单元，其学习类型方式可以是个别学习，可以是小组讨论，也可以是课堂集体教学；其次，设计学习评价系统,该评价系统以标准参照测验(Criterion Referenced Test,CRT)为基本形式;最后,建立计算机教学辅助和管理系统,使用资料记录测评反馈与检测等辅助功能,从而减轻教师负担。

2. 非指导性教学

非指导性教学是根据人本主义教育理论原理设计的。其设计充分考虑了每个学生的经验、意向、需要、情感、兴趣等要素。教师在课程实施活动中是学习的促进者,其作用是帮助学生澄清其想要学什么;帮助学生安排适宜的学习活动,提供适合的材料;帮助学生发现其所学内容的个人意义;维持有助于学习进程的心理氛围。可见,非指导性教学注重于支持而非批评,注重于理解而非冷漠和批判,注重于真诚而非扮演角色。[①] 师生之间是一种相互作用、平等协作的伙伴关系。

非指导性教学设计一般由情感释放、顿悟和统合三个要素构成,且三个要素共同构成非指导性教学的连续过程。即在非指导性教学过程中,教师首先是帮助学生情感释放,宣泄不利于学习的烦劳和压抑,从而丢掉负担,重组自我,以探索各种健康有效的方式进行学习;当学生对所学有所顿悟后,就会逐步表现出自主自发的学习;不断地领悟,则会不断增强其信心和独立性,更加积极自主地学习,从而把学习材料统合内化成自己的富有个性化的意义。

(四) 课程实施中主题探索策略的运用

主题探索策略就是把关于真实世界的知识内容按照各种主题的形式进行设计,学生在教师的指导下,依据自己的兴趣、能力而对与实际问题相关的主题进行自由的探索,从而培养关心和解决现实问题的意识及创造性。主题探索中的知识编制逻辑是解决问题的逻辑而不是学科的逻辑。主题探索一般包括单一学科范围内的主题探索、跨学科的主题探索、综合探索和自由探索四种类型。[②] 主题探索的一般步骤通常包括:教师和学生共同规划探索主题,并形成主题库;学生自主地选择自己感兴趣的主题(独立的、集体合作的都无不可),也可自行提出探索主题,经同意而列入主题库;在教师的指导和帮助下学生收集资料、制订探索计划、准备相关条件;学生以多元的方式进行主题的探索和研究活动;总结并汇展探索成果。(这与前述的研究性学习课程有密切的相关性)

📚 资料链接 7-1:课程实施中的主体性优化

三、课程实施策略运用中应遵循的一般原则

1. 必须达成价值共识,明晰课程实施的目的与任务

在课程实施中,无论采用哪一种课程实施策略,课程改革者与实施者都必须达成一致的价值共识,明确实施课程的目的与任务。事实上,不管哪一种课程变革,都必须摒

---

① 高文. 现代教学的模式化研究[M]. 济南:山东教育出版社,2000:293.
② 邓志伟. 个性化教学论[M]. 上海:上海教育出版社,2000:261-262.

弃功利思想,课程实施策略的采用必须服务于学生的主动、健康发展,教师专业的持续成长及学校整体办学水平的不断提高。

2. 必须从多维度构建完整的支持系统

无论采用哪一种课程实施策略,都必须具备一定的支持系统。在课程实施过程中,必须具备一定的资源支持。一是人力资源的支持,主要包括一线教师、学校领导及其他教育行政人员。为了使课程实施中的各类主体能胜任工作的需要,必须加强对各类人员的培训,提高他们对课程政策执行的意识与能力。二是财力的支持。为了使课程变革能取得预期的效果,各变革主体必须加大对课程变革的投入,使课程实施建立在坚实的经济基础之上。三是物力资源的支持。在课程实施过程当中,必须提供充足的物质设备,诸如多媒体、白板、闭路电视、实验室、图书馆、体育馆等教育教学设备。四是信息资源的支持。主要是指在课程实施过程中,必须提供有关课程变革的理念与策略、过程与方法、内容与目标等有关新课程变革的理论的支持。总之,只有从多维度构建完整的支持系统,课程实施才能真正取得预期的效果。

3. 必须采用系统、科学的程序

课程实施是一种科学的教育活动。课程实施策略的择取必须基于一定的科学方法论的指导。在课程变革的过程中,必须明晰课程实施的一般程序。比如,资料的搜集、目的的定位、原则的确立、课程内容的选择、评价时机的把握、最终报告的提交等程序。课程变革主体都应该熟记于心,操作时应该有计划、有步骤,真正做到积极稳妥、系统科学地去安排、筹划。

4. 必须针对具体实际,通盘考虑各种因素,灵活综合地选择实施策略

由前面介绍的一些课程实施策略不难看出,每种实施策略各有自己的优点,也有自身的不足。同时,每种策略均有自身的适用境域和条件。因此,抽象地争论哪种课程实施策略的好与差,是毫无意义的。应将着眼点放在如何依据本地的文化传统和经济环境、本校的实践与实际、教师与学生交互主体的现状等,在不同的策略之间做出综合思考,寻找或调整更适合自身发展的课程实施立足点。

资料链接 7-2:课程实施策略运用的注意点

第四节　课程学习方式的研究设计

关于学习方式,本书第六章已有所涉及,这里将进一步进行深入讨论。

一、课程学习方式的内涵与意义

(一)课程学习方式的内涵

关于课程活动中学习方式的内涵,学界仁智互见,莫衷一是。有人认为,学习方式是指学生在完成学习任务时基本的行为和认知取向;它不是指具体的学习策略和方法,而是学生在自主性、探究性和合作性方面的基本特征。① 有人则认为,学习方式是学生为完成学习任务采用的策略和手段,是学生在完成学习任务时经常的或偏爱的基本行为和认知取向,是学生一贯表现出来的学习策略和学习倾向的总和。② 还有人认为,学习方式较之于学习方法是更上位的东西,两者类似于战略与战术的关系;学习方式相对稳定,学习方法相对灵活;学习方式不仅包括学习方法及其关系,而且涉及学习习惯、学习意识、学习态度、学习品质等心理因素和心灵力量。③

综合上述观点,学习方式泛指学习者在各种学习情境中所采取的具有不同动机取向、心智加工水平和学习效果的方法和形式。这一定义包括三层含义:其一,学习方式既包括学习方法,也包括学习形式。学习方式有"质"的"优劣"和"量"的"多少"之分。其二,学习方式具有情境依赖性。学习方式不属于相对稳定的个性特征的范畴,它也可以为教师或学生根据情境要求所改变。无论在课堂学习情境中,还是在课外学习条件下,教师和学生都可以根据学习的目标和要求、学习材料的属性、可用的学习媒体,灵活地调整、变换学习方式,以取得最佳学习效果。其三,评判学习方式的主要依据是学习者的动机取向、心智加工水平和学习效果。

(二) 课程学习方式的意义

新课程改革背景下的课程实施中,采用现代的学习方式具有极其重要的意义。其一,现代学习方式有利于课程范式转变落到实处。新课程在课程范式方面有了重大转向:从过去的以"泰勒原理"为主要代表的具有理性主义性格的"课程开发范式"逐步转变为"课程理解范式",将课程视为"文本"或"对话",强调个体内在经验的探索,以及对意义和价值主动追索的心路历程;强调课程不只是制造知识的学科,而且还是个体内在经验与外在环境相互作用的经验改造与意义的建构;课程是必须透过自身生命体验和自觉的一种生活历程,此经验的学习不是被"预定"好的,而是在与其周边的生活世界中所感、所思的具体行动。当然,"课程理解范式"并不否定"课程开发范式",而是整合了"开发范式",两者相辅相成,是内在统一的。其二,现代学习方式有助于教学观及其模式的转变。从本质上说,新的学习方式与新的教学模式是新教学观的"两翼",它们共同构成了"促进师生共同成长,提升师生生命价值和意义"这个中心所赖以支撑的"一体两翼"。学习方式的转变与教学模式的变革相辅相成,融为一体。从师生的角色及其承担的社会责任来看,教学模式的变革是学习方式转变的条件。但是,如果从新课程改革的具体目标和任务来看,学习方式的转变又是其中的重中之重,是优先要解决的重大问题。从这个意义上讲,学习方式的转变又能激活教学模式,促使其为适应新的学习方式而不得不做相应的变革。可见,学习方式的转变有助于教学模式的改变。

---

① 孔企平.论学习方式的转变[J].全球教育展望,2001(8).
② 周兴国.反思"转变学习方式"说[J].课程·教材·教法,2006(7).
③ 韩江萍.关于课程改革习方式变革的几点思考[J].教育实践与理论,2003(11).

📚 资料链接7-3:现代学习方式的特征

二、新课程实施中学习方式的主要类型

在课程实施的过程中,学习方式对于新课程改革相关政策与理念的顺利落实,对于学生的主动、健康发展,均具有十分积极的意义。从不同的视角,可以把课程中的学习方式分为不同的类型:①

(1) 发现学习与接受学习。这两类学习的划分依据是学习内容是否以定论方式呈现。发现学习是指要学习的内容不是以定论的形式存在,而是只存在有关线索或例证,学习者必须经历一个发现过程,自己得出结论或找到答案。接受学习是指要学习的内容是以定论的方式呈现,学习者可以直接获取,不需要经历发现过程。

(2) 机械学习与有意义学习。这两类学习的分类依据是学习内容是否以有意义方式获得。所谓有意义学习,是指符号表达的新观念与学习者认知结构中的有关观念建立起实质性的、非人为的联系。反之,如果学习者无法把新学习的内容与认知结构中的已有知识建立实质性的联系,其学习就是机械学习。

(3) 维持学习与创新学习。这两类学习的分类依据是对学习内容进行认知加工后,是否生成新颖的、有价值的思维产品。维持学习旨在获取人类已有的知识、经验,帮助个体适应社会;创新学习旨在生成新的思维产品,诱发革新,促进社会发展。

(4) 情境学习与抽象学习。这两类学习的划分依据是学习的情境化。情境学习,即指学习是情境性的,发生于自然或社会环境中。情境学习要求把知识呈现在真实情境中,如运用这些知识的场景,它需要社会互动和协作。抽象学习是一种去情境化的学习。在传统的学校课堂学习中,大多采用这种学习形式。

(5) 合作学习与独立学习。这两类学习的划分依据是学习的社会性,亦即学习过程中是否存在学习者的协作。合作学习是指在课程活动中运用小组,使学生共同开展学习活动,以最大限度地促进他们自己以及他人的学习的一种学习方式;而独立学习是指个体独自进行的学习,亦即个别化的学习。

(6) 自主学习与他主学习。这两类学习是按照学习者的自主水平来划分的。自主学习一般是指个体自觉确定学习目标、制订学习计划、选择学习方法、监控学习过程、评价学习结果的过程或能力。他主学习则是指在外界的各种压力和要求下,被动地从事学习活动,或需要外界来管理的学习活动。

(7) 研究性学习、探究性学习、基于问题的学习。这三种学习形式都是以问题为依托。一般认为,研究性学习是一种以问题为载体、以主动探究为特征的学习活动,是学生在教师的指导下,在学习和社会生活中自主地发现问题、探究问题、获得结论的过程。探究性学习起源于科学探究实践,它特别强调提出问题、收集和分析证据、形成基于证据的结论。研究者常常把接受学习视为与这三种学习方式相对。(本书第六章已先行

---

① 庞维国.论学习方式[J].课程·教材·教法,2010(5).

讨论了新课程改革特别强调的最具代表性的包括自主学习、合作学习、探究学习或研究性学习等几种现代学习方式）

三、课程实施中学习方式发展的新趋势

随着我国新课程改革及社会形态的不断发展，未来课程实施过程中，学习方式将呈现出以下新的趋势：[1]

（一）学习方式的多元化

学习方式的本质是学生探寻未知世界的工具，学习方式本身并无优劣之分，任何一种学习方式都具有自身的优势，但同时也会有自身无法避免的缺点，学习方式的优劣，都是相对而言的。所以，学习方式的变革并不是要全盘否定传统的学习方式，而是要倡导多元化的学习方式。学习方式转变的总趋势是要从单一的学习方式走向多元并存的学习方式。奥苏贝尔认为，根据师生相互作用的形式分为接受学习和发现学习，根据学生对所学内容的理解程度则分为机械学习和意义学习。他还认为，上述两者的区分是彼此独立的，即接受学习不等同于机械学习，发现学习也不等同于意义学习，但是这两个维度的学习方式可以两两组合，构成机械接受学习、有意义接受学习、机械发现学习和有意义发现学习四种学习方式，这反映了学生在学习过程中自觉程度和主动程度的差异。可见，各种学习方式之间是相互交叉、互为补充的，在实际的课程实施情境中各有自身独特的逻辑与特征，并发挥着不可替代的作用。研究表明，相对于有利于培养学生主动探索精神的探究性学习而言，接受式学习更有利于学生系统知识的掌握；相对于有利于培养学生交往、合作能力的合作学习而言，自主学习更有利于学生独立意识的养成。所以，正确处理好学习方式的变革、继承与创新的关系，实现学习方式的多元化，能为学生的学习方式提供更为广阔的选择余地。

（二）学习方式的个性化

学生个体之间存在着差异，这些差异会影响他们对学习方式的选择。学习方式理论的核心是不同的学生拥有不同的学习风格，教学只有与学生所钟情的学习风格相匹配，才能有助于提高他们的学习。首先，学生在学习不同内容时表现出来的能力和兴趣是不同的。有的学生先天表现出某些方面的才能，那么，这些学生在学习这些内容时将会比其他没有这些爱好的学生快得多。其次，学生的知识背景不同，不仅会影响他们对学习的情感和态度，也会影响他们对学习方式的选择。另外，有些学生具有某些特殊的学习缺陷，他们在学习某些材料时会比其他学生遇到更大的困难。同时，多元智能理论、人本主义教育思想以及后现代主义都为个性化的学习方式提供了理论支持。学生学习方式的发展必定要求教师在与学生接触过程中全面了解学生，对学生的学习进行

---

[1] 李本友,李红恩,余宏亮.学生学习方式转变的影响因素、途径与发展趋势[J].教育研究,2012(2).

个性化的指导,以满足不同学生的需要。

(三) 学习方式的信息化

当前,世界各国在教育改革中都非常重视信息技术与学生学习方式的整合,注重培养学生收集和处理信息的能力。传统的仅仅依赖于书本知识、局限于教室内师传生受的学习方式已经不能适应信息时代的要求,更不利于学生的全面发展。《国家中长期教育改革和发展规划纲要(2010—2020年)》中明确提出,鼓励学生利用信息手段主动学习、自主学习,增强运用信息技术分析解决问题能力,加快全民信息技术普及和应用。美国把"信息收集处理能力与技术"作为中小学生发展五大目标之一,英国课程改革把"信息技术"作为中小学生必备的六种基本技能之一来培养。信息化已经渗透到各国教育之中,成为各国重要的关注领域。另外,网络技术的成熟与普及,从根本上改变了教与学的传统形式,学生可以随时随地进行学习,并且学生可以学习的内容由学校所规定的内容扩展到无所不包,这也使得因材施教真正成为可能。在当今信息化时代,如何在学生的学习过程中有效地利用信息技术,不仅是基础教育课程改革的需要,也是当今时代的呼唤。

本章小结

本章主要探讨课程实施程序及方式的设计,包括四个基本议题:课程实施程序的研究设计;课程实施的主要方式设计;课程实施的策略设计;课程学习方式的研究设计。基本要点:课程实施的一般程序是目标和实施方案的评估、选点实(试)验、课程的大面积采用推广、总结完善。课程实施有两种主要方式:一是通过教学进行课程实施;二是通过变革进行课程实施。课程实施策略包括国外的典型策略与我国教育教学实践中一些有代表性的策略。课程学习方式泛指学习者在各种学习情境中所采取的具有不同动机取向、心智加工水平和学习效果的方法和形式。它具有主动性、独立性、独特性、体验性及问题性等特征。课程学习方式类型多样,并且随着新课程改革的推展,课程学习方式呈现出多元化、个性化与信息化等发展趋势。

复习与思考

1. 结合基础教育课程改革的实践,阐释课程实施的主要程序及要求。
2. 针对我国当前的课程改革及发展,课程实施中需大力提倡并推进其发展的方式和策略主要有哪些?
3. 目前我国课程改革及发展特别提倡和强调哪些学习方式?

第八章
校本课程开发

※ 本章导航

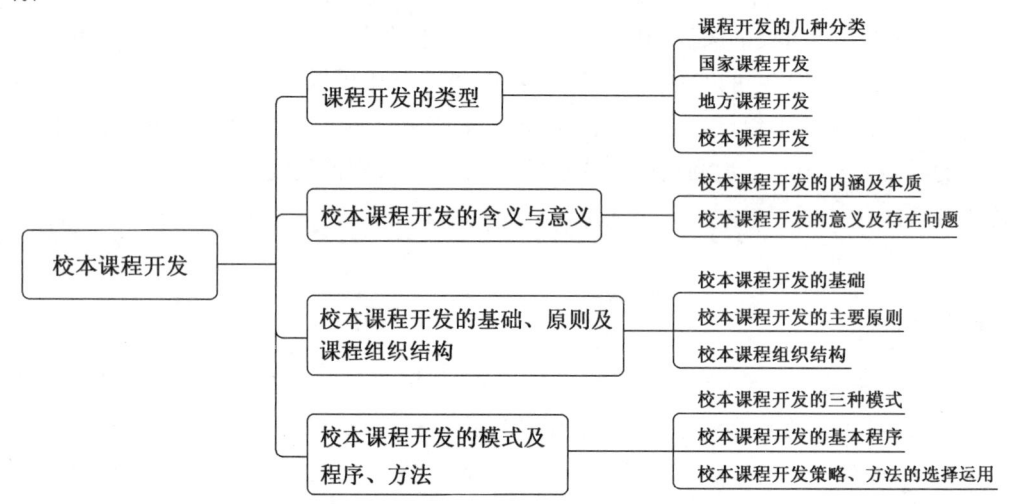

校本课程开发
- 课程开发的类型
  - 课程开发的几种分类
  - 国家课程开发
  - 地方课程开发
  - 校本课程开发
- 校本课程开发的含义与意义
  - 校本课程开发的内涵及本质
  - 校本课程开发的意义及存在问题
- 校本课程开发的基础、原则及课程组织结构
  - 校本课程开发的基础
  - 校本课程开发的主要原则
  - 校本课程组织结构
- 校本课程开发的模式及程序、方法
  - 校本课程开发的三种模式
  - 校本课程开发的基本程序
  - 校本课程开发策略、方法的选择运用

※ 学习目标

1. 了解国家课程开发、地方课程开发、校本课程开发的含义；
2. 理解校本课程开发与国家课程开发及地方课程开发的区别与联系；
3. 系统了解校本课程开发的相关知识；
4. 初步具备校本课程开发的能力。

※ 学习重点

1. 结合实际，掌握校本课程开发兴起的主要背景；
2. 理解校本课程开发的含义、意义及存在的主要问题；
3. 了解校本课程开发的理论基础与实践基础；
4. 掌握需求主导、条件主导、目标主导三种校本课程开发模式。

※ 学习难点

1. 结合实际，理解校本课程组织结构；
2. 理论联系实际，掌握校本课程开发的基本程序及策略等。

在20世纪的一段时期,我国一直采用国家统一的课程设置,全国中小学基本上沿用一个课程计划、一套教学大纲和一套教材,缺乏灵活性和多样性。20世纪80年代末和90年代初,我国课程改革的步伐日益加快,1996年国家教委颁发的《全日制普通高级中学课程计划(试验)》规定,学校应该"合理设置本学校的任选课和活动课"。新一轮课程改革,国家根据教育目标规划课程计划,按照这一计划制定必修课的课程标准,把选修课的决策权交给地方和学校,并颁发了与之相配套的《地方和校本课程开发指南》,旨在建立自上而下和自下而上相结合的课程管理政策。《基础教育课程改革纲要》明确指出,改变课程管理过于集中的状况,实行国家、地方、学校三级课程管理,增强课程对地方、学校及学生的适应性。随着课程决策权力与责任的变化,校本课程开发一段时期以来成为我国课程改革的新的重要领域。

第一节 课程开发的类型

本书第一章已就"课程开发"的含义进行了简单的讨论,本章关于校本课程的讨论拟从课程开发的类型开始。

一、课程开发的几种分类

课程开发有不同的形态、不同的方法,亦有不同的层级和类型。

(1) 按照前边的讨论,可以将课程开发划分为课程设计、课程实施、课程评价等环节或职能活动。

(2) 从前边的讨论还认知到,课程开发是一个系统性工程,会涉及很多因素和环节,在课程开发的整个过程中,都离不开课程设计。而课程设计的结果,也可以视为一种课程开发。本书第三章研究了课程设计与评价的模式问题,知道课程设计与评价的模式有目标模式、过程模式、实践与折中模式、批判模式、情境模式等,从课程设计与课程开发的关系及实践模式的视角看,同样可以将课程开发划分为上述几种模式类型。

(3) 课程开发还可以分为"新编"和"改编"两种类型。新编即所有的课程成分都是新开发的,没有依赖现有的课程材料;改编则是从现有课程材料中选择合适的成分稍做改进。

(4) 课程开发若从层级上或开发主体上分,则有国家课程开发、地方课程开发和学校课程开发(校本课程开发)三种类型。这三者的关系在各个国家是大不相同的。这里将主要对该分类进行讨论和研究。

二、国家课程开发

(一) 国家课程开发的含义及任务内容

国家课程开发即以国家为课程开发的主体,由国家教育行政部门或有关机构组织专家学者,根据国家的总体情况和要求开发研制课程并在国家范围内推广的课程开发活动。

国家课程开发的任务内容包括:① 制定国家课程政策,对重大课程改革进行决策;② 制定指导性课程计划;③ 制定国家课程标准(包括教学标准、评价标准)以及必修科目;④ 审查并向全国推荐学科教材;⑤ 指导、检查地方课程管理工作;⑥ 审批地方重大课程改革试验;⑦ 制定升学考试制度,指导升学考试的实施;⑧ 确定某些课程管理权限的下放等工作。①

(二) 国家课程开发的特点、优点及局限性

一般而言,在中央集权制的国家,国家一级的课程开发会占主导地位,会由国家教育权力机构组织专家决策、编制课程并采取自上而下的"行政模式"来进行全国范围内的课程开发。国家课程开发依据国家本位或社会本位的教育哲学,强调统一的国家意志和整体利益,追求全国范围的课程统一。

国家课程开发的特点在于:① 它是一种以等级权力为基础的统一集中的课程开发,课程发展更加受到集中化的控制,在政治上更易于由中央负责开发和决策;② 其所开发出的课程教材,通常包括详细体现每一学科编写专家意图的文件和材料,通常由未参加编写的第二类人员(教师)来执行,而评价工作由外界评价人员和督导人员等第三类人员进行;③ 课程开发的范围广,影响深远。②

国家课程开发自然是有其优点的,这包括:① 所开发的课程反映国家的教育标准,易于体现国家对不同地方、不同学校教育发展的统一性和共同性要求;② 能够保证课程开发的时间、人员和资金上的支持;③ 确保受教育者能够获得各种重要学科的基本深度和广度的教育,从而保证起码的受教育机会公平;④ 便于在教育系统层次上进行全国性的统一变革。

当然,国家课程开发也有其弱点和局限性,这包括:① 运转周期长、操作灵活性差,所开发的课程难以做出因时因地的调整和变化;② 课程的规划设计、实施、评价处于不同的层次,课程的规划设计者、实施者和评价者相互隔绝与分离,容易造成课程转换和实施过程中的损耗,使评价难以反映实际达成的课程目标;③ 容易忽视各地方和各学校具有差异性的课程与教学的实际经验、条件和状况,忽视教师和学生的感受。

三、地方课程开发

(一) 地方课程开发含义及其内容

地方课程开发是指省(自治区、直辖市)教育行政主管部门根据国家有关规定和本

---

① 王而治.课程体系三级管理的意义、功能及其运作规范[J].课程·教材·教法,2000(5).
② [美]T.胡森,等.简明国际教育百科全书·课程[M].江山野,编译.北京:教育科学出版社,1991.

省(自治区、直辖市)的实际,对本省(自治区、直辖市)课程的设计、实施和评价进行调控和指导的活动。

地方课程开发的任务和主要内容有:① 确定本省执行的课程计划和必修科目课程标准;② 制定本省的课程改革方案并报国家教育主管部门批准;③ 审批县以上教育行政部门组织编写的选修课教材、乡土教材;④ 指导市(地)、县(市、区)教育行政部门选用教材;⑤ 指导、检查各级课程管理工作;⑥ 确定考试实施办法,指导考试工作;⑦ 确定某些课程管理权限的下放等。①

地方课程开发依据开发的主体又可分为三种类型,即比例型地方课程开发、自主型地方课程开发和管理型、实施型地方课程开发。比例型地方课程开发指的是为了适应地方经济文化发展和学生发展的不同情况,在国家课程计划中划出一定的比例,由地方教育行政部门自行研制课程。自主型地方课程开发是指国家通过授权方式,将该地区所有课程的研制权转让给地方教育行政部门,由其全权负责。管理型、实施型地方课程开发是指在地方实施课程,由地方来管理课程或参与课程管理。

(二) 地方课程开发的特点

地方课程开发的特点如下:① 地方课程开发要以国家课程标准为基础;② 以具有地方特色的教育思想和课程理念为指导;③ 以地方经济和文化发展的实际以及地域特点为根据;④ 以地方教育行政部门为课程开发的主体;⑤ 要反映地方和社会发展的实际对学生素质发展的基本要求。

地方课程开发既是对国家课程开发的补充,也是校本课程开发的重要依据,其对该地方或该地区的校本课程实施具有重要的指导意义。

地方课程开发在不同的国家具有不同的性质和表现形态。在集权制国家,地方课程开发常表现为国家课程开发的翻版。而在分权制国家,地方一般都会享有高度的课程决策自主权,地方又往往会授权学校在课程方面行使自主权。因此,地方课程开发是一种介于国家课程开发和校本课程开发之间的中间型课程开发机制。

(三) 地方课程开发的要求

由于地方课程开发具有以上的特点,因而地方课程开发常注重以下的要求:① 特别注意处理好国家课程标准与地方课程方案的关系;② 地方课程开发要从地方的实际出发,要注重为地方的经济、社会发展服务,要注重了解和挖掘地方的课程资源,要注意研究地方的文化异同,并以此作为地方课程开发的起点;③ 在课程结构的安排上,要体现出浓厚的地域色彩,要能使学生融入地方的社会生活之中。

四、校本课程开发

校本课程开发是以学校为核心,以学校的成员包括校长、教师、学生以及家长、社区

---

① 王而治.课程体系三级管理的意义、功能及其运作规范[J].课程·教材·教法,2000(5).

人士等为主体,在具体实施国家课程和地方课程的前提下,通过对本校学生的需求和学校实际情况进行科学的评估,并根据学校的教育哲学思想,充分利用当地社区和学校的课程资源而进行的课程开发,亦称学校课程开发。

典型的校本课程开发是完全自发、自主的课程开发,是完全出于学校内部需要,完全依靠自身的条件和资源的全员参与、自我评价的课程开发活动。它是"实践—开发—反思—改进"的"草根"开发模式。相比于国家课程开发,校本课程开发主要具有以下五个方面的特点:① 自发、自愿;② 自我控制和地方控制;③ 回应内部需要;④ 利用自身资源;⑤ 内部评价。校本课程开发是对国家课程开发的有益补充。它与国家课程开发的主要区别见下表(表8-1)。

表8-1 国家课程开发和校本课程开发的区别[①]

项目	国家课程开发	校本课程开发
课程目标	以开发全国统一的课程方案为目标	以开发符合学生、学校或地方特殊需要的课程方案为目标
参与人员	课程开发是学者专家的权责,只有校外的学者专家有权参与课程开发	所有的课程利害关系人士均有参与课程开发的权责。因此,学校成员与校外人士均可参与课程开发
课程观	课程即书面的课程文件,是计划好的课程方案	课程即教育情境与师生互动的过程与结果
学生观	学生无个别差异,是被动的学习个体,为他们安排的课程可以在事前做好详细、完善的计划	学生不但有个别差异,也有主动建构知识的能力,课程应根据学生需要而不断地进行调整,事先的计划越详细就越不能适应学生的学习需要
教师观	教师仅是课程的实施者,职责就是依照设计好的课程方案加以忠实的呈现	教师是课程的研究者、开发者和实施者,教师有主动解释课程、开发课程的能力

(资料来源:张嘉育,《学校本位课程发展》,台北:师大书苑,1999年版,第5页,略作改动)

资料链接8-1:校本课程开发运动的兴起

第二节 校本课程开发的含义与意义

资料链接8-2:关于校本课程开发含义的讨论

一、校本课程开发的内涵及本质

(一) 校本课程开发的内涵

近些年来,我国一方面不断介绍和吸收国外有关校本课程方面的研究成果,一方面

[①] 徐玉珍.校本课程与国家课程开发关系评析[J].北京:教育科学研究,2002(5).

国内也进行有关的理论研究和实践探索,目前大家的观点也逐步趋同。人们比较认同的观点是,将校本课程开发视为以学校为基地进行课程开发的、开放民主的决策过程,即校长、教师、课程专家、学生以及家长和社区人士共同参与校本课程计划的过程。①

对校本课程开发的不同理解,正说明校本课程开发实践本身十分复杂。综合各种观点,本书认为校本课程开发是以学校为核心,以学校的成员包括校长、教师、学生以及家长、社区人士等为主体,在具体实施国家课程和地方课程的前提下,通过对本校学生的需求和学校实际情况进行科学的评估,并根据学校的教育哲学思想,充分利用当地社区和学校的课程资源而进行的课程开发。校本课程开发既是一种课程开发策略,也是一个动态的不断完善的过程。

而校本课程是以学生、家长、社区人士等为主体,从学校的具体特点和条件出发,通过设计、实施、评价等一系列职能活动和过程而开发研制的课程。校本课程是基于每一所学校及学校所在社区的特殊需要而开发的课程。校本课程在西方有着许多不同的名称,诸如"学校焦点课程"(school-focused curriculum)、"学校中心课程"(school-centered curriculum)、"有效学校运动课程"(the effective school movement curriculum)等。名称有所不同,强调之点亦有所差异,但其共同之处都在于打破"自上而下"(Top-Down)的所谓"技术官僚"的运作方式,主张把课程的决定权交给应拥有课程决定权的学校及学校的校长、教师、学生以及家长和社区人士等,显然,这是一种"由下而上"(Bottom-Up)的课程运作方式,强调课程的弹性和教师的自主权。

综合以上的各种讨论可以看出,校本课程开发和校本课程概念强调如下几点含义:

(1) 强调学校成员是其开发主体,同时也重视校内外各种人力和资源的运用与整合。

(2) 强调校本课程开发不是同国家的课程相对立的开发方式,而是课程开发的必然模式。校本课程开发既包括国家和地方课程计划预留的学校自主空间,进行学校自己的课程开发,这时学校是课程权力的主体;也包括学校根据自己的教育哲学思想对国家和地方课程计划所进行的校本化的适应性改造,这时,国家仍然是课程计划的权力主体,学校教师则更多的是课程开发的参与主体;这时的课程目标和内容虽然已经明确,但学校教师仍然可以根据学校的特点和条件,就教学资源、单元进度、授课次序、教学方法和考核方式等课程议题进行一定程度的自主决策。校本课程开发和校本课程的概念都表明:无论是国家计划抑或学校固有的计划,都应根据每一所学校的实际情况与负有的责任做出选择并推动其发展。

(3) 校本课程开发重新定位学校在课程开发中的角色。学校在与国家、地方、教室层级的课程开发模式的配合中,逐步使"社会—学校—教师"发展成为一种伙伴关系。

(4) 校本课程开发和校本课程的概念也重新定义了教师与课程的关系,特别重视学校教育人员的自主性与专业性,从而将课程研究、课程设计以及课程实施、课程评价等结合为一体。

---

① 吴刚平.校本课程开发的定性思考[A].第二届全国课程学术研讨会论文,第1页.

(5) 校本课程及其开发强调了课程的多样性、地方性以及适应性或适切性，使其可立即回应社会、社区、学校与学生等的需要。

(6) 校本课程开发使课程潜能（curriculum potential）获得了足够的重视与理解，从而有助于课程的改革和发展。

（二）校本课程开发与相关概念的比较

有的学者还将校本课程开发与一些相关的概念进行比较和区别[①]，这也有助于进一步加深对校本课程开发本质的把握。

1. "校本课程开发"与"校本课程"

校本课程开发指向的是一个动态的不断完善的过程，其意义不仅体现在校本课程开发的产品中，而且体现在校本课程开发的过程中。校本课程开发既可以自主开发自己学校的独特课程，也可以针对国家课程进行校本化改造，从而使国家课程更加符合具体的学校教学情况，但它并不改变国家对于课程的权力主体性质。而校本课程属于校本课程开发的产品或结果，为学校自主决定的可供学生选择的课程计划或方案。

2. "校本课程的开发"与"校本的课程开发"

"校本课程的开发"其重心在"校本课程"上，即把校本课程看作一个课程板块。它与国家课程和地方课程相对应，它们共同组成基础教育课程体系的有机整体；其开发的权限及范围是确定的，开发主体是学校及其教师。

"校本的课程开发"的重心则放在"校本"上，从广义上说，其权限和范围远大于前者，既指国家课程和地方课程的"校本化"，又指根据学校实际开发出与国家课程、地方课程相对应的"课程板块"；从狭义上说，相对于"校本课程的开发"而言，它特指国家课程和地方课程的"校本化"，其开发主体主要是广大教师，可以是教师群体，也可以是教师个人，但都必须是"整体设计"。本书中的校本课程开发主要是指"校本课程的开发"。

3. 校本课程开发与编教材

不论何种程度的校本课程开发，单个学科或活动还是多个学科或活动，只要是校本课程开发，就一定意味着对课程进行某种程度的系统安排和规划设计。那些几乎未经系统思考的"零打碎敲"式的对教材和教学所做的变化，绝不是校本课程开发。教材是一种课程资源，是课程内容的一种呈现形式，但并不是课程的全部。由于教材的编写和使用具有一定的稳定性和相对滞后性，因而难以适应校本课程所应具有的时效性和灵活性等特征。而校本课程可以由学校编写教师指导用书，或为学生提供必要讲义、手册和材料。校本课程开发并不只是编教材。

4. 校本课程开发和"兴趣小组"或"课外活动"

大多数学校的"兴趣小组"或"课外活动"只是开展具有某种特定内容、特定功能的

---

① 吴刚平.校本课程开发[M].成都：四川教育出版社，2002：41.

活动,不能称之为"课程"。当然,"兴趣小组"或"课外活动"可以转变成校本课程开发。对于那些根据学校实际情况而设计的具有学校特色并形成了一定"品牌"的,具有相对稳定内容和独特功能的"兴趣小组"或"课外活动",如果能进行课程论的改造,按课程设计、系统、规范地考虑其目标、内容、组织实施以及评价等要素,这样的"兴趣小组"或"课外活动"可以看成是"校本课程开发"。

5. 校本课程开发和综合实践活动课程组织

综合实践活动课程是在教师指导下,学生自主进行的综合性学习活动,是基于学生的经验,密切联系学生自身生活和社会实践,体现对知识的综合应用的实践性课程,强调学生基本学习能力的培养,是国家规定的必修课程。而校本课程更考虑学生的个性发展,是根据学校办学理念与学校实际发展开发和设计的,目的是满足学生和社区的发展需要,强调多样性和差异性,学生有选修的权力。因此,校本课程是学校自主开发设计的课程,可以选修也可以必修。但综合实践活动需要校本开发的理念和技术,在实施上更多地依赖于学校开发和管理。校本课程开发的课程范围属国家课程中"综合实践活动"部分,学校开发的校本课程可以是实践性课程的形式。因此,校本课程和综合实践活动是有机的联合体。

(三)校本课程开发的理念

从以上的讨论中可以看出,校本课程开发的基本理念在于:

(1)校本课程开发的根本出发点是基于学生差异性、多样性和独特性的需要。为此,校本课程开发既要尊重学生的差异,以为学生提供符合其个性特征的"适应性"教育(课程及其相应的教学),也要全面和谐地发展学生的个性。

(2)学校及教师等是校本课程开发的主体,这是校本课程开发内在的规定性要求,也是校本课程开发中必须坚持的基本理念。当然,校本课程开发必不可少地需要理论的引领和专家的指导,它必定是在先进的理论、观念指导下进行的一种实践性研究活动,是专业研究人员、一线教师的合作性研究活动。

(3)校本课程开发是国家课程及地方课程的重要的独特的补充,是整个教育体系和课程体系的重要组成部分。为此,学校要在国家规定的留给学校的时空里积极开发出丰富多彩的校本课程,并与国家及地方课程一道共同成为育人的重要资源。

(四)校本课程的本质

学生、教师、家长和社区等的课程需要是多种多样的,学生和教师主体性的表现也是多种多样的,而其个性、差异性更是各不相同,各学校的课程资源及社区参与也各异,因而,课程在学校之间是不具有可比性的。而且各个学校在校本课程的研制开发过程中对学校成员特别是教师的要求是极不相同的,同时这些要求在校际也是不尽相同的。

就整个教育的本质而言,要尊重学生的主体性和个体差异性,并发展学生的潜能,为此课程的范围原本至少就应该包括学校计划的层次。校本课程的发展应以学生的主体性和个性发展为课程的着眼点和着力点,强调学校师生员工等的课程开发责任,不但回归了教育的本质,也回归了课程的本质。

正是由于校本课程的着眼点和着力点集中指向人的主体性的体现和培育,指向对人的个性和差异性的尊重和彰显,强调学生在课程活动中的主体地位和主动作用,同时关注教师在课程改革中的主体地位和作用,并以"交互主体"的认识把握师生关系。同时,校本课程的发展还以"交互主体"的认识把握学校与社会的关系,从"校本"的角度出发,强调课程开发活动在学校中发起、在学校中实施并按"开放性""多元相融性"等的要求强调尽可能对学校内外各种课程资源的利用,强调与政府、社区以及课程专家的交流协调和合作。

因此,可以说,以学校为基础研制开发的校本课程,是学校教育哲学的最集中的体现,这种课程必然渗透到包括教职工的教学方法、管理行为等在内的方方面面,影响到教师的在职培训、教育资源的选用和社区的参与,等等。我国课程改革的校本化发展正是因应了我国素质教育、创新教育和特色教育等发展要求的必然趋势,也正体现着当代中国教育对课程改革和发展的规约。校本课程正是有助于体现人本性、主体性的课程,是富有个性、多元性、差异性和开放性的课程。

(五)校本课程开发的类型

校本课程开发的类型因选取角度、划分方法的不同而有所差异,并进而影响到校本课程开发的方向。校本课程开发可有以下的分类:[①]

(1)根据校本课程开发基础框架的变化,可以有以国家课程开发框架为基础和以学校内部课程框架为基础两种类型。前者导向的活动:作为国家本位课程开发结果的副产品而进行的校本课程开发;以国家本位课程开发结果为基础,结合学校的具体情况,开发独特的校本课程;选用国家课程方案。后者的工作:以有特色的创新的方法进行校本课程的开发;出于学校的特殊教育需要而产生的校本课程开发。

(2)根据课程开发主体的变化,可以有个别教师、两位教师、教师小组、全体教师、与校外机构或个人合作进行的校本课程开发类型。

(3)根据课程开发主体参与程度的变化,又可把校本课程开发类型分为四种:选用、改编、拓展、新编。选用是参与程度最低的校本课程开发类型,它只是从众多可能的课程方案、项目中选择须付诸实施的、更为合适的一种。在此,无须分享、交换信念和寻求信息。改编需要综合考虑目的、内容选择、内容组织、学习经验、学习资料等因素,通过增加、删减和重组对已有学校课程进行修改、改编,使之适应变化的学校情境、课堂情境。拓展则是在充分考虑新的有价值的目标、新的知识技能、新的学习需求的基础上,进行的补充性、拓宽性的活动。新编是参与程度最高的校本课程开发类型,意味着进行凸显学校特色的短期或长期的课程创新工作。

(4)根据课程开发范围的变化,校本课程开发可以分为这样四类:非定向课程的开发(如校园环境的开发)、单项课程的开发、部分课程的开发和全部课程的开发。

---

① 汪霞.校本课程开发:理念、过程、困难及其他[J].教育探索,2006(1).

(六) 校本课程开发基本内容

校本课程开发的基本内容有：
(1) 对国家课程和地方课程进行"校本化"的实施。
(2) 研制本校校本课程必修和选修科目的课程标准。
(3) 确定必修和选修教材的编写选用。
(4) 制定属于本校的重大课程改革方案并报上级教育行政部门审批。

二、校本课程开发的意义及存在问题

(一) 校本课程开发的理论意义

本书第一章所述学校层面的课程设计与评价的七个方面的意义亦即校本课程开发的意义，除了上述的七个方面的意义，这里就校本课程开发的理论意义进行一些讨论。因为校本课程的开发研制及发展对课程理论的建设和发展同样有着重要而深远的意义，这包括：

(1) 校本课程开发采取广义的课程定义，视课程为在学校指导下所发生的一切学习经验，这就使得课程内容、教学方法、师生关系、学校环境等都包含在内，从而使得课程有了非常宽广的研究领域和空间。

(2) 校本课程开发主张以学校为核心或基点，强调以学校成员为主体而规划、设计、实施和评价课程，同时吸收外部机构与人员的参与协助，还注意吸纳其他课程开发的成果，有助于整合校内外人力和资源，有助于推进更广泛和更多元的沟通与对话。

(3) 校本课程开发既重视课程开发的成果，也强调课程开发的过程，有助于把课程开发的过程变成学校成员学习民主参与、团体合作、同事互助、反思审议并改进学校组织机构的教育过程。

(4) 校本课程开发理顺了教师与课程的关系，凸显了学校教育人员的专业自主地位，重视了教育人员的课程权责，有助于教师队伍的建设。

(5) 校本课程开发重新定位了学校的课程角色，使社会、社区、学校、教师成了一种"伙伴关系"，这有助于推进国家、地方、学校、教室等层级课程的协调发展，并推进各课程开发团体的合作交流。

(6) 校本课程开发强调课程的多样性、动态性、地方性、适应性、及时性等，使得学校能即时回应社会、社区、学校以及学生的各种变化和需求，从而不断地调适自己、发展自己。

(7) 校本课程开发强调将课程研究、课程设计、课程实施和课程评价合而为一，使得学校能总揽课程的改革，保持学校课程的活力。

(二) 校本课程开发的负面影响

校本课程开发既有正向的功能和意义，也有负面的影响和问题。

校本课程开发的负面影响有：

（1）校本课程开发主要着眼于学生、学校和社区的需要，往往会忽视学科领域和学科知识的核心，而且都按照学生兴趣开设课程，容易走向兴趣主义，并且还会与学术性的要求产生距离。

（2）课程规划设计的权力下放给学校和教师以后，学校往往会忽视课程设计的共同、平衡原则，从而扩大学校与学校之间的课程差异，这样国家对校本课程的质量难以控制，也难以检查基层学校的工作，从而会加剧学校与学校之间教育质量的不平衡，并给学生的转学流动等带来困难。

（3）校本课程要求注重内部评价，又强调学校之间的较少可比性，因而常常导致评价标准不高、不严密等问题。而且国家统一考试的存在，又会导致不重视内部评价，从而使内部评价不能按原初理念贯彻始终。

（4）校本课程开发较重视相关成员形成的共识，而不太注重甚至不愿承认课程开发中客观存在的矛盾与冲突，亦不注重课程开发过程中的冲突处理和相异论点的磋商，从而使得形成的可能是一种表面上的或是书面上的共识，这自然不利于校本课程的真正的发展。

（5）在校本课程开发过程中，学校要为此提供大量的人力、物力、财力以及信息、时间等，消耗的教育资源明显高于实施国家课程的需求，常会给人以劳师动众未见实效之感，从而使人怀疑其效能。

（三）校本课程开发过程中存在的问题

校本课程开发过程中存在的问题有：

（1）教职工的工作时间不足，理论和技术准备不够，校本课程开发要求学校的绝大部分教师甚至全体教师都要参与，同时对教师的要求也较高。对学校教师而言，学校的日常课程和教学活动已经占据了他们的大部分时间，如再要求他们耗费大量的时间、精力从事校本课程开发工作，就会使他们面临时间严重不足的困难。他们会认为这是给他们增加了额外负担，给他们带来了另外的压力，从而会有消极甚至拒绝的心理和态度，这就会影响校本课程开发的进程和质量。

（2）教师智能准备不够。目前的中小学并不是所有教师都具有校本课程开发所应有的课程理论和相应技术，甚至在一些学校很大一部分教师都没有与校本课程开发相应的智能准备；有的不熟悉课程开发的理论，不知道如何研制开发校本课程，再加上在职进修也不能保证，这就使这些教师无法参与学校的校本课程开发，从而给学校的校本课程开发工作带来很大的困难。

（3）教师在校际都会有流动，且国家从教育均衡发展的视角正在推进教师流动，流动会使教师无法正常参与校本课程的开发，这也会影响到校本课程开发的连续性和校本课程的质量。

（4）校本课程开发在一些地方和学校常被窄化为"教师本位的课程开发"或"学校内部的课程开发"。这会导致忽略教师以及学校成员间的合作，排除校外成员和社区人士、他校人士、外部机构的学者专家的合作,也排斥了国家和地方教育行政部门的参与协调。

(5)从学校的角度,还由于方方面面的原因,难以进行学校组织、人际关系等方面的变革,以回应校本课程发展的要求,从而影响着校本课程的开发。

以上所述校本课程开发的负面影响和校本课程开发过程中所遇到的或存在的问题,并非校本课程本身所固有的,也并非不可避免的。恰恰相反,提出这些问题,就是要对此有所注意,并想方设法克服。同时,认真总结研究,逐步完善校本课程开发的理论体系和方法体系,并提高校本课程开发的实践效能。如教师实践不足的问题,就要求教育行政部门和学校重新审议教师的工作量和工作属性,切实将校本课程开发纳入教师专业工作量范畴。再如,为提升教师的校本课程开发智能而准备的在职进修培训工作,按教师进修及学术休假等条例,可从政策上、制度上、经费上、时间上都保证起来,同时每个教师也应确立起终身学习的态度。此外,进修院校及学校自培基地等也应提供相应的课程,进行相应的培训。又如,学校经费资源等问题,这一方面要求国家在财力投入上将校本课程开发的经费纳入预算;另一方面,学校也应广开渠道,想方设法争取社会特别是社区各方面的支持,以充分地利用学校内外的课程资源。

校本课程及其开发本来就强调其适应性和动态性,因而就要求校本课程开发主体在实践活动中要以积极的和变革的态度,从容面对所遇到的各种具体问题,实事求是地、因地制宜地促使校本课程的健康发展。

第三节 校本课程开发的基础、原则及课程组织结构

一、校本课程开发的基础

本书第一章所述课程发展的基础所包括的理论基础和客观基础同样都适用于校本课程开发,同时由于校本课程开发的一些特殊性,因而这里就校本课程开发特定的基础进行一些特定的讨论。

(一)校本课程开发的理论基础(主要的理论依据)

1. 实践的课程范式[①]

为校本课程开发提供直接理论支持的课程学者当属美国的施瓦布(Jeseph Schwab)和英国的斯滕豪斯(Lawrence Stenhouse)。施瓦布与布鲁纳一起领导了20世纪50年代末到60年代末的结构主义课程改革运动,即"新课程运动"。在总结该运动失利原因的基础上,施瓦布创立了"实践的课程范式",发起和组织了课程领域的"走向实践运动"。几乎在同一时期,斯滕豪斯在英国与施瓦布遥相呼应,针对目标模式提出

---

① 尹弘飚,靳玉乐.校本课程开发的思想基础[J].西南师范大学学报(人文社会科学版),2003(3).

了与之对立的课程编制的"过程模式",并领导了"教师即研究者"运动。他们的课程理论和实践为校本课程开发揭开了序幕。

(1) 实践的课程范式将教师与学生视为课程的主体和创造者。在目标模式中,课程是按照业已确定的目标预先编制好的,教师只是按照要求来实施它,课程实施的优劣依照学生的目标达成情况来判断。这样,不仅使学生牢牢处于目标与教师的控制之下,教师自己也只能被动地接受和传递课程。因此,教师和学生是被排斥于课程编制过程之外的,他们只是课程的奴隶。在实践的课程范式中,教师和学生成为课程的有机组成部分,是课程的主体和创造者。斯滕豪斯明确提出了"教师即研究者"的口号,认为整个课程编制过程就是一个问题探究过程,教师即问题探究者。课程编制过程就是由教师确定研究任务,在自己所处的特定情境中收集和分析资料,进而确定课程内容及实施问题。这样,以学校为基地编制课程成为课程编制的必然要求,教师则成为这一过程中的研究和开发主体。

(2) 实践的课程范式主张课程开发应采用过程模式,强调课程开发中过程与结果、目的与手段的统一。斯滕豪斯主张进行课程编制时应把目的作为行动准则加以阐明,而不是细划为繁琐的行为目标。课程应以过程为中心,强调教师根据教学的实际进展情况和学生的表现提出相应的目标。

(3) 实践的课程范式主张采用集体审议作为课程开发的运作方式。审议就是通过对问题情境的反复权衡而达成一致意见,最终做出行动的决策。随着学校成为课程开发的基地,强调一般性、普适性的理论很难指导实践,学校不可避免地要直接面对特定的教育情境。借鉴系统论的方法,施瓦布主张学校本位的课程开发应建立由校长、教师、学生、社区代表、课程专家、心理学家和社会学家等组成的课程集体来审议课程开发的具体问题。

(4) 实践的课程范式以行动研究作为其方法论基础。行动研究具有三个方面的基本特征:一是研究过程即实践过程,在行动中解决实践问题;二是参与者即研究者,原来的被研究者成为研究主体;三是强调反思在研究中的作用。行动研究的基本理念在实践的课程范式中得到充分的体现。施瓦布和斯滕豪斯的课程研究成为"课程行动研究"的典范,同时也发展了行动研究方法论自身。他们不仅使课程研究从理论走向实践,提出了"教师即研究者"的口号,而且进一步发展了以亚里士多德的反思观为基础的反思性探究方法。他们促使教师在教学实践中反思目的与手段的统一性,以及教学中所包含的教育价值,发展自己对教学的理解和探究能力,进而不断改进教学。

2. 知识观转型

所谓知识观,简单地说就是对知识的看法。它要解答的基本问题有:什么是知识?什么是有价值的知识?个人如何获得知识?对以上问题的不同回答便形成了不同的知识观。

以认识论哲学为主的传统观念认为,知识是对世界的表征,即对世界的描述和解释。人类把在认识世界和改造世界的过程中所形成的普遍性、规律性的认识(包括客观事实、原理、规律、理论,等等)用语言或其他符号表述并记录下来,就形成了知识。对于学习者来说,知识是学习的客观对象,是独立于学习者之外、与学习者的经验和认知方式无关的客观存在。学习者的主要任务就是掌握它。学习的过程就是知觉、记忆、理解它的过程。而新知识观认为,知识是一种关系体系,是"主体通过与其环境相互作用而获得的信息及其组织"。知识不仅是一种客观存在(人类的知识),也是"个人头脑的创造物"(个人的知识),"当个人通过社会过程领悟到各种事实材料之间的联系、把经验加以组织并对日益复杂的意义锁链进行推论时,知识便随之产生和发展"。因此,"个体是意义的创造者",他可以把事实材料纳入自己关于事物的组织结构中,并将这一结构与他的已经作为经验而独有的那些东西用自己独特的方式联系起来。知识并非只有单一的存在形式,以语言和各种抽象符号形态存在的陈述性(表征性)知识只是知识的一种形态;而"做"的知识(程序性知识)和"实践""体验"的知识也是知识的重要类型。

(二) 校本课程开发的实践基础(主要的实践需求)

1. 教师专业化

从20世纪60年代开始,教师专业化逐渐被国际社会普遍重视。教师专业化必然涉及教师"专业自主权",专业自主权的大小是一个职业专业化程度的重要标志,专业自主权是教师专业化的一个重要构成。教师专业自主权就是指教师作为主体,在遵循社会、教育规范及遵循规律的前提下,自由地选择教育行为,并不断地追求超越自我境界的教育自主的权利。1966年,联合国教科文组织在其文件《关于教师地位的建议》中,对教师专业自主权进行了较为详细的规定。主要包括:

(1)"教学自由权":教师在履行职责上享有学术自由,有资格对最适合于学生的教具及教法做出判断,在选择和使用教材、选择教科书以及运用教育方法方面起主要作用;任何领导监督制度都不得损害教师的自由、创造性和责任;教师可以自由采用有助于评价学生进步的成绩评定技术等。

(2)"课程开发权":教师及教师专业组织应参加新的课程、教科书及教具的开发工作。

(3)"评价知情权":对教师工作的评定要客观并为教师知晓。

(4)"申诉权":教师有权力对自认为不恰当的工作评定提出申诉;对家长的抱怨进行审查时,教师应获得自我辩护的公平的机会,审查经过不得公开。

(5)"免责权":教师应尽力避免学生发生事故。当学生在校内外的学校活动中发生事故时,教师的雇主应保护教师不致负担损害赔偿。无论是"教学自由权"还是"课程开发权"本质都属于"选择权",这是教师专业自主权的核心。

就我国当前的教育实践来说,教育主体的选择权在教学方法或媒介等方面相对较为容易实现,但最为核心的教育内容及其进度安排等方面的选择较为有限。"医生"常常被认为是专业化程度较高的职业,每个合格的医生都有独立的"诊断权"和"处方权",这是基于医生的专业水平和临床经验。如果没有"诊断权"和"处方权",医生职业的专业化就无从谈起。教师教学内容的选择权同医生的"处方权"当然还是有一些差异性的,但一个合格的教师,也是应该具备一定的基于教育目的和课程目标选择教学内容的能力和权力。毕竟,教育教学内容只是实现教育目的或课程目标的手段而已,不同的内容可以实现相同的目标,不同个体的需求也不完全相同,需要教师根据实际情况灵活抉择,才能真正实现因材施教,这恰恰是教师专业水平的体现。

2. 学生个性发展

实施素质教育是我国教育的基本理念和长期追求。全面发展、全体发展是素质教育的目标;主动发展是实施素质教育的方向;终身发展是素质教育的核心;个性发展是素质教育的追求。有些学者甚至更明确地指出,素质教育是回归生命本体的教育,是唯人发展的教育,也就是个性发展的教育。在素质教育持续向纵深发展的今天,教育不再是选择适合教育的学生,而是创造合适学生的教育。素质教育必须以人的发展为本,要把人的发展作为一个整体,这个整体是若干相互区别、相互联系、相互作用等要素的综合体。个体由于先天的禀赋、后天的环境影响,以及接受教育后的内化过程等方面的千差万别,从而使受到的教育效果在具有一定共性的同时,必定会产生无限丰富、差异纷呈的个性。而个性教育,正是素质教育的作用所在、实质所在,也是素质教育的不懈追求。

儿童从懂事开始,周围的环境就逐渐影响着他的需要、动机、兴趣、态度、价值、观念、气质、性格等,亦开始形成他的个性心理特征,尤其是在开始接受教育和参与社会实际活动后,更是形成了一定的个性倾向。小学阶段正是儿童形成个性的关键时期。要培养儿童的个性,首先要尊重个体不同的需要、兴趣和价值观;其次还要能为学生兴趣、需要的满足提供机会。学生个性的发展归根到底要通过相关课程来落实,为学生提供多样化的、可选择的课程是促进学生个性发展的必然选择。

二、校本课程开发的主要原则

校本课程开发的原则是指在校本课程开发过程中,制约着开发活动的价值准则,是人们根据对课程开发过程的规律性认识而制定的用以指导课程开发的基本要求。课程开发的原则规范着课程目标的性质、课程内容的选择、课程实施的标准以及课程评价的取向等问题。若使校本课程开发成功、有效,首先必须确定一个教育学意义上的原则。这一原则必须遵循教育发展的基本规律,是在立足于教育的内在价值与外在价值、目的性价值与工具性价值辩证统一关系的基础上所确立的具有概括性的原则规范。

为校本课程开发确立原则,旨在规范校本课程开发的目标、方向、内容、性质和质量等,为校本课程开发提供明确的原则导向,从而提高校本课程开发方案的合理性与校本课程开发过程的科学性,减少其随意性和盲目性,以充分发挥校本课程开发的效力。

在校本课程开发具体的管理与开发过程中应遵循的原则有以下几个方面:

(一)自主性原则

这里的自主性包括学校、教师、学生的自主性。校本课程是充分体现学校、教师、学生主体性的课程。它要求学校、教师意识到自己既是校本课程的实施者,又是校本课程的开发者、设计者;充分利用学校自身的优势和资源,自主开发、自主设计和自主组织实施。同时,要充分体现"以人为本"的思想,广泛关注和激发学生的主体意识,尊重学生的自主权利,让每个学生有更多的机会自己去设计、开发、实践、体验和创造等,使他们的个性得到充分的发展。

(二) 开放性原则

校本课程的开放性体现在以下几方面:一是校本课程内容的开放。它不限于学科课程,还包括综合实践活动课程和环境课程等领域。二是活动范围的开放。活动范围不限于学校、教室,而是将"课堂"延伸到了学校以外的家庭、社区机构、社会生活场所以及大自然等,为学生的发展开辟了广阔的空间。三是活动方式的开放。学生的活动方式表现为自主选择、主动探究、自主实践;教师的活动方式表现为创设情境、参与合作、指导帮助。活动形式包括组织学生参观、访问、调查、实验、宣传、郊游、野营、义务劳动、公益服务以及搜集信息等。

(三) 灵活性原则

各个地区、学校的教育资源和优势不尽相同,各学校教师队伍的发展状况也不均衡,加之各班学生的个性也存在差异,因此,不同学校在开发校本课程时,应尽可能满足不同地区、学校、学生的差异性,充分挖掘和利用当地和学校的教育资源优势,尽量满足学生的个性发展需要,力争使校本课程的开发显出特色。

(四) 适宜性原则

校本课程开发,应因地、因时、因校循序渐进,量力而行,切忌盲目照搬。不同学校在地域特点、师资质量、学校经费、教学设备、社会物质环境及精神文化环境等方面不尽相同,而且不同区域的学校,学生的文化背景以及对校本课程的价值取向也存在着差异。为此,进行校本课程开发时学校必须正确评估自身的优势与劣势,要依据学校自身的特点,尽量突出学校的优势,以提高校本课程开发的成效。比如校本课程的内容选择应以满足学生的兴趣与需求为前提,但同时又必须立足于学校、社区所能依托的教育资源,否则校本课程也就失去了"校本"的特色,其课程的适应性也就无从谈起。在具体设计阶段,学校应该考虑如何利用已有的条件,如何挖掘潜在的课程资源,如何最有效地创设进行校本课程开发的条件,而不是等待时机与条件。

(五) 协调性原则

校本课程开发是对国家课程开发和地方课程开发的补充,而不是否定,它们一起促进了学生全面健康的发展,都是我国课程结构中不可缺少的组成部分。校本课程开发必须在国家课程计划框架内、立足于弥补国家课程之缺失的基点上,谋求与国家课程和地方课程的协调一致和均衡发展,以获取支持。有学者说,"校本课程开发倘若丧失了国家层和地方层的主导权与支持,只能沦为'空洞的口号'"[①]。校本课程并不是与国家

---

① 钟启泉.课程设计基础[M].济南:山东教育出版社,1998:103-104.

课程、地方课程相割裂的,它们的内容无论从难度上,还是从选择与组织上都应该相互协调、相互平衡,成为相互联系、相互影响、相互转化的有机整体,切不可抛开总的要求和目标另搞一套。那种把国家课程、地方课程和校本课程机械割裂开来的做法是错误的。

三、校本课程组织结构

(一)什么是校本课程组织结构

校本课程组织结构,是指校本课程内容的各要素、各成分和各部分的合乎逻辑和合乎心理的安排、联系及排列的方式。

由于校本课程内容的各要素、各成分、各部分是按照一定的时间和空间分化、组织起来的,因而校本课程组织结构是一个立体的整体结构。这一立体的整体结构包括其表层结构和深层结构。校本课程的表层结构或横向结构是校本课程表层内部各部分之间合乎规律的组织形式,是由一系列学科与若干活动项目所组成的整体,它包括学科与活动项目之间在时间、空间上的排列和组合以及学科的划分与组合、活动的划分与组合、专题的划分与组合等。校本课程的表层结构或横向结构包括本书前边"课程类型"所列的学科课程、活动课程、综合课程等结构类型;校本课程的深层结构则是指校本课程内容的各要素、各成分和各部分按照纵向序列所进行的合乎逻辑、合乎心理的组织形式。如此前所述学科课程最基本、最一般的纵向结构即课程计划、课程标准、教科书等,亦是其基本结构之一。

(二)校本课程常见的组织结构

由于校本课程类别的多样性,因而其组织结构也是具有多样性的。如校本的活动课程、核心课程、综合课程以及研究型课程等,其结构自然是有诸多差异的。这里就常见的几种校本课程组织结构进行讨论:

1. 主题中心研究型课程组织结构

主题中心研究型课程的组织结构可用"主题+任务+评价标准"表述。其中,主题是该型课程的主要内容范围和基本框架,主题的选择可以来自学科课程的某个内容,也可来自社会和自然的现实,主题的确定应围绕和符合学生的发展及社会的需求。任务是由主题而派生,根据主题而确定的课程活动所必须完成的学习作业。任务可以是多种多样的,可以是单一的,也可以是复合的。任务的确定必须是积极的同时也应是实事求是和经过努力能基本完成的。评价标准是任务能否完成的判断标准,应根据主题、任务、学校和学生的具体情况而科学地制定。主题、任务、评价标准是有内在统一性的,课程结构的组织应注重其内在统一性。

2. 方法和过程中心研究型课程组织结构

该型课程组织结构主要包括提供背景资料,提出问题并判断价值;实施课程研究,体验和体会有关方法和过程;提供反思批判方法,深入课题研究,进一步体验和体会有关方法和过程。

3. 活动课程的组织结构

活动课程的组织结构包含的要素有活动课程的目标、活动课程的内容、活动课程的方法、活动课程的评价。"目标—内容—方法—评价"构成了活动课程结构的逻辑链条，活动课程所包括的每一类基本活动都必须具备活动课程共同的逻辑链条。

第四节 校本课程开发的模式及程序、方法

一、校本课程开发的三种模式[①]

本书第三章所讨论的课程设计与评价的几种模式，一般而言在校本课程的开发中都可以进行不同程度的借鉴和运用，除此，校本课程的开发在实践当中又往往表现出不同的特点，形成不同的校本课程开发模式。这里主要讨论具有校本课程开发特点的三种模式，包括：

（一）需求主导模式

以学生需求为主要线索开发校本课程的模式，可以称为需求主导模式，由此开发出来的校本课程叫需求主导校本课程。

需求主导模式，即以学生的实际需求为开发校本课程的主要依据。校本课程的开发活动优先考虑的是满足学生的实际发展需求，通过学生需求的满足，逐渐发现学校办学的生长点和突破口，形成学校的办学特色和办学目标，培养和提高教师和校长的课程意识，提高学校的办学质量。

（二）条件主导模式

以资源条件为主要线索开发校本课程的模式，可以称为条件主导模式，由此开发出来的校本课程叫条件主导校本课程。

条件主导模式，即以学校的资源条件为开发校本课程的主要依据。校本课程的开发活动优先考虑的是学校的现实可能，学校在现有条件下能够做什么，能够开发怎样的校本课程；其他因素都只能服从资源条件的限制，校本课程的生长点和突破口都有赖于学校的资源条件，包括硬件条件、软件条件和师资条件等。比如有些课程可能是学生很需要的，但学校没有条件开设，只得割爱；有些课程，学校开设出来，学生不一定特别需要或喜欢，但开设了也没有什么特别的不好，学校还可以继续开设，可以通过努力来培养和激发学生的需要。

---

① 吴刚平. 校本课程开发[M]. 成都：四川教育出版社，2002：125 - 126.

（三）目标主导模式

以办学目标为主要线索开发校本课程的模式，可以称为目标主导模式，由此开发出来的校本课程叫目标主导校本课程。

目标主导模式，即以学校的办学目标为开发校本课程的主要依据。校本课程的开发活动优先考虑的是学校的办学思想以及在学校办学思想指导下的具体办学目标，其他因素都只能服从和服务于学校的办学目标。通过落实学校的办学思想和办学目标，逐渐形成学校的办学特色。学校发展的生长点和突破口，是通过学校的办学目标来引导和带动的。比如，有些课程的开设与学校的办学思想和目标是一致的，但不一定是学生最喜欢的，只要学生不是特别反感，学校就会坚持开设，通过培养学生的兴趣逐步吸引和激发他们进入课程与教学过程；或者学校现有的资源条件并不支持某类或某门课程的开设，但只要有利于学校办学目标的实现，学校就要想方设法创造条件开设；等等。

开发校本课程的三种模式，在开始进入校本课程开发时是值得借鉴的，但随着校本课程开发的深入，要逐渐形成一种更加综合的开发思路，充分调动各方面的因素来促进学生发展和学校发展。

二、校本课程开发的基本程序

校本课程开发的基本程序就是校本课程开发的一般流程，它是学校和教师校本课程开发能力的重要体现。

（一）关于校本课程开发程序的研究

校本课程开发程序既可以运用本书第三章所介绍的如斯基尔贝克（M. Skilbeck）的分析情境、确定目标、设计方案、解释与实施、检查、评价、反馈与重建的情境分析模式的程序等，还可以运用以下两种校本课程开发的程序。

1. 欧洲经济合作发展组织（OECD）的校本课程开发程序

OECD 的程序强调以下一些步骤：① 分析学生；② 分析资源与限制；③ 制订一般目标；④ 制订特殊目标；⑤ 确立有关方法和工具；⑥ 评价学生的学习；⑦ 分配时间、设备与人员；⑧ 实施、评价与修正。上述八项可以任何一点为起点，并且每一步骤都需考虑其他七项的配合，如图 8-1。

2. 托马斯（Tomas）的学校本位课程开发程序

托马斯（Tomas，1978）认为校本课程的开发程序应为：① 成立课程发展委员会或相关工作小组，承担相关的规划与决策；② 确立参与课程开发工作成员及开发程序；③ 讨论筹划拟订课程方向、目标与计划；④ 进行课程开发的细部工作。如图 8-2。

有关校本课程开发程序可以多种多样，而且各种程序的设计也是各有所长，我国各地和各学校的具体情况又有所不同，因此，在设计校本课程开发程序时，应综合各家所长，特别是应从各地各校的实际情况出发而设计各自的开发程序。

(1) 分析学生
(8) 实施、评价与修正
(2) 分析资源与限制
(7) 分配时间、设备与人员
(3) 制订一般目标
(6) 评价学生的学习
(4) 制订特殊目标
(5) 确立有关方法和工具

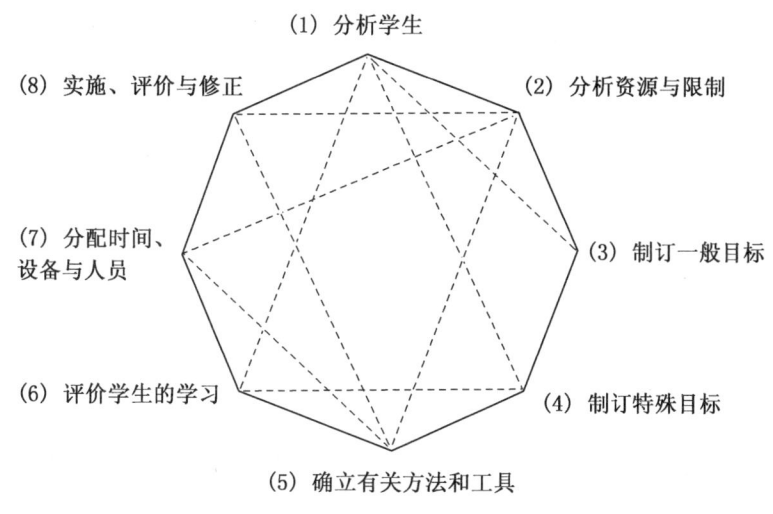

图 8-1　OECD 的学校本位课程开发程序

（资料来源：张嘉育，《学校本位课程发展》，台北：师大书苑，1999 年版，第 14 页）

成立课程发展委员会或相关工作小组
↓
确立参与成员与程序
↓
拟订课程发展方向、目标与计划
↓
发展课程：活动、课程纲要或教材（含教学策略及评价方式）

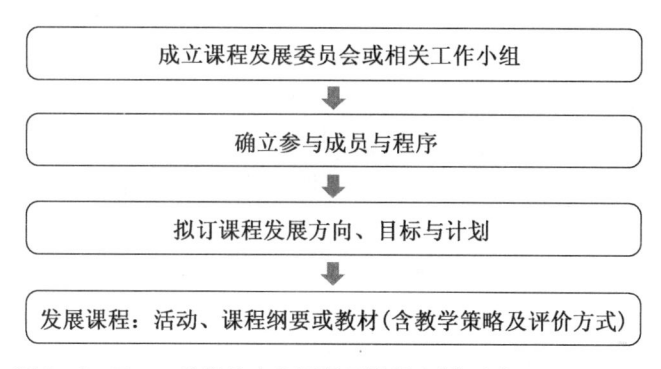

图 8-2　Tomas 的学校本位课程开发程序（修改自 Tomas,1978）

（二）校本课程开发的基本程序

综合国内外相关研究，我国有的学者提出了校本课程开发的基本程序，主要有以下几个方面：[①]

1. 建立组织机构

成立校本课程开发委员会或相应的工作小组，是保证校本课程开发质量的前提条件。这不仅为整个校本课程开发提供必要的组织保证，而且它本身也应该成为一个进行宣传和动员，提供支持和服务，增进交流、对话和理解，增强凝聚力和归属感的过程。所以，课程开发委员会或工作小组的成员应该具有广泛的代表性，必须有学生及家长代表、社区人士代表等，并且要体现出学校教师主体的特点。它的工作程序要具有民主、开放、科学和合作的精神，要有利于教师专业自主性的充分发展和体现。

---

① 廖哲勋.关于校本课程开发的理论思考[J].课程·教材·教法,2004(8).

规模较大的学校还须建立校本课程开发的组织网络。首先，成立校本课程开发"领导小组"，由校长、主管课程开发的副校长及教育科研中心、教务处、学生处（或政教处）、总务处的负责人组成。其主要任务是对校本课程的开发做出正确决策，予以全面部署，组织人力物力，协调各方关系。其次，成立校本课程开发"指导小组"，可由教育科研中心的负责人和本校一些资深教师组成；必要时，可聘请课程专家参与。其主要任务是起草校本课程开发的总体方案，组织教师学习有关课程改革的重要文献和最新理论，帮助教师小组正确进行校本课程的设计，促进教师小组同校外专家的联系，为学生提供必要的活页资料。这些组织部门应组成一个有机的整体，应通过建立和贯彻合理的规章制度来形成快速高效的运行机制。

2. 学校现状分析[①]

学校现状分析主要包括两方面的内容：

第一方面是进行需求评估。需求分析的对象是学生需求、地区需求和社会需求。学生需求属教育的内部需求，是教育的出发点和归宿；地区需求和社会需求是外部需求，体现了教育的外部功能。对学生需求的分析，涉及学生知识需求和心理发展需求。知识需求是指学生对知识本身及获取知识的方式、途径等的需求和看法；心理发展需求是指学生健全心智、培养人格、走向成熟的内在愿望和渴求。对学生需求的分析，有利于"因材开发"。进行学生需求评估，教师可通过问卷和访谈的方式分别对各年级学生及学生家长进行调查研究，做出初步结论。此外，校本课程开发并非"闭门造车"，搞自给自足，应当考虑地区需求和社会需求，考察地区乃至社会在经济文化等方面的发展对人才和信息的需求状况及特点，以期开发出既满足学生需求又有利于地区和社会发展的校本课程，只有这样的校本课程，才会有长久的生命力。需求分析可采用的方法有问卷调查法、人才市场分析法、网络信息分析法、地区发展报告分析等。

第二方面是进行资源分析。校本课程开发，是基于本地区、本学校既有资源、条件而开展的。缺乏对既有资源的了解，校本课程开发可能是盲目的；没有相应资源的支撑，校本课程开发也不可能成功。这里的资源包括信息资源、能力资源和物质资源。信息资源是以学校的教材和资料为核心，它为校本课程开发提供源头活水和信息支持。能力资源是指教师的专业能力和学生的学习能力。校本课程开发是以教师和学生为主，他们的能力状况制约着校本课程开发的深度和价值。教师的专业能力包括专业素养、开拓意识、创新能力和课程开发能力。物质资源是指在校本课程开发中学校可提供的场地、设施、设备与经费支持，它是校本课程开发的物质基础。另外，还要对社区可利用的资源进行评估，以期在学校和社区之间形成一个良好的校本课程开发的资源环境。

除以上主要方面外，社会变革和期望、校风等都应纳入分析的范畴。通过对多方面的调查研究，明确校本课程开发的必要性和可行性，从而初步确定本校要开发的主要科目。

3. 制订课程目标

在学校办学理念的指导下，拟定课程目标。理念是一切行为的基础，理念决定行

[①] 刘电芝，等. 校本课程开发的内容、模式与策略[J]. 中国教育学刊，2001(6).

为。一所学校的所有措施都应围绕并服务于学校办学理念而开展。"办学理念"是为了克服学校发展"按经验办学"和"靠行政指令办学"的局限性而提出的,是指导学校办学活动和规范学校办学行为的策略。所谓办学理念,"是指全体学校成员对学校的理性认识、理想追求及所持的教育观念和哲学观点,它是建立在对教育规律和时代特征深刻认识基础之上的"①。

办学理念是一所学校办学的总体指导思想,代表了学校成员对自己学校的定性、定位及职能的认识。它不仅是学校持续发展的理想支撑和精神动力,而且也决定着整个学校的运行模式、办学方向及课程设置。而校本课程作为学校课程设置中的一部分,与学校办学理念必定存在着不可分割的联系。有学者就认为,学校要实现办学理念就不得不在课程开发上下功夫。校本课程开发实际上就是凸显学校办学理念的过程,就是把先进的办学理念转化成包括校长、教职员、学生、家长等都认同的、具体的、可操作的课程目标的过程。校本课程开发就是使学校办学理念显性化、明朗化的过程,也是提升办学理念,使之鲜明、稳定的过程。

4. 制订开发方案

校本课程开发方案是学校开发校本课程的规划和指南。这一课程文件主要包括下列内容:

(1) 校本课程开发的目的和依据。目的是指学校在校本课程开发中所期望得到的主要结果,包括学生的发展、教师的发展和学校的发展等方面。其主要依据包括国家的政策依据、学校的办学理念、学生的特别需要和本校的资源条件。

(2) 校本课程的总体目标。校本课程目标是一定学段的校本课程力图促进学生的认知、情感和行为充分而各有特色的发展所能达到的基本要求。它是人们根据国家的教育方针、学校的办学宗旨、学生的年龄特征和校本课程的特点,对校本课程所要达到的育人结果做出的预见性反映。校本课程目标有总体目标与具体目标之分。总体目标是指导一所学校开发的整个校本课程在促进全体学生的认知、情感和行为的发展方面要达到的基本要求。不同学校的校本课程总目标可以有不同的侧重点,但基本精神是一致的。

(3) 对教师申报课程开发的基本要求。① 拟开发的科目,能反映一些学生的特别需要;② 课程设计的构想,能体现校本课程的性质和特点;③ 教师小组具有课程开发的能力;④ 本校和社区拥有所需要的课程资源。

(4) 课程设置的大致结构。校本课程的设置应具有比较合理的结构。合理的课程设置结构,是指所设不同类型的校本课程在彼此的数量与课时比例合理组合的基础上所形成的有机整体。校本课程的类型可按两种维度来划分。其一是按照课程内容的性质分类。校本课程的内容都由综合性信息和直接经验所组成,但不同门类的校本课程的内容有性质的区别,如侧重社会研究的、侧重人文科学的、侧重自然科学的、侧重体艺

---

① 陈如平.学校办学理念的"二元结构"现象剖析[J].教育发展研究,2005(5).

的、侧重外国语言的,等等。其二是按照学生选择校本课程的自由度的大小分类,可分为限定选修课和任意选修课。

需要特别强调的是,在考虑校本课程设置结构的过程中,要注意校本课程各门类的内容和课时比重同国家课程、地方课程的合理组合。从校本课程设置的角度看,一要反映学生的特别需要,以弥补国家课程的不足之处。因此,校本课程设置的思路决不能照搬国家课程设置的思路。二是不要超越校本课程的开发范围与课时比例。校本课程的开发范围是指国家教育部颁发的课程计划所规定的那一部分课程以及国家课程中的"综合实践活动"部分。因此,要合理分配各门校本课程的课时比例,各教师小组在设计和实施各门校本课程时,一般不得超过所规定的课时。

(5)学生选课指导。一方面,说明各门校本课程的主要目标、主要内容、主要特点、适用年级、教学时数及选课方法。另一方面,要求教师做好学生选课的指导工作。

5. 组织与实施

这一环节是校本课程开发方案最终走向实践操作的过程,是校本课程走进学生脑袋的过程,也是最为重要的一步。这个环节的主要工作就是教学。在开展正式教学之前,各门课程的教师应根据校本课程开发方案,编写《校本课程教学指导书》,这是对开发方案的具体化。《校本课程教学指导书》通常应包括这样几个内容:① 课程目标的陈述。必须全面、恰当、清晰地阐述课程涉及的目标与学习水平。② 课程内容或活动安排。要求突出重点,按从易到难的顺序排列,涉及选择什么样的内容以及怎样组织这些内容,或安排什么样的活动,处理好均衡与连续的关系。③ 课程实施。包括方法、组织形式、课时安排、场地、设备、班级规模等。④ 课程评价。主要是对学生学业成绩的评定,涉及评定方式、记分方式、成绩来源等。

课程实施中,教师要选择多种教学方法,保证教学方式的灵活性。教师要边实施、边反思、边研究,在不违反课程目标的原则下,允许根据教学实际适当修改课程,进一步完善和发展校本课程。当然,无论事先如何精心准备,课程实施过程中都会暴露出一些出乎意料的棘手问题,这就需要课程开发小组及时进行特别的处理和解决。

6. 课程评价与修订

校本课程开发评价既是对整个开发过程的总结性评价,也是发现问题、总结经验的过程,以为将来的进一步改进提供依据。主要包括两个方面:一方面是对校本课程本身、相关文本、政策、制度等的评价;另一方面是对人的评价,主要是对教师和学生的评价。

(1)对校本课程的开发方案以及各门校本课程纲要的评价。这属于形成性评价,评价的目的是要找出《校本课程开发方案》和《课程纲要》存在的不科学、不合理、不切实际和不规范之处,及时予以修改。《校本课程开发方案》和《课程纲要》的评价均以学校自评为主。学校应分别制定关于《校本课程开发方案》和《课程纲要》的评价方案,然后组织校内有关人员分别进行评价。

校本课程开发方案的评价要点:其一,开发方案的制订是否具有充分和可靠的依据?其二,校本课程的总体目标是否科学合理,是否符合本校学生的实际需要?其三,校本课程的设置是否具有比较合理的结构？

各门校本课程纲要的评价最好安排在各门课程试用一轮之后。评价要点：其一，课程目标是否以促进学生的认知、情感和行为充分而各有特色的发展为主旨？其二，课程内容是否由综合性信息和直接经验有机组成？其三，课程内容的组织（如按主题或课题编排）是否符合学生的认知规律和年龄特征？其四，是否让学生在开放性的实际活动中自主地学习、体验和探索？

（2）对教师的评价。这是对课程开发实施者的评价，主要应从以下几方面评价：一是学生选择的人数；二是学生实际接受的效果；三是领导与教师听课后的评价；四是学生问卷调查的结果；五是教师采取的授课方式及运用现代教育技术的情况；等等。学校校本课程开发委员会应从以上几个方面入手，研究各因素应占多大的权重，最后把几个方面的因素综合起来考虑，形成对课程开发者的最终评价。

（3）对学生的评价。校本课程中对学生的评价主要采取学分制。学分的给定应考虑三方面的因素：一是学生学习该课程的学时总量，不同的学时给不同的分数；二是学生在学习过程中的表现，如态度、积极性、参与状况等，由任课教师综合考核后给出一定的分值；三是学习的客观效果，教师可采取适当的方式进行考核。对学生的评价应综合各方面因素，进行整体评价。

以上各个流程主要参与人员及主要工作内容可以参照下表（表8-2）。[1]

表8-2 校本课程开发流程表

步骤	主要议题	参与人员
组织建立	成立课程委员会或工作小组、确立参与成员、进行校本课程开发准备	教师、主任与校长 学生 校外咨询人员 学校行政人员
现状分析	进行需求评估、问题反思、资源调查	教师、主任与校长 学生与家长 校外咨询人员 学校行政人员
目标拟定	澄清办学思路、确立一般目标与具体目标	教师、主任与校长 学生与家长 校外咨询人员 学校行政人员 政府部门 工作小组
方案编制	确立工具与方法、选择课程材料与组织形式	教师、主任与校长 学生和家长 校外咨询人员 工作小组

---

[1] 吴刚平.校本课程开发[M].成都：四川教育出版社，2002：120-121.

(续表)

步骤	主要议题	参与人员
组织与实施	强化教育哲学思想和特色意识、营造条件与氛围、统筹教育资源	教师、主任与校长 学生 学校行政人员
评价与修订	设计监控和交流系统、准备评价方案、追踪实施效果、收集反馈意见、修订课程与课程开发方案	教师、主任与校长 学生与家长 校外咨询人员 学校行政人员 政府部门

在这个操作流程中,学校在完成第一个步骤之后,可以从其余五个步骤中的任何一个入手,也可以几个步骤同时进行。即使是第一个步骤,也会随着校本课程开发的深入而同时进行某种程度的调整和改变。

三、校本课程开发策略、方法的选择运用

(一) 关于校本课程开发策略的选择运用

本书此前讨论了课程实施设计中有关策略的选择运用问题。由此,一般可以认为,校本课程开发策略是指以一定的教育和课程思想为指导,在特定的课程开发情境中,为实现校本课程开发目标而制订并在实施过程中不断调适、优化,以使校本课程开发效果趋于最佳的系统决策与设计。校本课程开发策略的要素包括校本课程开发的指导思想、开发程序安排、具体的技术方法以及效用评价等。

校本课程开发策略实际上包含了此前校本课程开发模式、程序等研讨的相关内容,也包含校本课程目标设计策略、内容设计策略、实施策略设计以及评价策略等。本书此前所讨论的课程实施策略的设计以及此后课程评价有关策略方面的内容等,都对校本课程开发策略的选择运用具有一定的借鉴和迁移价值,而此前所讨论的因材施教策略、促进自我发展策略、自主学习策略、主题探索策略等对校本课程开发是更具针对性和适应性的。自然,校本课程开发策略的选择运用都应特别强调校本课程开发特性的体现和落实,这是需要特别注意的。

(二) 校本课程开发中现代教学方法及学习方式的变革

校本课程开发中教学方法及学习方式的选择运用要按照校本课程开发的理念及校本课程的本质追求进行。

为此,当代教学方法变革的一些特点,诸如心理学的研究成果在教学方法中得到重要体现,重视学生学习的主体性,重视教学中学生知情智力的统一,重视学习方法并加强其研究,重视现代教育技术的应用等;另外,更为关注学生,强调由"灌输式"向"对话式"的转变,更为注重建构平等、互动、共同发展的师生关系等趋势,都是校本课程开发中教学方法选择运用必须遵循的基本准则。

而在校本课程开发中学习方式的选择运用方面,更要坚持和指导学生按现代学习方式的主动性、独立性、独特性、体验性、问题性等基本特征学习,并不断提升自主学习、合作学习、探究学习等现代学习方式的运用水平。

本章小结

我国新一轮课程改革,国家根据教育目标规划课程计划,按照这一计划制定必修课的课程标准,把选修课的决策权交给地方和学校,并颁发了与之相配套的地方和校本课程开发指南,旨在建立自上而下和自下而上相结合的管理政策。《基础教育课程改革纲要》明确指出,改变课程管理过于集中的状况,实行国家、地方、学校三级课程管理,增强课程对地方、学校及学生的适应性。随着课程决策权力与责任的变化,校本课程开发已经成为我国课程改革的重要领域。

校本课程开发是以学校为核心,以学校的成员包括校长、教师、学生以及家长、社区人士等为主体,在具体实施国家课程和地方课程的前提下,通过对本校学生的需求和学校实际情况进行科学的评估,并根据学校的教育哲学思想,充分利用当地社区和学校的课程资源而进行的课程开发。

校本课程开发要认识其基础,要把握其原则和课程组织结构,要掌握校本课程开发的模式、程序及方法。

复习与思考

1. 简述校本课程开发的内涵及意义。
2. 简述校本课程开发和国家课程开发的区别。
3. 结合对教育现实的了解,谈谈校本课程开发应遵循哪些基本原则?
4. 结合见习实践活动,调研一所学校的校本课程开发情况,指出该学校校本课程开发的特点及存在的不足,并给出你的推进建议。

第九章
课程评价(一)

※ 本章导航

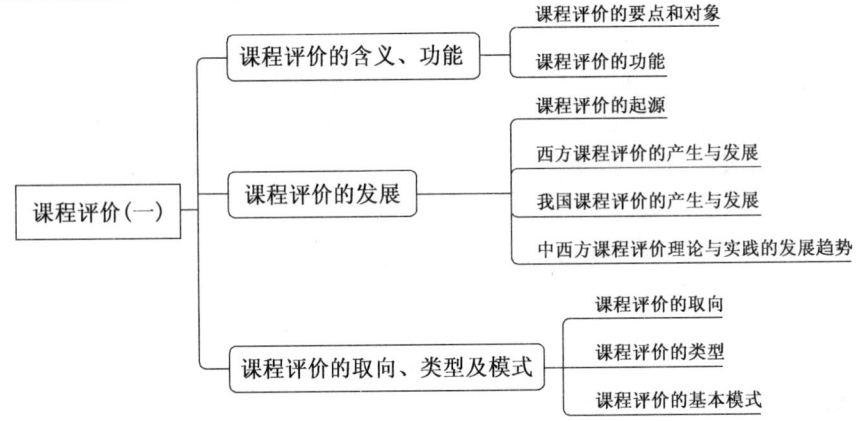

```
                    ┌─ 课程评价的含义、功能 ─┬─ 课程评价的要点和对象
                    │                        └─ 课程评价的功能
                    │
                    │                        ┌─ 课程评价的起源
                    │                        ├─ 西方课程评价的产生与发展
课程评价(一) ──────┼─ 课程评价的发展 ──────┼─ 我国课程评价的产生与发展
                    │                        └─ 中西方课程评价理论与实践的发展趋势
                    │
                    │                               ┌─ 课程评价的取向
                    └─ 课程评价的取向、类型及模式 ─┼─ 课程评价的类型
                                                    └─ 课程评价的基本模式
```

※ 学习目标

1. 理解课程评价的含义,明确课程评价的功能;
2. 了解课程评价的历史发展;
3. 理解课程评价的取向与类型,以及课程评价的典型模式;
4. 能从特征上比较并评述不同类型课程评价的优缺点,并在课程实践中,初步运用一些典型的课程评价模式。

※ 学习重点

1. 理解课程评价的含义,明确课程评价的功能;
2. 了解课程评价的历史发展;
3. 理解课程评价的典型模式。

※ 学习难点

1. 理解课程评价的取向与类型;
2. 能从特征上比较并评述不同类型课程评价的优缺点,并在课程实践中,初步运用一些典型的课程评价模式。

课程评价是教育评价的重要组成部分,也是课程发展活动不可缺少的一部分。如何把握和正确开展课程评价,直接关系到课程的研制开发质量以及教育质量。第一章已简要介绍了课程评价的概念,本章和第十章将对课程评价问题进行较为深入和系统的探讨,并针对我国课程评价的实际进行相关的思考。

第一节　课程评价的含义、功能

资料链接9-1:关于价值与评价的讨论

一、课程评价的要点和对象

(一)课程评价的要点

第一章已讨论到,课程评价是指通过一定的方法途径对课程计划(方案)、活动以及结果等有关问题的价值或特点做出判断,并追求和促进课程发展的过程。同时还提出了课程评价的四点含义。由课程评价的含义,可看出课程评价有这样几个要点:

(1)课程评价需要收集的是课程计划(方案)、活动及其效果的系统全面的信息资料,而不是零星片段的信息资料;课程评价中既要有课程信息的量的记述资料,也要有质的记述资料;收集课程信息资料的途径和方法是多样化的;不仅要收集有关的信息资料,而且还要进行系统全面的分析。

(2)课程评价着重于课程计划(方案)、活动及其效果的客观描述基础上的价值判断,而不仅是着重于停留在事实判断的水平。

(3)课程评价的着眼点在于课程的增值探索。即课程评价着眼于明天,侧重于发展,而不是着眼于昨天,纠缠于历史,侧重于回顾。课程评价通过价值判断始终追求的是课程本身的发展和教师、学生、学校以及整个教育的发展。

(二)课程评价的对象

从课程评价的含义看,课程评价的对象是多方面的,有的研究将课程评价的对象分为课程的过程和产物。课程运作过程主要包括课程规划设计、课程实施、课程管理等。课程的产物主要有课程目标、内容的选择和组织、课堂教学、学业评价等,课程产物的载体又有课程改革总纲、各科目的课程标准、各科目的课程资源和教科书、教师备课计划、教师的实际课堂教学、学业评价中的试卷或学生档案袋中的作品等。课程评价的对象还包括课程的类型及结构、教师的专业发展、课程变革及发展的环境条件等,也包括国家、地方的课程政策规章以及学校课程开发的各种相关因素及成效等。不仅如此,实际上包括课程评价本身(课程评价人员的评价行为)也应并也已成为评价的对象,即元评价。

当然,上述评价对象中的一些评价,如课程资源和教科书的评价、学生学业评价、教师施教评价及专业发展评价以及课程变革及发展的环境条件评价等,是可以视为课程评价的子系统的。它们可以是独立的,是可以与课程评价并列并存,而并不只是在课程评价的过程中才出现。

课程评价的对象十分广泛和复杂。这里需要说明的是,由于评价的对象不同,在评价中使用的有关评价术语亦时有不同,如"评定""考评""评估"等。通常情况下,"评定"一般用于对学生学业的评价;"考评"一般用于对教育者(教师或教育管理人员)的评价;"评估"一般用于对学校等教育机构或有关课程方案、教育方案甚至办学条件以及教育水平等的评价。

二、课程评价的功能

资料链接 9-2:关于课程评价功能的讨论

纵观学界的主要研究成果可以发现,课程评价的主要功能是相对一致的。课程评价的功能主要有需求评估功能、课程诊断与修订功能、课程比较与选择功能、导向和判断功能、激励与交流功能这五种。[①]

(一)需求评估功能

在进行课程的计划之前,课程研制开发者通常应首先了解社会和学生、教师等的课程需求,以此作为课程研制开发的依据。

(二)课程诊断与修订功能

这一方面是对正在形成中的课程计划进行评估,从而找出其优缺点及其原因,为修订完善课程提供建议。另一方面也可以诊断学生在课程学习中的缺陷,从而为矫正课程实施提供依据。

(三)课程比较与选择功能

这是与需求评估功能结合发挥的功能,即比较与选择通常是与需求评估结合进行的。对不同的课程方案或计划,通过评价可以比较其在目标、内容、组织形式、课程实施进程以及课程教学效果等方面的优劣,从而从整体上判断其价值,进而对不同的课程做出选择。有的还要在比较选择的基础上进行重组。

(四)导向和判断功能

课程的评价需要依据一定的评价标准而进行,这种评价标准自然应根据教育目的、培养目标和课程目标以及课程评价的理论、方法进行设计,其中还要考虑到社会需要以

---

① 顾书明.现代课程理论与课程开发实践[M].北京:人民出版社,2008:257-258.

及被评价者的各种情况及需求。教育目的、培养目标及课程目标本身对课程实施及学生的发展就具有导向功能,而由此为依据所设计的课程评价标准当然对课程的实施及其调节完善,以及课程开发主体的行为都具有导向的功能。同时,通过评价,对已付诸实施的课程方案或计划,可判断其目标达成度,判断其实际的效果。

(五) 激励与交流功能

课程评价的结果信息,是要对有关的被评价者进行反馈的。其目的是促进增值效应,提高课程质量和促进课程实践系统各有关主体特别是促进学生的发展。如果课程实践系统各环节的各项工作做得非常好,则这种结果信息的反馈必然会激励人们更加努力上进,以取得更好的成绩;而如果课程实践存在着不足或问题,这种结果信息的反馈也会督促人们改进不足和解决问题,从而去完善课程。可见,评价作为课程实践运行过程的反馈—调节系统,将课程运行的各种相关信息反馈给课程活动主体,使其能及时发现成绩与不足,并针对存在问题而做出适当的调整和改进。而且,就课程评价的过程看,课程评价也是各方共同研究和交流的过程,这也有助于各方相互学习、相互借鉴和相互帮助,从而促进共同的发展。

第二节 课程评价的发展

课程评价是一个古老而又年轻的领域,它和整个教育教学系统一起经历了漫长的历史发展过程。现就中西方的课程评价的历史过程阐释如下:

一、课程评价的起源

一方面,可以认为教育评价和课程评价的历史是久远的,其思想可以说是源远流长。如孟子曾曰,"权,然后知轻重;度,然后知短长也;物皆然,心为甚"(《孟子集注》)。公元606年(隋大业二年)科举考试的开始亦可看作教育评价的开始。另一方面,教育评价理论和课程评价理论又是较为年轻的,其理论的产生和逐步系统化也只有100多年的时间。美国学者莱斯(T. M. Rice)于1897至1898年曾对3万多名小学生进行拼字测验,以检验拼字教学时间对学习效果的影响,评论者一般以此作为教育评价和课程评价研究的开端。所以一般认为,教育评价、课程评价的思想源流来自中国,而教育评价、课程评价的理论产生于美国。

二、西方课程评价的产生与发展

在西方,课程评价源于课程研究与教育评价。评价于20世纪成为独立的领域。20世纪60年代开始有重大的发展,在20世纪80年代开始走向成熟。[①]

[①] 顾书明.现代课程理论与课程开发实践[M].北京:人民出版社,2008:258-260.

西方课程评价发展阶段的划分:《国际课程百科全书》的主编、以色列著名课程论专家利维(A. Lewy)根据其研究,将教育评价和课程评价划分为三个时期。[①]

(1) 古典的考试型时期(examination pattern)。教师主要以口头提问的形式检查学生课程学习中理解及记忆的情况。

(2) 心理测量占统治地位的时期。始于20世纪20年代,形式大多是多项选择的纸笔测验。

(3) 后现代时期(postmodern era)。兴起于20世纪80年代后,其特征是增加了教师在评价中的权威,并强调评价的开放性及教师对学生利益的支持和关心度。

资料链接9-3:古巴和林肯等关于课程评价发展阶段的划分

近几十年来,课程评价在教育科学领域中已经成为一个独立的研究领域。很多的大学开设课程评价课程,就课程评价主题举行各种不同的专业会议和国际性培训研讨会。各国一些教育类刊物分别发表了数量众多的课程评价方面的相关论文,以及出版了相关的著作。

三、我国课程评价的产生与发展

(一) 我国古代的课程评价研究[②]

我国古代的课程评价发端于古代的考试,是与教育测量结合在一起,随着学校教育的发展而逐步改进的。据有关文献资料表明,我国早在西周时期就已经建立了考核学生成绩的制度。《学记》既规定了1~9年的课程内容与教学程序,也提出了在不同的教育阶段对课程进行评价的内容和标准。

自汉代以后的历代统治阶级推行不同的选士制度,课程评价的发展是与人才选拔制度的发展联系在一起的。从汉代的察举制到魏晋南北朝时期的"九品中正制",都注重了评价的甄别、选拔功能,但其评价的标准和评价方法很不科学,评价标准单一片面,评价方法基本上是凭主观判断,缺乏客观性。自隋唐至清末的科举制度为我国教育评价制度的发展积累了丰富的经验。隋大业二年,开科设考,用考试的方法来选取官员,考试成为评价人才的唯一手段。到了唐朝,通过逐级考试来挑选人才的评价制度已发展得相当完备。科举制以严格、规范、公平和相对客观的书面考试测评为主,辅之以口试,一直沿用至清末,无论是其评价的标准、内容、形式、方法还是积累的经验等,都对我国古代的学校课程评价产生了深远的影响。

(二) 我国现代的课程评价研究

我国现代的课程评价研究自改革开放以后逐步受到人们的关注,近些年来许多学

[①] A. Lewy. Postmodernism in the Field of Achievement Testing[J]. Studies in Educational Evaluation,1996,22(3):223-224.

[②] 张传燧. 课程与教学论[M]. 北京:人民教育出版社,2008:367-368.

者从不同的侧面进行研究,取得了一定的进展。综观近四十余年的研究,课程评价大致经历了以下三个阶段:孕育阶段、兴起阶段、发展阶段。①

1. 孕育阶段(1979—1987年)

从严格意义上说,在这一阶段课程评价研究作为专门的领域尚不存在,没有出现专门的课程评价研究的论著或文章。虽然有关研究涉及了课程评价的某些具体问题,但难以称得上是真正意义上的课程评价研究,造成这种状况的原因主要有两个方面:一是教育制度和教育实践中缺少课程评价理论产生的直接需求;二是理论研究尚未形成课程评价产生的基础。

2. 兴起阶段(1988—1995年)

1988年,我国首先出现了对课程评价的专题研究,有学者对课程评价的功能、"尺度"等问题进行了探讨;有学者结合课程改革探讨了课程评价的意义、类型和方法、一般原则及作用;另有学者在探讨课程论学科体系时将课程评价列为课程论的一个重要组成部分。此后,课程理论界频频出现课程评价的术语,1989年以后出版的课程论专著都将课程评价作为一项重要的内容列为专章;许多学者还从不同的角度对课程评价问题进行了专题研究,作为课程评价重要方面的教材评价,这一阶段也在实践中兴起。从1990年秋季开始,人民教育出版社、课程教材研究所在全国25个省市、自治区的部分学校进行了大规模的义务教育教材实验和评价活动,从实践中探索了教材评价的内容、方法、过程和理论。课程评价研究在这一时期受到人们的关注,并迅速兴起。除了上一阶段已经在一定程度上孕育出了其产生的客观基础外,还有着深刻的社会历史背景,具体说主要有以下几点:一是课程教材改革实践为课程评价研究的兴起奠定了客观基础;二是对外交流的加深,开阔了课程理论学者的视野;三是课程论的学科发展为课程评价研究奠定了良好的理论基础。

3. 发展阶段(1996年—至今)

以1996年1月人民教育出版社在昆明召开的全国课程教材评价研讨会为契机,课程评价研究进入了一个新的发展阶段。这次会议就我国课程教材评价的现状、科学的课程教材评价体系及评价机制的建立以及课程教材评价理论的建设等问题进行了研讨,会议呼吁教育决策和行政机构、教育科研部门和中小学校要重视课程教材评价的研究。本阶段的另一标志是,1996年,国家教委颁布《全日制普通高级中学课程计划(试验)》,明确规定学校应合理设置选修课和活动课。这一措施的实施不仅使课程评价研究的客观需求更加突出,而且从客观上促进了课程评价研究队伍的进一步扩大。1999年,中共中央、国务院《关于深化教育改革全面推进素质教育的决定》指出,要"试行国家课程、地方课程和学校课程"三级管理的课程政策,这一变革对课程评价研究起到了很大的促进作用。这一阶段,课程评价理论无论是在受重视的程度上,还是在研究的广度、深度上都有了更大的进展。而进入21世纪以来,课程评价则有了更多更快的发展。

---

① 李定仁,徐继存.课程论研究二十年[M].北京:人民教育出版社,2004:148-153.

四、中西方课程评价理论与实践的发展趋势

随着课程与教学理念的演变及其实践的发展,世界各国的课程与教学评价日益走出传统的评价范式,呈现出以下的共同发展趋势:①

1. 评价功能由强调管理功能向教育功能发展

传统的课程评价存在明显的"管理主义"倾向,人们最初过分重视的是评价的管理性功能而忽视了教育性功能,仅将评价作为一种管理手段或措施,结果给学生的身心发展带来消极影响。当前的课程评价日益重视教育功能的发挥,强调作为课程与教学活动的一个重要环节,要创造适合并促进学生发展的教育环境,提倡通过形成性评价、实质性评价等手段,自觉服务于教学宗旨,以有利于促进学生身心全面发展。

2. 评价理念由从重视结果评价向重视过程性、发展性评价发展

传统课程评价只报告结果、不报告过程,成为"暗箱式"的评价,特别是一些运用所谓"客观性"测验题型的评价,虽然操作简便明了,但忽视了评价的过程性。同时,受"工具理性"价值观的影响,侧重于评价的区分、比较和鉴别等方面的工具价值,而忽视对评价过程和评价意义的追问,不能发挥促进学生发展的功能。重视过程性和发展性评价,是当前课程评价改革的一个发展方向,注重课程实施运作过程的分析,注意提示影响课程与教学的各种因素及其相互作用。同时,强调通过评价,真正体现"以学生发展为本"的课程理念,注重给学生以教育意义,让每个学生都体验到学习的乐趣和成功的喜悦,从而激发和提高学习动机;注重对学生的表现情况做全面的考查和反馈,及时发现学生在学习过程中出现的问题,给予提示和帮助,以达到促进学生不断发展的目的。

3. 评价方法由单一向多样综合化发展

传统的课程评价在选用评价方法时,大多采用单一的方法,或者单纯定量的方法,或者单纯定性的方法。事实上,不同的评价方法和技术,各有不同的优势和不足。为了保证课程评价的准确性和全面性,当前的课程评价改革已经注意到了评价方法与评价目的的契合;主张搜集和处理课程与教学信息应具有立体层次性和全方位性;主张将各种不同的评价技术加以综合、改造;注意到了评价方法的多样综合问题。

4. 评价主体由一元化向多元化发展

传统的课程评价主体多由学校管理人员或专门的评价人员担任,而当前课程评价改革的一个发展趋势是评价主体的多元化,即评价主体由单纯的学校管理者转向学校管理者、同行教师、学生以及教师本人等。评价主体的多元化可以从各个评价主体的需要和观点出发,对课程与教学提出更多、更全面的建议,特别是作为评价主体之一的教师和学生,通过对自身活动的反思性评价,可以实现自我调控、自我更新的评价目的。

5. 评价对象由被动接受评价向主动参与评价发展

传统的课程评价多是单一的他人评价,作为评价对象的教师或学生只能等待评价

---

① 张传燧.课程与教学论[M].北京:人民教育出版社,2008:369 - 371.

结果,完全处于被动地位,没有任何主动选择的余地。而随着当前课程评价主体的多元化发展,以自我评价为主,自评与他评相结合的形式,突出体现了课程评价改革中重视评价对象参与的发展趋势。在评价中,教师和学生不再处于被动接受状态,而是处于积极主动参与状态。这种主体性评价的理念要求教师和学生的参与是全方位、全过程的,要求其参与到评价指标的制定、主动选择评价者、介入评价的实施以及对评价结果的选用等。新的课程评价改革强调要突出学生的主体地位,让学生做评价的主人,关注学生自己的发展和进步;通过评价,学生掌握有关评价的原理、标准和方法,获得更多的评价自我和他人的机会,从而提高他们的评价能力,促进每一个学生的发展。

6. 评价范式由量化评价向质性评价发展

传统的课程评价以"泰勒评价模式"为代表,建立在科学方法和实证技术的基础上,过于重视对学习成绩的测量、对预定学习结果的评价,过度地追求客观和量化,忽视了对学生高层次的思维能力的鉴定,导致课程与教学的僵化、评价方式的单一,不利于全面评价学生的表现并促进学生个性生动活泼地发展。倡导从量化评价到质性评价,强调量化评价与质性评价的结合是新一轮课程改革的主要趋势。

第三节　课程评价的取向、类型及模式

一、课程评价的取向

课程评价的取向是指每一种课程评价所体现的特定的价值观。评价的取向支配或决定着评价的具体模式和操作取向。所以,评价的取向实际上是对评价的本质的集中概括。一般而言,课程评价的取向可以分为以下几种:

(一)目标取向的评价

目标取向的评价是对应于利维所指的"心理测量占统治地位时期"的评价,其主要代表是被称为"现代评价理论之父"的拉尔夫·泰勒以及布卢姆等人。

目标取向的评价是把评价视为将课程计划或教学结果和预定课程目标相对照的过程。在这里,预定目标是评价的唯一标准。这种评价取向是课程开发科学化运动兴起以后在课程领域渐居支配地位的;目标取向的评价追求评价的"客观性"和"科学化",它以"自然科学范式"为其理论基础。因而,这种评价取向的基本方法论就是"量的研究"方法。这种评价取向常常将预定的课程目标以行为目标的方式来陈述。这种评价的直接目的是获得被评价的课程计划或教学结果是否"达标"的数据。

目标取向的评价在本质上是受"科技理性"或"工具理性"所支配的,其核心是追求对被评价对象的有效控制和改进。在目标取向的课程评价中,评价者是主体,被评价者是客体。这种评价取向推进了课程评价科学化的进程,它简便易行、好操作,因而一直在实践中处于支配地位。这种评价取向的缺陷在于忽略了人的行为的主体性、创造性

和不可预测性,忽略了过程本身的价值,尤其是将人客体化、简单化,忽略了人本身,所以对于人的高级心理过程而言,它的作用极其有限。

(二) 过程取向的评价

过程取向是指在课程评价中试图冲破预定的课程目标的束缚,强调将师生在课程开发、实施以及教学运行过程中的全部情况都纳入评价的范畴;强调评价者与被评价者的交互作用和评价者与具体评价情境的交互作用;强调评价者对评价情境的理解,强调过程本身的价值,表现出"不问收获问耕耘"的倾向;认为凡是具有教育价值的结果,不论是否与预定的目标相符合,都应当受到评价者的支持和肯定,即评价既关注预定目标所产生的预期效果,也关注非预期目标所产生的非预期效果。这种评价取向以美国教育评价专家斯克瑞文和英国的斯滕豪斯等人为代表,对应"第三代评价——判断时期"。

在方法论上,过程取向评价既倡导"量的研究"方法,同时也关注"质的研究"方法。过程取向评价本质上受实践理性价值观的支配,它承认评价是一种价值判断的过程,对人的主体性、创造性予以一定的尊重。其不足之处是想走出预定目标的藩篱而未能完全走出,同时也就对人的主体性和创造性肯定得不够彻底。

(三) 主体取向的评价

主体取向的评价对应于前述的利维的"后现代时期"和古巴、林肯的"第四代评价"。主体取向的评价认为,评价是一种价值判断的过程,而且价值是多元的。在评价情境中,无论评价者还是被评价者抑或教师还是学生,都是平等的主体。教师作为课程及课程情境的"内部人员"在评价中是主体,而不是被动的供"外部人员"评价的对象;同样,学生也是评价的主体,且学生和教师等在评价过程中的关系是"交互主体"的关系。课程评价是评价者与被评价者、教师与学生等共同建构意义的过程,教师、学生都是意义建构过程中不可或缺的组成部分。这样,评价过程就是一种各相关方面和成员的民主参与、协商和交流的过程。

主体取向的评价在方法论上主张质的方法而反对量的方法。应该说,主体取向评价的尊重差异、强调价值多元,强调被评价者的主体性及各方"交互主体"关系等基本的思想体现了课程评价的时代精神和发展趋势。

(四) 科学主义取向与人文主义取向[①]

除了以上三种取向,还有的研究强调课程评价的科学主义取向与人文主义取向。科学主义取向和人文主义取向是课程评价的两种相对的价值取向。它们在课程评价过程中,秉持不同的价值观。

坚持科学主义取向的人相信真正的实验,而实验通常集中在结果或影响上。课程评价采用实验处理的方式。评价的目的是要了解经过实验处理后所产生的结果。为了

---

① 施良方.课程理论——课程的基础、原理与问题[M].北京:教育科学出版社,1996:151.

使评价结果具有信度和效度,必须控制课程以外的各种变量,以免干扰人们了解实验处理与实验结果之间的关系。而且,评价者必须坚持价值中立的态度,防止带有个人的价值观。采取这种价值取向的人更多地把注意力集中于学生身上,并常常把测验分数作为主要数据,以便用来与不同情境中的学生成绩相比较。所收集的材料都是定量的,因而可以进行科学的分析、比较,并在此基础上做出有关课程计划的决定。

坚持人文主义取向或自然主义取向的人则认为实验是无法接受的,因为社会现象是很复杂的,各种事物都是相互联系的,不能把它们割裂开来。他们认为,自然主义的个案研究是一种行之有效的方法,因为人类的行为表现都是与特定情境联系在一起的,若要了解它们,必须将它们放在其原来的情境之中。而且,评价者作为一个人,要完全排除个人主观倾向是不可能的。所以他们主张评价者与实际情境的相互作用。换言之,课程评价者要从课程设计者和实施者的角度来看待课程计划。持此种价值取向的人收集的材料大多是定性的,而非定量的。通过与参与者的交谈和讨论所获得的主观印象,也可作为评价的材料。所以,他们更多的是采取对实际情形的文字描述,而不是数据分析。

二、课程评价的类型

由于前述的不同的评价取向,因而会派生出各种各样的课程评价类型。基于不同的分类标准,课程评价可以分为不同的类型。如依据评价者在进行课程评价时所持的方法论的不同,课程评价有量化评价与质性评价两类;依据评价者关注的焦点不同,课程评价可分为内在评价与效果评价;依据课程评价效用及目的的不同,课程评价还可以分为形成性评价与总结性评价;依据评价主体的不同,可分为自我评价与他人评价;依据课程评价所依据的标准不同,可把评价分为绝对评价、相对评价和个体内差异性评价;等等。现分别阐释如下:

(一)量化评价与质性评价

1. 量化评价

量化评价是使用数学方法对有关指标进行数量分析并以此作为评价依据的评价类型。量化评价追求以数量的分析和比较而推断某一评价对象的成效,着重反映事物"量"的属性。量化评价的认识论基础是科学实证主义,它以泰勒的行为目标模式为代表,注重采用实验处理的方法,要求评价者严格采取中立的态度,防止带有个人的价值观。

量化评价的优点在于比较,不受主观意志、情感、态度和人际关系、随机因素的干扰,易于衡量、分等,具有较强说服力等。但是,由于评价对象具有一定的模糊性和不确定性,使得量化评价方法的运用带有一定的局限性,仅用一些简单的统计数据来衡量其水平的高低、成效的大小,是很难说明问题的。

2. 质性评价

质性评价也叫定性评价,是使用描述性语言来表达和反映评价指标的性质、状态与程度的评价类型,着重反映事物"质"的属性,力图通过自然的调查而全面充分地揭示和描述评价对象的各种性质,并彰显其中的意义。质性评价反对把复杂的教育现象简单为数字,因而反对科学实证主义的观点。

"量"和"质"是事物的不同的表现属性,量化评价与质性评价对课程评价而言都是不可或缺的,课程评价应注重其结合使用,以便全面、准确地进行评价,从而充分地发挥评价功能。

(二) 内在评价与效果评价[①]

这是以评价所关注的焦点为基准而划分的不同的评价类型。

1. 内在评价

内在评价是对课程计划本身的评价,而不涉及课程计划可能有的效果。即内在评价只就课程计划所涉及的如学生经验的类型、课程内容的性质、课程组织结构等而对课程计划做出判断,而并不关注其最终的效果。

2. 效果评价

效果评价是对课程计划实施实际效用的评价。效果评价只注重课程实施前后师生的变化而不关注其变化的原因及运作的具体情况,即只注重输入、输出之间的不同而不关注中间的过程。

上述两种类型的课程评价,一个关注结果,一个关注过程,将其结合起来,则可发挥其互补性。

(三) 形成性评价、总结性评价、诊断性评价[②]

形成性评价(formative evaluation)与总结性评价(summative evaluation)是美国课程评价专家斯克瑞文(M. Scriven)于1967年根据评价的目的或作用性质标准而在其所著的《评价方法论》中所提出的两种评价类型。

1. 形成性评价

形成性评价是通过搜集课程方案或计划、课程实施过程与活动中的优缺点资料,从而为正在进行中的课程实践活动提供反馈信息,以便提高课程教学实践活动质量的评价。一般而言,形成性评价不以区分评价对象的优良程度为目的,不重视对被评价对象进行分等鉴定。

2. 总结性评价

总结性评价是在课程开发或课程实施完成之后关于课程教学效果的评价,其主要目的在于搜集资料,对课程方案或计划及实施的成效做出整体的判断,以此作为推广采用或不同课程方案之间比较的依据。一般而言,总结性评价与分等鉴定、做出有关课程

[①] 廖哲勋,田慧生.课程新论[M].北京:教育科学出版社,2003:409-410.
[②] 顾书明.现代课程理论与课程开发实践[M].北京:人民出版社,2008:261-262.

决策相联系。

形成性评价与总结性评价这两类评价显然是有区别的,其区别表现为:①

(1) 形成性评价与总结性评价的目的、职能(或者说期望的用途)不同。在课程评价中,形成性评价通过社会需要评估、课程开发参与者的需要评估、可行性研究、课程实施进程存在的问题等调查,从而将其目的指向引进、提高课程方案及其实施活动的质量。总结性评价则"指向更一般的等级评定",其直接目的是做出课程开发和实际效果的判断,从而区别优劣、分出等级或鉴定合格。

(2) 形成性评价与总结性评价的报告听取人不同。形成性评价是内部导向的,评价结果主要提供课程开发主体各有关人员特别是提供给教师与学生参考。而总结性评价是外部导向的,评价报告主要提供给课程的决策者和有关的政策制定者。

(3) 形成性评价与总结性评价覆盖课程开发和实践进程的时间不同。形成性评价直接指向正在进行中的课程实践活动,并以改进这一活动为目的,因此,它是在过程中进行的评价,一般它并不涉及课程开发实践活动的全部。总结性评价考察的是课程开发实践活动的最终效果,因此它是对课程开发实践活动全过程特别是对其结果的检验,一般在课程开发实践过程结束后进行。

(4) 形成性评价与总结性评价对评价结果概括化程度的要求不同。形成性评价是分析性的,因而它不要求对评价资料做较高程度的概括,而总结性评价是综合性的,所以它希望最后获得的资料有较高的概括化程度。

3. 诊断性评价

与形成性评价和总结性评价相关的还有一种评价类型,即诊断性评价(diagnostic evaluation)。诊断性评价是在课程计划或课程教学实践活动开始之前,对需要或准备状态的一种评价,其目的在于使计划或活动的安排具有针对性。在布卢姆的评价体系中,曾将诊断性评价、形成性评价、总结性评价作为达成预定目标的序列手段,在学生学习的不同时段施行,以促进预定行为目标的达成。我国很多地方对此都有推行。

(四) 自我评价与他人评价

自我评价与他人评价也称内部人员评价与外部人员评价。

1. 自我评价

自我评价是指被评价者根据评价指标,对自己的工作、学习等方面的表现和成绩,进行自我评价。它建立在对评价对象信任的基础上,能激发被评价者的自尊心、自信心,使之自觉地、主动地接受评价。经常进行自我评价活动,可培养自我判断和自我发现的能力,有利于自我教育、自我调节和自我完善。但由于各自对标准的理解和掌握不同,评价中主观性较大,也难以进行横向比较。

---

① 陈玉琨.教育评价学[M].北京:人民教育出版社,1999:12-14.

2. 他人评价

他人评价是指他人对评价对象的评价,具体包括各级教育行政领导的视导评价,专家、同行的评价,家庭评价和社会评价等。他人评价一般较为严格、慎重,所以它相对比较客观,信度较好,但组织工作比较繁琐困难,花费的人力、物力和时间均很多。

一项完备的课程评价,应同时有自我评价与他人评价,因为这两种评价都各有利弊,如自我评价的优点在于评价者了解课程方案的内在精神和技术处理技巧,评价结果可用于进一步修订并完善课程方案;自我评价的优点更在于可将评价过程变成自我比较、自我改进、自我提高的过程;其不足则在于使得评价缺乏应有的客观性。而他人评价中的外部人员却可能有较开阔的评价思路。两类人员的同时参加,相互借鉴和补益,使整个课程评价较为完备。

(五)绝对评价、相对评价和个体内差异性评价[①]

绝对评价、相对评价和个体内差异性评价是根据评价的价值标准而划分的评价类型。

1. 绝对评价

绝对评价也叫目标参照评价,是将判断标准建立在被评价对象的群体之外(如课程教学目标),将群体中各成员的课程教学、学习情况与之对照,以评定其优劣的评价。绝对评价是判断完成既定目标程度的评价,它是以到达目标的形式把评价内容表现出来。

绝对评价的最大特点就是有一个共同的客观标准可循,如教师和学生等可通过与这个既定标准对比而判断自己的教学水平和学业水平,并不断向标准看齐,标准不受评价对象群体状况的影响,评价结果好坏与对象自身的水平相关,而与其所处的群体无关。绝对评价特别适用于以鉴定资格和水平为宗旨的课程与教学评价活动。当然,如果过分强调统一标准,也会导致脱离实际。绝对评价的不足之点是鉴别性较差。

2. 相对评价

相对评价也叫常模参照评价,是在被评价对象(如学生)的群体之中选取课程学习的判断标准(一个或若干个,如该集体课程学习的平均水平),然后将被评价对象的课程学习情况与判断标准(常模)进行比较,以判断集体中各成员所处的相对位置的评价。

相对评价有较好的鉴别作用,有助于促进竞争,但亦会导致争分、争名次,而忽视提高整体素质;相对评价适用面大,不受群体整体水平的限制;而不足的是判断标准会随群体的不同而不同(不同团体的评价结果缺乏可比性),因而容易降低客观标准。

3. 个体内差异性评价

个体内差异性评价也叫自身差异评价。它是把每个评价对象个体(当然也可以是

[①] 饶玲.课程与教学论[M].北京:中国时代经济出版社,2004:332-333.

教育单位如学校）的过去与现在进行比较，或者把个人的有关侧面相互进行比较，从而得到评价结论的评价类型。个体内差异性评价是根据尊重个性、发展个性的观点提出来的，重视个体内差异性评价是现代教育评价和课程评价的突出特点。我国很多地方大力倡导个体内差异性评价，正是教育改革和课程改革不断深化的表现。

该评价照顾到了学生的个体差异，在个人的自身差异评价中，每个人都自行设定标准，如以本人的课程学习成绩为基点自己同自己比较，从而判断自己的进步状态，一般不同他人比较。这种评价不易给评价对象造成竞争压力，有利于自我发现差距，有利于综合考察学生的发展变化，因而在课程教学实践中，它常常作为改变潜力生的措施被使用并收到良好的效果。但由于不存在客观标准，因而主观性比较强，被评价者不与他人进行比较，从而很难确定自己在群体中的真正差距。

三、课程评价的基本模式

课程评价模式是相对固定的课程评价程序、模型或体系，是在一定理论指导下对课程评价的基本范围、内容、过程和程序的规定。西方的课程评价模式是多种多样的，各种评价模式总是内含着一定的思想取向和结构，并表现为一定的操作规则和方法、步骤。课程评价模式的建立对课程评价的有效实施是至关重要的。教育评价和课程评价发展过程中形成了各种各样的评价模式，这对今天的课程理论和实践研究都是有重要意义的。这里介绍几种典型的课程评价模式。

（一）目标达成模式

目标达成模式（goal-attainment model）亦称目标模式或传统模式，是泰勒在"八年研究"基础上提出的评价模式，它是在泰勒的"评价原理"和"课程原理"基础上围绕目标达成而建构起来的一种评价模式，也称泰勒模式。这是最早的评价模式之一。

目标达成模式包括以下七个具体步骤：① 确定课程方案的目标；② 把目标分成较细的类目；③ 根据行为和内容对每个目标加以定义；④ 确定能表现目标达成程度的具体情景；⑤ 选择和发展评价所使用的测量技术；⑥ 收集反映学生行为变化的有关信息；⑦ 将收集到的信息与行为目标做比较。

泰勒的目标达成模式是以目标为中心的，它把课程方案的目标用学生行为化的成就来表示，并将这种行为目标作为决定课程教学活动和对课程进行评价的主要依据。预定的目标决定了课程教学活动，也规定了课程评价就是找出实际活动与课程目标的偏离，从而通过信息反馈，促进课程活动尽可能地逼近课程目标。诚如泰勒自己在《课程与教学的基本原理》一书中所言：评价的过程，实质上是判定课程与教学计划在多大程度上实际实现了教育目标的过程。然而，由于教育目标本质上是描述人的行为的变化，即目标的用意在于使学生的行为类型产生某些期望的变化，因而，评价就是判定这些行为变化实际发生的程度过程。

泰勒的目标达成评价模式是一个较为完备的理论模式，可用图 9-1 表示。

```
目的群来自        筛选      目标      学习情景     工具    信息
学习者    →   哲学  →   行为  →  使学生    →  与    →  检验
当代社会       教育      内容      能表现       测验    目标是
学科专家       心理学              目标行为              否达到
```

图 9-1 目标达成模式

目标评价模式在课程理论与实践界之所以受到高度重视，主要是因为它具有如下积极意义。第一，就学业而言，其意义在于：① 评价目标的多样化。不仅评价学生对于事实和知识的掌握情况，还评价学生的创新能力、操作能力、情意态度等。② 评价方式的多样化。评价不仅包括纸笔测验和心理学的各种量表，也包括对学生表现的观察、与学生的谈话、学生作品的收集等。③ 评价标准的恒定化。① 第二，从课程评价、方案评价的角度而言，其意义在于：① 泰勒把评价界定为方案的目标与实际表现之间的符合程度，由此，第一次把学业评价的领域拓展到课程评价、方案评价的领域。② 目标评价模式无论是其观念还是其操作都易于理解和执行。

在泰勒看来，目标评价的价值在于判定学生实际上发生了怎样的行为变化，在何种程度上达成了教育目标，以及为了获得一种有效的教育计划，还必须做哪些进一步的改进。目标达成模式由于其结构紧凑，且提供了可用于修改课程计划的反馈方式，可使课程开发设计不断拓展和深入，课程计划亦能不断完善，所以在很长一段时间内，它在教育评价和课程评价理论中一直占有重要的地位。

当然，任何事物都不可能是十全十美的，目标评价模式也有其不足，这主要表现为：① 目标达成模式在实践中实际上使评价成了课程开发的最后一个环节，因而削弱了它本应具有的潜力；② 目标编制上追求行为化语言的表达，既不易，亦难免有简单之嫌；③ 将目标过分神圣化，从而导致对目标以外的课程结果的忽视，而且被神圣化的目标之中事实上难免有错误的目标，不注重对目标本身的评价，则会形成错误的目标导向；④ 目标达成模式主要发挥了总结性评价的功能，形成性评价功能不足。正因这些弱点所在，后来的人在此基础上，又研制发展了其他的课程评价模式。

(二) CIPP 评价模式

CIPP 模式也叫决策模式，是由斯塔弗尔比姆(D. L. Stufflebeam)于 1966 年首创，也是在 20 世纪 50 至 60 年代泰勒模式受到冲击的情况下，经十余年酝酿徘徊而形成的一种评价模式。CIPP 模式是由背景(Context)评价、输入(Input)评价、过程(Process)评价和成果(Product)评价这四种评价组成的一种综合评价模式。

其一，背景评价。背景评价在斯塔弗尔比姆看来是其评价模式的第一步，其任务是确定课程计划实施机构的背景，明确评价对象及其需要，理清需要的基本问题，"考察现存的目的与重点是否与使用者的需要相一致"。在斯塔弗尔比姆看来，作为泰勒评价模式中心和依据的目标本身也是需要受到评价的。

---

① 钟启泉.课程论[M].北京：教育科学出版社，2007：310.

其二，输入评价。输入评价即在对目标进行评价之后关于达成目标所需要且可以得到的条件进行评价，实质上是课程计划的可行性评价。其涉及的问题有：可供选择的有哪些计划，为什么选中了某一种计划，计划的合理性如何，成功的把握如何，各种人员的利用及其他资源的需求如何等。

其三，过程评价。过程评价是对计划实施情况的不断检查，主要是通过描述实际过程来确定或预测课程计划本身或实施过程中存在的问题，包括有关活动是否按预定计划加以实施，是否以一种有效的方式利用现有的资源，是否能证明最初的决定存在缺陷而需加以修改等。

其四，成果评价。成果评价即测量、解释和评判课程计划的成绩，确证人们的需要被满足的程度。这要收集与结果有关的各种描述与判断，将其与目标及背景、输入条件和过程方面的信息联系起来，并对它们的价值和优点做出解释。斯塔弗尔比姆认为，在CIPP模式中，成果评价仍然是质量控制的一种手段，而不是最终的鉴定，这与泰勒的评价是不同的。

CIPP模式是对泰勒目标模式的一种否定补充，完善和发展了泰勒模式。CIPP模式通过评价反馈为决策服务，重视对潜在问题的发现，着眼于明天，而且注重全过程、覆盖全过程，这纠正了泰勒模式只注重于结果的不足。应该说，CIPP评价模式是较为全面的一种综合评价模式。正因为它是综合模式，所以也是较为复杂的，操作上一般而言是有难度的。另外，CIPP评价的注意力主要集中于预定目标所产生的预期效果，而忽视了其他的效果（实际过程中的真实效果），这也是其不足之点。

（三）应答评价模式

应答评价模式是由斯太克（R. E. Stake）首先提出，再由古巴和林肯等人进一步发展完善而成的。斯太克认为，要使评价结果能真正产生效用，评价应该向听取评价结果的人提供他们所关心的信息，评价者应该充分了解那些人所关注的问题、兴趣和焦点。斯太克强调，评价须从全部参与者的需要出发，要通过信息反馈，使评价的活动结果能满足大多数人的需要，要能对大多数人的愿望做出应答。古巴和林肯认为：所谓应答模式，就是以所有与方案有利害关系或切身利益的人所关心的问题为中心的一种评价。具体而言，应答评价模式是通过评价者与同教育活动有关的各种人员接触，了解他们的愿望，然后把它同实际活动进行比较，对教育决策方案做出修改，对大多数人的愿望做出应答，以使教育能满足各种人的需要。

应答模式的一般步骤是：

第一步，评价者与评价当事人及计划人员接触和商谈，获取有关人员对评价对象（如课程方案）的看法；

第二步，根据获取的信息，确定评价范围；

第三步，评价者纵览评价活动；

第四步，评价者对活动方案所希望达到的目标与实际取得的成果进行比较；

第五步，评价者对评价应回答的问题进行理论上的修正；

第六步,评价者设计评价方案;

第七步,根据不同的要求,选择不同的搜集信息的方法;

第八步,对所搜集的信息资料进行加工处理;

第九步,将处理过的信息按需要回答的问题分类;

第十步,将分类评价结果形成报告分发给有关人员;

第十一步,在分类报告的基础上对方案做出全面评判。

应答评价模式的优点:尽可能地强调群众性和民主性,强调"多元现实性"和价值观念的发散性,尽可能地满足教育活动和课程活动各相关人员的需要,且评价的结果也具有相当的弹性和应变性,当然这种结果也就最有可能为听众所接受。其缺点主要是易被当事人操纵,他们所表现的关注事项有时可能是想转移别人对他们所不愿意展现的弱点的注意力。

(四) 差距评价模式

差距评价模式亦称差别模式(discrepancy model),是由普罗沃斯(M. Provus)于1969年提出的。差距模式是以课程开发和管理为目的而建构起来的评价模式,旨在揭示计划的标准与实际的表现之间的差距,以此作为改进课程计划的依据。

差距评价模式由四个部分和五个阶段组成。这四个部分是:① 决定方案标准;② 决定方案表现;③ 比较表现与标准;④ 确定表现与标准之间是否存在差异。[①] 五个阶段为:① 设计阶段。对本方案、本课程的设计做出评价,也要在对比类似方案和课程的设计之后,对本方案做出评价。② 配置阶段。为了落实方案和课程设计,必然要求相应的资源配置和前提条件,包括设施、设备、媒介、学生能力、教职员资格等。③ 过程阶段。也即课程落实、实施的过程。教师、学校、行政部门等,是如何一步步地落实原先的设计和配置的。④ 成果阶段。课程方案、课程改革的成果,最典型的是学生的学业成绩,另外还包括教师、领导的能力提升和发展,学校、社区的改善和发展。⑤ 成本效益分析阶段。成本包括财力、物力、人力等的投入和花费,效益则有学生、教师、领导、学校、社区等的成果和收益。显然,一项课程方案和改革,不仅取决于其成效,也与其成本息息相关。[②] 在这五个阶段中,前四个阶段都需要找出标准和实际表现,以比较两者之间的差距并探讨造成差距的原因,同时还要据此决定是继续下一阶段,还是重复这一阶段,抑或是终止整个计划。

差距模式是把系统管理理论运用于课程评价领域,同时借鉴了泰勒模式的优点而形成的评价模式,它注意到课程计划应该达到的标准(应然)与各个阶段实际表现(实然)之间的差距,并关注造成这种差距的原因,以便做出恰当的抉择。差距模式对整个方案的过程进行评价,拓宽了评价的范围,以此为依据,行政部门可对方案、课程进行全方位的监督、控制和管理,从而利于更好地发挥评价的形成性功能。这是其他评价模式

---

① 廖哲勋,田慧生. 课程新论[M]. 北京:教育科学出版社 2003:417.

② 钟启泉. 课程论[M]. 北京:教育科学出版社,2007:311-312.

所不及的。当然,该评价模式极强的技术取向,也使其少了些主动灵活性,而且"应然"与"实然"之间可能会遇到的一些价值判断问题也并非易于解决的。

(五) 外观评价模式

外观评价模式(countenance model)是斯太克于 1967 年提出的一种评价模式。该模式是斯太克在对目标模式批评基础上的一种发展。他认为,虽然目标评价模式有许多优点,但它对教育的先在因素,如学生的兴趣、经验、性向、意愿等,教育的过程因素如师生之间、同学之间的情境等都没有给予关注,在结果方面也只关注与课程目标有关的课程结果而忽略了非预期的其他可能的结果。另外,他认为,传统的测验只注重个别学生分数的信度和效度,只注重客观数据分析,而缺乏对教育过程的整体描述。他进而强调,评价应该从三个方面收集有关课程材料:前提条件、相互作用、结果。前提条件即教育的先在因素,是指教学之前已经存在的,可能与结果有因果关系的各种条件,这不仅包含学生的各方面信息,也包含教师、当地社区资源、学校等各方面情况;相互作用是指教学过程中师生之间、学生之间、学生与教材之间的关系;结果是指实施课程计划的效果,包含学生、教师、行政人员、辅导员等方面,其中就学生而言,教学的影响包括认知、技能、情感、态度等方面。他主张评价应具有描述和判断的成分,而且不管是描述或判断,都要搜集课程方案的先在因素、过程因素、结果因素这三个方面,同时描述必须充分。描述包括课程计划打算实现的内容和实际观察到的情况这两个方面的材料;判断也包括根据既定标准的判断和根据实际情况的判断两种。

外观评价模式由于其不仅关注课程产生的结果,而且还聚焦于产生特定结果的各种条件和所采用的方法,因此,它是一种较为全面的课程评价模式。相比其他的课程评价模式,其评价的范围更为宽泛与周全。但是,外观评价模式也有其自身的缺陷,那就是在观察、描述和判断时,很难做到价值中立,往往带有极强的主观性,因而影响评价结果的科学性和可靠性。此外,该评价模式所了解和处理的内容过于纷繁复杂,要在实践中运用,难度极大。

(六) CSE 评价模式

CSE 是美国加利福尼亚大学洛杉矶分校评价研究中心(Center for the Study of Evaluation)的简称。自 20 世纪 60 年代后期以来,该中心一直致力于"CSE 评价模式"的研究并使其广为流传。CSE 评价模式是一种与 CIPP 模式最为接近的评价模式,如图 9-2 所示,它包括四个步骤:[1]

```
1 需要评定 → 2 选择方案 → 3 形成性评价 → 4 总结性评价
```

图 9-2 CSE 评价模式

---

[1] 顾书明.现代课程理论与课程开发实践[M].北京:人民出版社,2008:269.

第一步，需要评定。亦即调查人们有何种需要。需要评定的核心问题是找出预期得到的与预期不想得到的东西之间的差异，以确定教育和课程的目标。

第二步，选择方案。即对各种可供选择的方案或计划在达到目标方面的有效性和成功的可能性做出评价，包括对课程内容与目标的一致性程度，以及资金、设备和人员配置情况等的研究。

第三步，形成性评价。其重点在于发现课程计划在实施进程中的成功与不足之处，以便及时修正某些偏离目标的地方，从而保证教育目标和课程目标的实现。

第四步，总结性评价。即在经历上述几个步骤之后，对课程改革和教育质量所做出的全面的评价和相应的判断。

CSE 评价是一种旨在为课程和教育改革提供服务的评价模式。在这一评价中，评价的形成性功能与总结性功能得到了较好的统一，且评价活动贯穿于课程改革和教育改革的全过程，体现出 CSE 评价是一种动态的评价。应该说，CSE 评价是一种较为实用的评价模式，事实上，它在实践中的运用是相当广泛的。

（七）反对者模式

反对者(adversary)评价模式是欧文斯(T. Owens)和沃尔夫(R. Wolf)等人在 20 世纪 70 年代中叶提出来的，亦称为"对手模式"。它是一种为了揭示方案正、反两方面长短得失而采取准法律过程评委会审议形式的评价模式。反对者模式非常重视听取关于教育方案和教育活动的争论性意见，尤其是重视反对者的意见，主张评价采取准法律形式——评审会形式进行。这一模式充分地强调了评价的民主性，为各方面的情况和意见能得到充分反映提供了保证，这有助于克服各种偏见并澄清各种潜在的冲突意见。当然，也有人认为这一模式的评价结果易为辩论的技巧所左右且费用较高。

从上述的一系列课程评价模式的讨论和比较中，可以看出评价模式的不断发展和不断完善的线索。从中可获得以下几点启迪：

（1）进行课程评价，应注重以教育目标、课程目标为依据。

（2）不能将教育目标和课程目标视为神圣不可改变的，课程的改革和课程的研制开发应注重对教育目标、课程目标进行不断的反思并不断完善之。

（3）课程评价中应充分地关注课程实践的真实效应，而不只是主观效应。

（4）要重视课程实施及课程评价中的争论意见，重视反对者的意见。

（5）课程实施及评价要从绝大多数人的需要和愿望出发，要能对多数人的意见做出应答，以追求最大限度的群众性、民主性。

（6）人的价值并非收敛的，把人的价值收敛于某一或某些目标是做不到的，也是有害的。课程评价应广泛收集各种人的价值资料，以作为课程设计和评价的基础。

（7）在将上述课程评价的模式用于我国的各类课程的评价时，要注重把国外的经验与本地本校的实际相结合，要坚持以推动自身的课程发展为目的，要坚持实事求是，要从实际出发。

本章小结

本章主要讨论了五个问题:① 课程评价的含义;② 课程评价的功能;③ 课程评价的历史发展;④ 课程评价的取向与类型;⑤ 课程评价的典型模式。基本要点:课程评价是教育评价的重要组成部分,课程评价是指通过一定的方法途径对课程设计(方案)、活动以及结果等有关问题的价值或特点做出判断,并追求和促进课程发展的过程。课程评价具有需求评估、课程诊断与修订、课程比较与选择、导向和判断、激励与交流等功能。无论我国还是西方课程评价的发展都有较为悠久的历史。课程评价的取向主要包括目标取向、过程取向和主体取向。从不同的视角,可以把课程评价分为不同的类型与模式,每种课程评价类型与模式都有其自身的特点和适用境域。

复习与思考

1. 简要总结近年来中西方课程评价研究理论和实践的主要进展、存在问题及未来走向。

2. 试结合实际,谈谈质性课程评价方法与量化课程评价方法的优缺点及适用境域。

3. 就课程评价某一方面的内容,设计一份评价方案并组织实施,进而对评价方案和评价实施进行评析。

第十章
课程评价(二)

本章导航

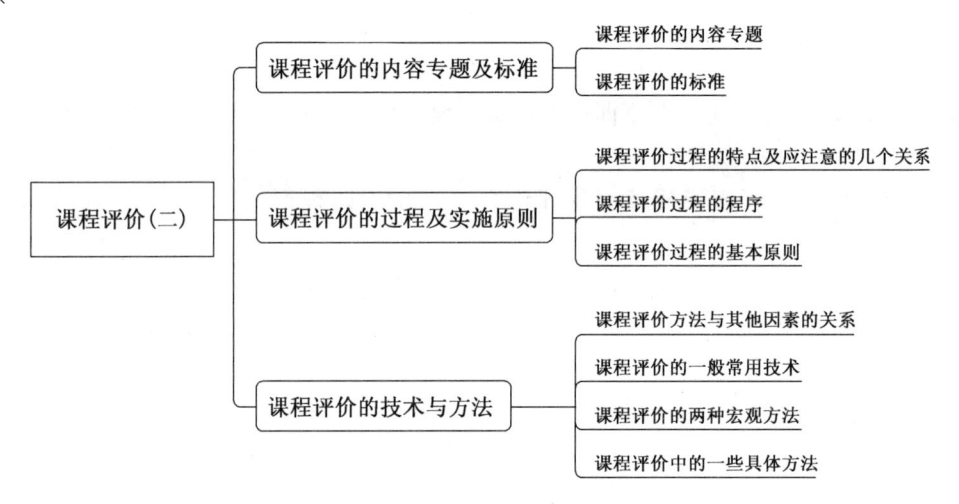

- 课程评价(二)
  - 课程评价的内容专题及标准
    - 课程评价的内容专题
    - 课程评价的标准
  - 课程评价的过程及实施原则
    - 课程评价过程的特点及应注意的几个关系
    - 课程评价过程的程序
    - 课程评价过程的基本原则
  - 课程评价的技术与方法
    - 课程评价方法与其他因素的关系
    - 课程评价的一般常用技术
    - 课程评价的两种宏观方法
    - 课程评价中的一些具体方法

学习目标

1. 了解课程评价的内容专题与标准;
2. 明确课程评价的典型程序;
3. 掌握课程评价的技术与方法;
4. 能结合课程教学实际,遵循课程评价的一般程序、主要技术与方法,对有关课程活动进行评价。

学习重点

明确课程评价的内容专题和课程评价标准的含义,知道课程评价的程序,掌握课程评价过程的技术与方法。

学习难点

能结合课程教学实际,遵循课程评价的一般程序、主要技术与方法,对有关课程活动进行评价。

课程评价是课程研制的重要阶段,是教育教学活动中至为重要的要素之一,已成为教育教学研究领域中一个重要的课题。开展有效的课程评价,有利于保证课程开发设计的合理性。课程评价如此重要,只有进一步掌握课程评价的内容与标准、一般程序及主要的技术与方法,才能保证课程评价活动的科学高效。

第一节 课程评价的内容专题及标准

课程评价的内容专题是指在课程评价的实践中至为重要的几个方面专题性的子系统评价内容,主要包括:国家和地方层面的新课程改革评价、课程评价、教材评价、课堂教学评价、学业评价以及元评价等。而课程评价的标准是指课程评价内容的细则及等级评定。[①] 现对课程评价的内容专题与标准分述如下:

一、课程评价的内容专题

(一)国家和地方层面的新课程改革评价

21世纪之初,我国开始了一场规模宏大的新课程改革,这次课程改革力度之大、难度之大都是以往七次课程改革所无法比拟的。我国之所以选择在新世纪之初进行基础教育课程改革,主要是基于我国的国情及国际竞争的迫切需要。新课程改革在我国实施已历时二十余年,为了使新课程改革能持续有效地推展下去,对新课程改革进行科学有效的评价和监控是至为重要的。《基础教育课程改革纲要(试行)》明确提出要"建立促进课程不断发展的评价体系。周期性地对学校课程执行的情况、课程实施中的问题进行分析评估,调整课程内容、改进教学管理,形成课程不断革新的机制"。当然,这里所说的课程评价主要是课程实施的评价与反馈,还未涉及对课程设计、课程管理等进行评价。事实上,随着课程改革的不断发展与深入,课程评价必将逐渐系统化。

许多学者在新课程的改革发展中已就新课程改革的评价进行了积极的探索与研究。如:福建师范大学余文森教授牵头的"新课程教学专业支持工作"项目组,对课堂教学的进展评价、新课程改革实验区中考进展评价等进行了研究。由北京师范大学董奇教授牵头的"促进教师发展与学生成长的评价研究"项目组,对课程改革中的教师发展状态评价和学生学业发展评价等进行了研究。东北师范大学马云鹏教授牵头的课程实施评价项目组,连续几年对基础教育课程改革实验区(包括国家级实验区、省级实验区特别是农村地区实验区)有关教育行政部门对于课程改革实验的组织与管理、实验学校对课程改革实验的落实、课程改革实验班的教学、管理者及师生的变化等内容进行了系统研究。[②] 上述研究为我国各层面和各方面有关新课程改革的评价提供了非常有益的

---

① 顾书明.现代课程理论与课程开发实践[M].北京:人民出版社,2008:272.
② 马云鹏.课程改革实验区追踪评估的最新报告[J].教育发展研究,2005(9).

借鉴和指导。

关于我国新课程改革方案的评价,有学者主张从以下方面的"概括化问题"进行考虑实施。这包括:① 新课程改革对学生、学科、社会三者的需求分析,以及对改革的条件分析足够了吗? ② 所设计的新课程改革方案,包括目标、内容、教法、学业评价等的设计,合理吗? 是否有更好的设计方案? ③ 国家及地方层面的资源投入、课程管理是否足够到位? ④ 从课程实施的过程来看,有哪些课程意图和设计已经成功了? 它们具备可持续性吗? ⑤ 一些地方的成功经验能够推广至全国吗? 我国的课程改革能够推广应用于别的国家或地区吗?①

当然,在国家层面或范围进行新课程改革的评价或许是有很多问题值得研究的,在地方层面进行这样的评价其价值和可行性无疑是可期待的。这应该也是课程改革评价所需要的,同时也是近些年来课程改革评价所表现出的发展趋势。

(二) 课程评价

课程评价的内容主要包括课程方案的评价、课程实施过程的评价,以及课程质量效应的评价。②

1. 课程方案评价

课程方案是某种课程模式在特定阶段学校教育的具体化,其优劣直接影响教育质量和培养目标的实现。课程方案即通过课程规划、设计等而形成的由课程计划、课程标准以及有关的课程教材(课本)及相关活动资料而组成的课程总体框架。课程方案是课程开发者,为了体现和实现自己的课程意图、指导课程实践,对课程目标、课程内容的选择与组织、课程实施与评价等方面的规划和设计。其主体既包括国家、地方等教育行政部门,也包括学校。课程方案评价主要用于以下几个方面:一是国家对学校课程计划以及其他教学基本文件的审定和实施的检查;二是地方对学校根据经济发展需要而新开发的课程计划以及其他教学基本文件的审定和检查;三是国家和地方对由国家课程、地方课程、学校课程合理组合及其实施的验收和检查;四是课程研究部门对现有课程方案的分析、诊断,提出修订建议;五是学校对本校实施的课程计划进行诊断并及时予以调整。

课程方案评价,具有诊断课程方案问题、调控课程方案设计、监督课程方案实施、推进课程方案建设的作用。其目的在于通过评价,既使课程方案管理规范化、科学化,又能使课程方案得以及时调整、修订,促进课程改革,以主动适应社会和受教育者对课程的新需要。

课程方案评价的指标体系,可以课程方案的三个基本要素如课程方案职责、课程方案结构、课程方案效能的标准作为一级指标,分解为多层次的课程方案评价指标体系。如课程方案职责可分解为育人目标和育人内容;课程方案结构可分解为稳定性和灵活

---

① 钟启泉.课程论[M].北京:教育科学出版社,2007:300.
② 顾书明.校本课程开发实践系统论[M].徐州:中国矿业大学出版社,2002:235-240.

性;课程方案效能可分解为效果和效率。而这些二级指标还可分解为更具体的三级指标。即课程方案评价指标体系是由三个一级指标层层分解后,构成的三个序列评价指标群。此体系有三个作用:一是使评价标准具体化,便于评价人员正确掌握价值尺度;二是体现各评价标准之间的内在联系,使评价者能把握标准的整体性;三是构成评价的基本模型,为制定能适应课程方案多样性的评价奠定基础。还有学者重点构建了课程方案评价的一级项目,主要包括:①

(1) 对课程计划的评价。这又包括对课程研制开发的指导思想、课程目标、课程内容门类、课程组织类型、课程结构安排以及课程开设顺序、时间分配、活动组织等二级要点进行评价。

(2) 对课程相关纲要的评价。这是对某一种科目或某一种类别的课程的目标、内容及实施方法等二级要点的有关问题做出恰当性的判断。

(3) 对课程课本及相关资料的评价。这是按教材以及有关活动等的相关指标所做出的有关判断。

总之,对课程方案评价的研究,有利于推进课程改革向纵深方向发展,从而促进学生积极、主动健康的发展,促进教师专业水平不断提高及学校整体办学质量的提升。

2. 课程实施及课程质量效应评价

有关课程实施及课程质量效应评价的内容范围主要包括以下三个方面的一级项目模块:②

(1) 对课程实施基础条件及管理常规建设的评价。这又包括课程思想建设、课程实施管理制度建设、教学梯队建设、课程实施其他相关条件建设等二级要点的评价。

(2) 对课程实施过程的评价。这又包括具体的课程目标的评价、具体的课程内容的评价、课程实施的教与学的过程的评价、课程实施方法及其变革的评价、相关教学策略的评价、学生课程学习成绩的考核评价等二级要点的评价。

(3) 对课程质量效应的评价。这又包括学生参与课程学习的主动性和学习兴趣的发展、学生基础知识的提高程度、学生通过课程学习而获得的各种能力的发展、学生的整体思想认识水平的发展、学生通过课程学习而获得的特长的发展等二级要点的评价。

(三) 教材评价

教材评价是对教材一定价值关系的可能后果的预见和推断,教材评价的本质是评价主体对教材价值的判断过程。教材评价活动是一种特殊的认识活动,它存在着两对主客体关系:价值客体与价值主体的关系,评价客体与评价主体的关系。

教材评价受到学界的高度重视,主要是因为教材评价具有强大的外在价值功能与内在价值功能。具体而言,教材评价的外在职能主要表现为:一是甄别教材的科学性和适用性,分析、判断教材文本在设计和编制方面的价值,为国家或教材选用者服务。这

---

① 顾书明.现代课程理论与课程开发实践[M].北京:人民出版社,2008:273.
② 顾书明.现代课程理论与课程开发实践[M].北京:人民出版社,2008:272.

是教材评价的工具价值。二是总结经验成果，指出不足和问题，推进教材改革和发展。这是教材评价的目标价值。教材评价的基本目标并不仅仅是甄别教材，更重要的是促进教材的发展。对教材经验成果的总结，认识其问题与不足，既是教材的科学性和适用性鉴定评估的重要组成部分，也是教材评价功能的延伸和发展。三是探索教材知识结构体系、内容整合方式与学生素质提升的关系，使教材的属性与学生需要的价值关系以观念的形式呈现在人们的面前。这是教材评价的特殊价值。四是它引导和调控着教材编写，促使教材编写人员不断地改进教材，更好地实现教育目标。这是教材评价的调控价值。而教材评价的内在职能集中表现在它通过推动建立具有中国特色的教材评价体系来实现教材评价者本身发展的需要。[1]

资料链接 10-1：关于教材评价标准的讨论

（四）课程实施（主要为课堂教学）评价

课程实施（主要为课堂教学）评价（包括课外、校外的各种活动教学）是课程评价的至为重要的组成部分，也是教育评价和课程评价以及教学评价特别丰富的研究领域。

课程实施（教学）评价是按照一定的课程理念和教学目标对课程实施（教学）过程及其结果进行综合、全面、客观的价值判断过程。

课程实施（教学）评价的目的是全面了解教师的教学情况，改进教学行为，提高教学效率。

课堂教学评价具有如下功能[2]：首先，就学生而言，课堂教学评价的价值主要体现在其导向及激励功能上。其次，对教师而言，通过课堂教学评价，教师可以判断自己的教学活动与目标之间的"距离"，发现教学中存在的问题，这些都可以直接影响教师日后教学的准备、实施和结果。教师在评价过程中既能够体验到成功的快乐和满足，也会因未实现目标的遗憾而感到压力和紧张。快乐和满足、适度的压力和紧张都会直接或间接地对教师产生激励作用。这对教师的教学工作及专业发展来说是极为有利的。最后，就教育管理者而言，课堂教学评价的价值主要体现在管理功能上。通过课堂教学评价，教育管理部门和教育机构（包括学校）把教学评价的结果不仅当作对教师和学生进行评价的根据之一，而且能够看到教师和学生的进步，并以此调整学校教育发展的布局、方向，改进教育教学活动。课堂教学评价为教育管理者的科学决策及工作方针的制订提供了依据。

既然课堂教学评价具有极为重要的意义与价值，那么要使其充分发挥应有的价值功能，就必须明确课堂教学评价的内容及标准。许多学者已经就此展开了积极的讨论：有的（北京市）将中小学新课程课堂教学评价的内容及标准列出了七个方面的项

---

[1] 邝丽湛.教材评价的本质及其价值分析[J].教育研究，2002(7).
[2] 卢立涛，梁威，沈茜.我国课堂教学评价现状反思与改进路径[J].中国教育学刊，2012(6).

目,包括:①

(1) 教学目标。评价要点包括符合课程标准和学生实际的程度及可操作的程度等标准。

(2) 学习条件。评价要点包括学习环境的创设和学习资源的处理等标准。

(3) 学习活动的指导和调控。评价要点包括学习指导的范围和有效程度以及教学过程调控的有效程度等标准。

(4) 学生活动。评价要点包括学生参与活动的态度、广度和深度等标准。

(5) 课堂气氛。评价要点包括课堂气氛的宽松程度和融洽程度等标准。

(6) 教学效果。评价要点包括目标达成度、解决问题的灵活性、师生的精神状态等标准。

(7) 学科特色。评价要点要根据学科的不同而有不同的确定。如语文学科评价要点可确定为创设语文学习情境、教师范读及学习示范、教学语言面貌等。

也有的认为,课程实施(教学)评价内容一般包括以下七个方面:②

(1) 对课程实施(教学)目的、任务的评价。即主要评价课堂教学目的、任务的明确性和合理性等项目标准。

(2) 对课程内容的安排进行评价。即主要评价课程教学内容的科学性等。

(3) 对课程实施(教学)方法和手段的评价。主要评价其方法手段的多样性和先进性等标准。

(4) 对课程实施(教学)形式和结构的评价。主要评价其形式结构的严谨性等标准。

(5) 对教师的课程实施(教学)态度进行评价。主要评价教师教学中的启发性和民主性等标准。

(6) 对教师的课程实施(教学)基本功和专业能力进行评价。主要评价其教学基本功的熟练性和教学能力的综合化水平等标准。

(7) 对课程实施(教学)的效果进行评价。主要评价教学效果的预期性和全面性等标准。

还有学者则从以下六个维度构建了教师课堂教学评价标准:③

(1) 教学思想。主要评价其是否以学生的发展为本,是否能突出学生的主体地位;是否能转变教师角色,发挥组织者、指导者、合作者的作用;是否注重学生创新意识、思维能力的培养。

(2) 教学目标。主要评价其是否明确教学目标的作用和方向,目标是否明确、具体,符合学生实际和教学要求;是否突出过程性目标,充分发挥目标的调控功能。

---

① 北京市教委.关于印发北京市中小学课堂教学评价方案(试行)的通知[Z].京教基〔2005〕28号,2005年10月.
② 顾书明.现代课程理论与课程开发实践[M].北京:人民出版社,2008:274.
③ 杨淑萍.重新审视课堂教学评价的功能、内容与标准[J].教育理论与实践,2009(10).

（3）教学内容。主要评价其是否具有科学性、逻辑性和发展性；是否能满足不同学生的需求和发展。

（4）教学活动。主要评价其教学环节设计是否科学、时间安排是否合理；学生是否积极参与，主动探究；是否重视课堂生成，能否灵活运用教学方法。

（5）教师素质。主要评价其是否有爱心、责任感，教学基本功是否扎实；是否有较好的专业素养和较高的教学水平；知识面是否广博，应变能力是否强。

（6）教学效果。主要评价其是否能实现预定的教学目标，课堂效率如何；教学过程能否关注学生的全面发展，能否突出学生思维能力的培养；教学是否有特色、有创新，是否促进了师生的发展。

（五）学业评价

学业评价是指对学生在学校课程上所取得的学业成就（包括知识与技能、认知过程与能力、情感态度与价值观等）的测量和评价，是通过各种方法收集学生学业成就的客观信息，为学习和教学提供反馈，同时也负有引导学生全面健康发展的责任。学业评价关注的是学生在学校所学各门类课程上的成就，而非校外所学内容；学业评价关注的是学生通过学校教学所获得的学业成就，而非由遗传所决定的能力倾向和个性倾向。

学生的学业评价是纷繁而复杂的。学生的学业评价应主要指向于学生的全面发展，指向于学生学习中的多方面能力的发展，如学生的情感态度、实践能力、探索性能力、创新能力等。

建立学业评价标准，具有极其重要的作用。具体表现为：其一，学业评价标准的开发将有利于课程标准的完整准确落实。其二，指导教师在日常教学工作中进行学生评价。其三，学业评价标准将大大改善日常学生评价，提高日常学生评价的信度和效度。其四，学业评价标准将有利于各种重要的考试的改革。其五，学业评价标准将成为全国教育质量监测系统的基础工程。其六，为教材编写和教辅资源开发提供指南。

由于学业评价标准具有上述价值，所以许多学者对此进行了积极的探讨和研究。有的认为，学业评价标准应包括如下几部分：[1]

（1）表现标准。即根据课程标准的课程目标和内容标准对学习结果进行细化，是从总目标（知识与技能目标、过程与方法目标、情感态度与价值观目标）出发逐步分解的层级体系。层级体系的最低一级可称为表现指标，描述学生的学业表现行为，要达到可观察、可测量的程度。同时，要给出各表现指标在各年级（或关键年级）达到的水平的描述，至少应给出合格水平的描述，如有可能，也可给出多个水平（如良好、优秀等）的描述。

（2）评价方法建议。针对每个表现指标的评价给予教师评价方法的建议，如纸笔测验、表现评价、档案袋、量表、日常观察等。

（3）评价样例。它是对某种评价方法的具体示例，为教师运用某种评价方法提供一个范例。对于表现评价方法的样例，还要同时给出评分规则（rubric）。评价样例要

---

[1] 徐岩，丁朝蓬.建立学业评价标准，促进课堂教学改革[J].课程·教材·教法，2009(12).

经过真实的试用,保证有效、可行。样例既可供教师直接采用,也可供教师模仿改编使用。

（4）学生作品及其评议。学生作品来自真实的教学场景,要对照表现标准部分的水平描述说明该作品达到了哪个水平。

还有学者认为,按照新课程改革的要求,学生学业评价的内容及目标要体现多元化、全面性及个性化等要求。一般可包括这样几个方面：[①]

（1）道德品质。主要评价其爱祖国、爱人民、爱劳动、爱科学、爱社会主义以及遵纪守法、诚实守信、维护公德、关心集体、保护环境等内容。

（2）公共素养。主要评价其自信、自尊、自强、自律、勤奋等素养以及对个人的行为负责,积极参加公益活动,具有社会责任感等素养。

（3）学习能力。主要评价其学习的愿望和兴趣,看能否运用各种学习方式以提高学习水平,并有对自己的学习进行反思的习惯；还要评价其能否结合所学的不同学科的知识,运用已有的经验和技能,从而独立分析和解决问题,并具有初步的研究与创新能力。

（4）交流与合作能力。主要评价其能否与他人一起确立目标并努力去实现目标,能否尊重并理解他人,能否评价和约束自己的行为,能否综合地运用各种交流和沟通的方法与他人进行合作。

（5）运动和健康。主要评价其是否热爱体育运动,是否养成体育锻炼的习惯,是否具备一定的运动技能和坚强的体魄,并形成健康的生活方式。

（6）审美与表现。主要评价其感受并欣赏生活美、自然美、艺术美和科学美的审美观和审美情趣,评价其参加艺术活动并通过多种方式表现美的情况。

（六）元评价

元评价最早是由斯克里文于1969年引入的。他同时把元评价界定为对某项评价的评价。而斯塔弗尔比姆从操作化的角度,把元评价界定为：对评价活动的实用性、可行性、适宜性和精确性等方面进行系统的描述和判断,从而指导和规范评价活动的过程,并对评价的优劣做出总结性判断。[②] 元评价在课程评价中具有重要的意义,主要表现为其具有以下功能：一是通过监控评价本身,以确保评价的规范性、科学性,从而发挥形成性功能；二是通过对评价本身做出最后的判断,发挥总结性功能。

资料链接 10-2：元评价的项目及标准

上述所有的内容专题的项目评价以及其二级要点的评价等,都可以按 A、B、C、D 或

[①] 钟启泉.课程论[M].北京：教育科学出版社,2007：333.

[②] Stufflebeam, D. L. Methodology of metaevaluation//D. L. Stufflebeam, G. F. Madaus & T. Kellaghan. Evaluation models: viewpoints on educational and human services evaluation. Boston: Kluwer Academic Publishers, 2000.

其他的等级评定方法进行等级评定,从而形成有关的系统性评价结论和整体性评价观点。

二、课程评价的标准[①]

前面已经针对课程评价的每一内容专题,论及了其评价标准,接下来拟从一般意义上,讨论课程评价的标准问题。

所谓课程评价标准是指对课程与教学在质量方面要求的规定,主要包括评价指标及其标准,如表10-1所示。

表10-1 课堂教学评价标准

指标		评价标准			
A级	B级	A:85—100 (非常符合)	B:70—84.9 (比较符合)	C:55—69.9 (不太符合)	D:<55 (不符合)
A_1 目的 (0.15)	B_1 知能、思想的目的,符合大纲要求和学生实际(0.5)				
	B_2 明确、具体,指导教学全过程(0.5)				
A_2 内容 (0.25)	B_3 内容正确,无知识性错误,技能熟练(0.30)				
	B_4 发挥思想教育因素,教书育人(0.25)				
	B_5 条理清楚,重点突出,难点突破(0.25)				
	B_6 分量、速度适当,学生能接受(0.20)				
A_3 方法 (0.25)	B_7 重视启发学生思维,培养能力,学生有思考操作机会(0.16)				
	B_8 精讲巧练,讲练结合好,重视学生知能发展(0.16)				
	B_9 方法灵活,课堂活跃,能激发学生兴趣,集中学生注意力(0.16)				
	B_{10} 面向全体,控制课堂,维持秩序,注意反馈调节,机敏处理偶发事件(0.14)				
	B_{11} 使用仪器、教具,熟练、恰当、效益高(0.14)				

---

① 张传燧.课程与教学论[M].北京:人民教育出版社,2008:394-396.

(续表)

指标		评价标准			
A级	B级	A:85—100(非常符合)	B:70—84.9(比较符合)	C:55—69.9(不太符合)	D:<55(不符合)
A₄ 效果 (0.35)	B₁₂ 教学结构紧凑,时间分配恰当,不拖堂(0.12)				
	B₁₃ 教师语言简洁、生动,教态自然,板书规范(0.12)				
	B₁₄ 课堂气氛热烈,学生兴味浓厚,师生均有满足感(0.15)				
	B₁₅ 课堂口头答问,书面作业,正确率高(0.3)				
	B₁₆ 达到教学目的,按时完成教学任务,课外作业量适度(0.15)				
	B₁₇ 好、中、差学生都各有所得,对教学反映良好(抽问、抽测)(0.4)				

(一)课程评价指标

评价指标是课程与教学目标、评价目标的具体化,一般是根据课程与教学目标、评价目标判断具体课程与教学活动时所考虑的主要要素,是评价内容所规定的具体项目,具有可测量、可操作性特点。一方面,只有系统化的指标才能全面反映单个或全部的目标;另一方面,指标又是实质性目标,决定着目标能否切实地得到落实,因此,具有更强的指挥定向作用。

从形式上划分,评价指标可分为二级指标和多级指标体系;从内容上划分,可分为目标指标、过程指标和条件指标。

(二)评价标准

评价标准是根据评价指标体系衡量被评价对象可以获得的分数、等级或评语。评价标准适应于评价指标的需要,是评价实际达成指标程度的具体要求。达标程度可分为不同等级,不同等级有不同的评价标准。

评价标准可有不同的分类方法。从一般评价内容分类,可分为状态标准、职责标准和效能标准。也可从评价的参照点角度去分类,分为社会标准和科学标准。

(三)评价指标体系的结构及其构建

评价指标体系是由反映评价对象内涵的指标集及其评价标准、量化符号等构成,其主体是指标。指标是具体的评价标准,评价标准涵盖了评价指标体系。

1. 评价指标体系的结构

(1)框架。评价指标体系的主体框架是指标,不同层级的指标构成评价指标框架。用来说明、反映或测量上一级项目的下一级项目为"指标",被反映、说明或测量的上一级项目为"评价对象"。课程与教学评价指标体系一般由评价对象、一级指标、二级指标等构成。如图10-1。

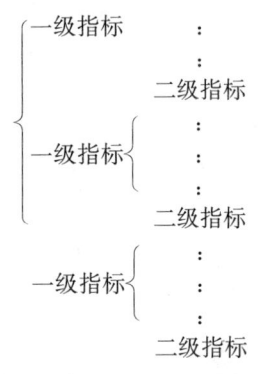

图10-1 课程评价标准和指标体系主体框架

(2)模型。评价指标体系总是按照一定的模型构建起来的,不同模型的指标体系其结构也不相同。课程与教学评价指标体系有两种模型:一般模型与分类模型。一般模型是评价一定范围内一般现象的指标体系,它适用于这一范围内的所有被评价对象的评价与比较;分类模型是评价一定范围内特殊现象的指标体系,它适用于某一类被评价对象的评价与比较。

(3)指标。从不同的角度考察,指标的设置有不同的要求。从达标水平去考察,有必达指标与期望指标;从指标内涵性质去考察,有稳定性指标和可变性指标,稳定性指标相对变化较小,而可变性指标须根据实际情况做出调整;从指标的精确度去考察,有硬指标和软指标,硬指标的达标要求是固定的、精确的,而软指标的达标要求伸缩性较大、不太精确。

(4)量化符号。量化符号常常是评价指标体系结构中最基本的元素,用以对评价对象的某方面属性做定量描述。一般有权数和分数两类数值,用以反映某一个体在整体中的相对地位。

2. 评价指标体系的构建

课程评价指标体系构建的基本思路:从系统整体观点出发,把课程与教学活动作为一个整体来认识,综合运用单元分析法和内涵分析法。从纵向上,在分析课程与教学内涵的基础上,区分出若干课程与教学的层次;从横向上,在传统课程与教学评价标准的基础上,综合当代教学理论的研究成果,提出对课程教学的一些基本要求。

需要说明的是,在进行课程教学评价的时候,一般常会运用指标体系的方法,但按照"最好的办法常常是最简单的办法"的思路,实施评价有时也可以运用"概括化问题"

的办法,也就是说,对评价对象的评价有时可通过调研而列出几个"概括化问题",从而进行质性分析,有时这或许更简单易行且能把握评价的关键或要件。

第二节　课程评价的过程及实施原则

课程评价的过程或程序是教育评价以及课程评价研究的一项重要课题。只有明确了课程评价的过程,方能确保课程评价科学高效,从而促进课程以及学生主动、健康的发展,并促进教师专业的持续发展及学校办学水平的稳步提高。当然,由于课程评价是一项极为复杂的工作,所以课程评价的过程往往会因评价目标和评价方法等因素的不同而有所不同。

一、课程评价过程的特点及应注意的几个关系

(一)课程评价过程的特点

1. 课程评价过程的动态性

评价过程的动态性主要是指评价客体变化发展状态。动态性可以说是教育评价及课程评价过程的一个根本特点。在教育及课程评价过程中,人是评价的核心,作为主要评价对象的人尤其是学生,其发展变化是既快且大的。因此,对学生的课程学习进行评价,自然应注重其变化状态,如学生的课程学习,在低、中、高等不同的年级阶段,其学习成绩、行为表现、发展潜能等都是处在可能及正在发展的变化中的。课程评价要注重的是了解过去是为了研究现在,而研究现在又是为了更好地建设未来。

2. 课程评价过程的交互性

课程评价过程的交互性是指评价主体与评价客体在评价中所产生的相互作用。这种作用是通过评价活动表现出来的,其影响力甚大。学校课程及教育评价中的主客体关系是多种多样的,注重评价过程的交互性,有助于推进课程评价中的民主协商、自主建构、相互促进等效应水平的提升。

3. 课程评价过程的具体性

课程评价过程的具体性是指评价目标的设定和评价方法的选择要具体、明确。为此,课程评价目标的设定和评价方法的选择不能抽象、笼统,而应便于操作、实施。如将某个课程项目作为评价对象,制订评价目标时,就应注重于课程项目开展了哪些活动,通过课程活动从哪些方面提升了学生,这样就将进行的活动与追求的目的紧密联系起来。同样,按照课程评价过程具体性的要求,选择评价方法自然应以能否取得良好的评价效果为准绳。如评价教师的课程教学质量,须明确评价方法是定性还是定量,或是定性与定量相结合,并须明确评定等级。同时,还要明确获取评价信息的方法。

(二) 课程评价过程应注意的几个关系

1. 评价主体与评价客体的关系

这里最为主要的是评价活动中人与人的关系,包括领导和教师的关系、教师与学生的关系等,这实际上就是要把握和处理好教育及课程活动中的"主体间性""交互主体性"等问题,以促进提升课程评价活动中的尊重、信任、支持、协助、合作等关系水平。

2. 当前目标与长远目标的关系

教育及课程活动,始终是围绕着相关的目标及目标体系进行的,而当前目标是通过具体的评价目标来体现的,当前目标又是为长远目标服务的。为此,课程评价活动则不应只局限于一些当前目标,而应着眼于学生成长、学生学力累进等的长远目标。

3. 价值多元与价值导向的关系

我国市场经济及社会民主化的发展,使得社会文化以及价值呈现愈来愈多元化的发展趋势。在教育及课程评价活动中,人们对教育及课程自然也会持有和表现出不同的评价观点,并会从各自的立场出发而提出不同的要求,如教师、学生、社会及家长对学生的课程学习质量的期望就可能各异。为此,评价活动中就需要把握和实行正确的价值导向,要注重以国家教育方针、教育目标统帅评价的方向,从而进行相关的比较分析,以弄清问题、促进改善和提高。

4. 评价条件和评价效果的关系

教育及课程教学活动,都是在特定的条件下进行的。我国的各地各学校都在国家教育方针的统帅下推进教育工作,都会追求国家所要求的办学标准以及创设相应的办学条件,但由于历史的原因以及地方和学校的差异性,因而各地各学校的办学条件以及课程教学水平不尽相同,各地各学校同时还会累积和凸显出各自的特色和个性。因此,课程教学评价应研究在不同条件下所产生的实际效应,应研究哪些条件会给课程教学活动带来重要影响,会对学生发展产生积极效应,从而做出恰当的价值判断。

资料链接 10-3:课程评价中需关注的一些基本问题

二、课程评价过程的程序

有学者认为,课程评价的程序可以分为三个阶段六个步骤:[①]

第一阶段:资料收集

(1) 确定评价目的。这是课程评价工作的重要原因。在确定评价目标时,需要考虑三个因素:其一,这一次评价是在哪个层面;其二,这一次评价是为了解决什么问题或了解什么现象;其三,收集到的资料有什么用,谁将受到本次评价结果的影响。

[①] 钟启泉,汪霞,王文静.课程与教学论[M].上海:华东师范大学出版社,2008:271-272.

(2) 依据评价的问题描述所需资料。

(3) 拟定评价设计和按设计收集所需资料。在评价设计中,要兼顾实质面和行政面两者。实质面是指与评价直接有关的工作,行政面是指支援实质面评价运行的工作。

第二阶段:资料分析

(4) 整理、分析及解释资料。第一阶段的价值认识带有表面性。为了深化价值认识,评价人员须整理资料、统计资料、分析并解释资料。通过去粗取精、去伪存真和由表及里的分析,掌握价值事实的内部联系、因果关系。

第三阶段:价值判断

(5) 完成评价报告和做出结论性判断。此时需要考虑评价报告的提交对象,及采用何种呈现方式。

(6) 推广、反馈并实施"评价"的评价。评价不应是一种形式,评价报告也不应被束之高阁。课程评价的作用既在于做出判断,也在于做出决定,通过推广和利用,使课程评价真正对课程实际产生作用。至于"评价"的评价,是了解评价效果、改进未来评价的必要步骤。缺乏此步骤,评价者本身便没有反馈,将无助于未来的评价工作的改进。

也有学者把课程评价的程序分为四个阶段:[1]

1. 准备阶段

准备阶段是评价工作具体实施的预备阶段,是课程与教学评价不可缺少的环节。在准备阶段中,第一,要解决的问题就是必须明确评价的目的,看看目的是否正确、可行、合理;第二,要确立由谁来进行评价,评价组织的人员如何组成;第三,在什么时间,以什么程序开展评价最为恰当;第四,确定评价的对象、范围和内容。具体要做好以下几方面的准备:

(1) 思想准备。开展课程评价,首要的是使评价方案制订者和评价者有明确和统一的评价指导思想,他们对评价目的的认识、对评价性质的理解、对评价内容的看法、对评价要求的意见,直接影响着评价工作的进行。如果他们评价的出发点和方向不同,必使他们各行其是,事倍功半,达不到预期的评价目的。因此,在准备阶段中,明确和统一评价方案制订者和评价者的指导思想显得极为重要。

(2) 组织准备。课程评价活动是有计划、有目的地进行的,评价实施过程会涉及学校中的各种人和事,要使评价得以顺利进行,就必须有组织保障。

(3) 方案准备。整个准备阶段中带有实质性和关键性的工作就是方案准备,它在很大程度上决定了评价结果的信度和效度,决定了评价工作的成败。

(4) 文件准备。这是准备阶段的最后一项工作,主要是根据指标体系的项目和要求设计各种有关的表格,如要实地评审,还要为被评价者提供有关的汇报提纲,使被评价者能按评价的要求,提供评价所必需的资料和信息。

2. 实施阶段

实施阶段是指实际进行评价活动的阶段,主要做好以下几项工作:

---

[1] 饶玲.课程与教学论[M].北京:中国时代经济出版社,2004:335-340.

（1）进行广泛、深入、细致的宣传教育工作，以统一评价者和被评价者的思想认识，明确评价的目的和作用，以防止产生各种消极因素和抵触情绪。

（2）下达各类文件，被评价者根据文件中有关规定和要求，填写自评、自报表，或根据汇报提纲准备汇报内容。

（3）实行再评，专家审阅、核实、验证各种自评、自报材料，听取被评者的汇报，进行实地考察，然后根据指标体系的内容和要求，做出分项测定的结论，完成各自的专家评分、评议表。

3. 收集、整理、分析信息阶段

这阶段要求评价者一方面，要组织各种有关人员利用设计的方法和工具，通过谈话、考察、问卷调查、查阅档案材料等实际行动来获取有价值的证据或信息；另一方面，要对信息证据进行鉴别、区分真假，对有关的项目和指标之间的关系进行分析，在此基础上，运用科学的方法和技术对评价项目和指标进行量化处理、计分，并对被评价单位或个人做出定量或定性的综合意见，必要时，还要对被评价对象做出等级区分或根据评价目的对被评对象做出是否达到应有标准的结论。

4. 结果处理阶段

这是评价的最后阶段。在对评价信息进行整理和分析之后，需要以整理和分析出的信息结果为依据，结合评价的目的和任务，对评价对象做出恰当的价值判断。这一阶段的主要任务有：[①]

（1）形成综合判断。即对被评价对象做出有关的定量或定性的综合意见，或做出有关的程度区分，以及水平、质量等结论。

（2）分析诊断问题。即为促进课程改革与课程发展，要对重要的资料或关键性问题进行系统详细的分析和评论，以明确问题的症结和解决的办法。

（3）评价报告和交流。这包括形成全面系统的评价报告并进行必要的交流反馈。评价报告包括概要、评价方案的背景信息、评价结果及结果分析、结论与建议等。交流反馈要体现诚挚性、民主性、客观性及增值性等要求。

（4）进行评价的再评价即进行元评价。元评价的目的意义在于检验和促进提高课程评价的质量。元评价既可以在反馈前进行，也可以在反馈后进行。

还有学者把课程评价的程序分为以下几个步骤：[②]

第一步，把焦点集中在所要研究的课程现象上。在这一步，评价者要确定他们将要评价些什么，以及他们将使用何种设计。评价者要决定评价的焦点是整个课程计划，还是某一门课程，抑或是某一年级的某门课程；这时，评价者要详细说明他们评价活动的目的，并要识别是在哪些政策和限制条件下从事这种评价的。评价者要识别实施评价

[①] 顾书明. 现代课程理论与课程开发实践[M]. 北京：人民出版社，2008：279.

[②] 施良方. 课程理论——课程的基础、原理与问题[M]. 北京：教育科学出版社，1996：166-167.

所必须做出的决策程度,以及为评价的各个方面做出时间安排。最后,还要确定选择各种备择行动方针的准则,以及评定课程各组成部分的结果的准则。

第二步,收集信息。在这一步,评价者要识别探讨问题所必需的信息的来源,以及他们能用来收集这些信息的手段。评价者还要根据评价的时间表来安排收集信息的步骤。

第三步,组织材料。在这一步,评价者要组织这些信息,以便做出解释,并使那些对此有兴趣的人感到有用。评价者要注意到信息编码、组织、贮存和提取的手段。

第四步,分析资料。在这一步,评价者要选择和使用适当的分析技术。选择何种特定的技术,取决于该项评价的焦点在何处。

第五步,报告结果。在这一步,评价者要决定评价报告的性质,并注意到该报告的读者是谁。评价者的报告可以是非正式的,也可以是正式的;可以是描述性的,也可以是数据分析的。

三、课程评价过程的基本原则

课程评价基本原则是课程评价活动中人们必须遵循从而规范评价行为的基本法则或准则,原则通常都反映事物的客观规律且为实现相关的目的服务。课程评价基本原则自然应反映教育及课程发展的规律并要体现教育及课程的目的性。课程评价原则要通过总结课程评价的实践而获得,也要在课程评价的过程中切实地指导课程评价实践活动。

本书所强调的课程评价基本原则主要有目的性原则、客观性原则、全面性原则、发展性原则、民主性原则。

1. 课程评价的目的性原则

课程评价的最终目的就是实现国家的教育目标,这既包括国家的教育目标,也包括学校的培养目标及各种课程目标。实现国家的教育目标,不仅是学校教育工作的目的,而且也是各项评价活动的目的。为此,课程评价必须遵循目的性原则的指导,从而保证课程评价为实现教育目标服务。

2. 课程评价的客观性原则

课程评价是要进行价值判断的,但价值判断又必须以事实判断为基础。因此,评价主体必须尽可能客观地了解评价对象,必须从实际出发,以真实的资料为基础,对课程方案、课程活动、课程成果等进行客观的价值判断。此外,要注重克服主观随意性,还要注重严格执行评价标准。

3. 课程评价的全面性原则

课程的设计要充分考虑和分析课程的宏观和微观的背景情境,以及课程发展的全部过程及相关要素,而课程评价也要有同样的视野。课程评价的全面性原则要求评价主体在课程评价过程中,从教育及课程的系统整体,以及发展的角度去考察和处理各方面问题,从全局性的观点和立场去了解事物的全貌及解决评价中的局部问题。

4. 课程评价的发展性原则

前已有述,课程评价追求的是在事实判断及价值判断的同时进行增值探索,它着眼于明天,侧重于发展,始终追求的应是课程本身的发展和教师、学生、学校及整个教育的发展。为此,课程评价要注重致力于教育及课程中的问题诊断,并始终致力于相应的改进对策的研究,以便切实地促进发展。

5. 课程评价的民主性原则

前已所述的所谓"要重视课程实施及课程评价中的争论意见,重视反对者的意见,要从绝大多数人的需要和愿望出发,要能对多数人的意见做出应答,以追求最大限度的群众性、民主性"等反映了这种民主性原则的要求。我国社会民主化、民族多样化、文化多元化、教育特色化等的发展,都要求遵循课程评价民主性的原则。

第三节 课程评价的技术与方法

一、课程评价方法与其他因素的关系

(一)课程评价过程与评价的方法

课程评价过程,从一定意义上说,是依据课程的实施可能性、有效性及其教育价值,对论据的收集与提供的过程。而论据的收集与提供,离不开相应的技术和方法。换言之,课程评价过程的技术与方法是评价的骨骼,支撑、架构起评价的各个相关因素,决定着评价完成的质量。

(二)课程评价理念与评价技术、方法的选择

一般而言,在课程评价过程中,影响技术与方法选择的因素有很多,比如客观的技术条件、仪器设备、评价者和被评对象等各种主观条件的制约等。但从评价内部而言,评价技术与方法的选择主要受评价的理论、评价的特定目的,以及评价所针对的具体对象等因素的影响。换言之,评价技术与方法的发展一般是与相应的评价理念相关联的。比如,客观性测验、标准化测验等技术是量化评价理念所支持的,而观察、访谈等技术是质性评价理念所支持的。

(三)课程组成与评价技术、方法的选择

有学者根据所评课程的性质或组成,对使用的技术和方法做了概括性的归类整理。如麦考密和詹姆斯根据课程的不同组成,把被评课程分为观察的课程、课程成果、意图课程以及课程背景,然后分别列出了它们重点使用的评价技术与方法。而马什和威利斯根据被评内容的不同性质,选取了对学生成绩的评价、对学生—教师交互作用的评

价、对教学实践的评价等三种不同类型,并以诊断性评价、形成性评价、总结性评价为指标,归类整理出各自适用的不同评价方法与技术。

二、课程评价的一般常用技术

课程评价技术的选择运用基于特定的课程价值观,选择和运用一种课程评价技术实质上也就是选择了一种课程价值观。

课程评价常用的技术主要有社会测量图示(Sociogram)、等级量表(Rating Scales)、非干扰性技术(Unobtrusive Techniques),等等。

1. 社会测量图示

社会测量图示是根据社会测量调查(Sociometric Survey)的结果绘制的图表,用以说明一个人群之间的社会关系(就所表现出的亲密气氛和厌恶情绪而言)。图表说明哪几个是孤独离群者,哪几个结成派别小集团,哪几个成员最受欢迎,哪几个成员表现出一些别人并不与之认同的喜爱等。如图10-2所示,单向箭头表示一个学生单向选择了一位合作者,双向箭头表示选择是相互的。

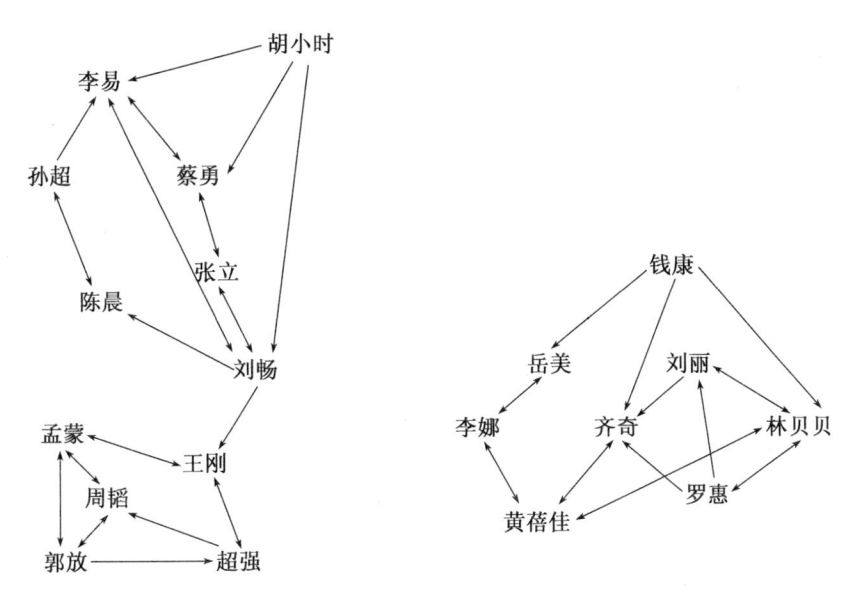

图 10-2　社会测量图示

社会测量图示一般在课程实施之前进行,要求学生就一些特殊的活动做出选择,如对学生的引导可以是"写出三名你愿意在科学课上和他们一起实验的同学的名字",或"写出三名你愿意在体育课上和他们一起活动的同学的名字"。要向学生告之:只有老师才知道他们的答案,老师不会向他人泄漏学生的选择,并且老师会按他们的选择安排活动。

使用社会测量图示可以帮助教师了解学生的友谊及兴趣信息,可以帮助组织有效的活动。当然,教师也要注意到,孩子的喜好是会变化的,因此测量有时需要经常使用。

2. 等级量表

等级量表的示例如图 10-3，这在课程的课堂教学评价中常被运用。等级量表适用于测定特殊的技能和能力，可用于诊断为什么某个学生学习某一特定主题会有困难。等级量表提供的信息可帮助教师在一段时间内集中关注学生的某一方面，从而推动其均衡发展。

```
姓名：
日期：
所学技能：
1. 对步骤的理解：      （1）不理想  （2）中等  （3）良好  （4）优秀
2. 参与的愿望：        （1）不理想  （2）中等  （3）良好  （4）优秀
3. 对每一亚技能的掌握： （1）不理想  （2）中等  （3）良好  （4）优秀
4. 完成技能活动：      （1）不理想  （2）中等  （3）良好  （4）优秀
```

图 10-3　技能学习的等级量表

3. 非干扰性技术

非干扰性技术是自然主义评价范式经常使用的一种评价技术或者说是一种评价理念，其要旨在于评价的进行并不影响正常的课程教学秩序，因此，它常常采用不为评价对象所知的方式进行，如自然观察、档案查阅以及学生作品分析等。当对学生进行评价时，对学生的干扰越少，他们的行为就越自然。如果他们感到有一些陌生人在注意他们，对他们进行观察、倾听、记录他们的活动并加以评论，他们的表现就很有可能与日常在学校中的表现有所不同。

非干扰性技术作为课程评价中一种重要的技术，其优点是，它能提供各种有关学生的广泛信息，而这些信息是不能通过正规的评价方法得到的；教师使用这种技术，可以使得对整个课堂的各种评价更为协调。

其主要缺点是，有些非干扰性技术可能会误入歧途，对它们的使用应该有较强的辨别力；收集非干扰性资料所需的时间可能会比较长，并且不一定能保证得到恰当的资料。

三、课程评价的两种宏观方法

课程评价的方法很多，但是如果从宏观上进行分类，主要可分为量化评价法和质性评价法。量化评价法和质性评价法既可以看作课程评价的两种类型，也可以看作课程评价的两种主要方法。下面拟就这两种方法进行简单介绍。

（一）量化评价法

量化评价法是在确定评价的行为目标之后，采用量化的手段来处理评价资料，旨在把复杂的教育现象简化为数量，继而从数量的分析与比较中推断某一评价对象的成效，最终获得对其客观效果的价值判断的一种程序。量化评价法的理论基础是实证主义的评价范式，其认识论基础是科学实证主义。

量化评价法作为课程评价的一种重要的方法,强调在实施评价之前,首先要决定行为目标,强调目标要转为可观察、可觉察和可测量的详细目标,并确定有关标准和准则;然后以这些目标、准则为依据,进行资料和证据的收集工作,并依据科学的数据分析和资料处理方法,将收集的证据与目标、准则和标准做比较,进而做出价值判断。

量化评价法的优点在于:评价的准确、高效,适应性广泛、可移植性强;以事实和数据为依据,如果使用得当,其结论的说服力较强。其缺点会表现为:评价时重结果、轻过程;忽视评价者与被评价者的人际关系交流;由于过分强调定量化而易导致评价信息的失真;缺乏一定的灵活性等。

(二)质性评价法

质性评价法是指针对课程与教学活动中无法应用科学的方法将其精确量化的情况,试图通过自然的调查,全面充分地揭示和描述评价对象的各种特质,以彰显其中的意义,促进理解的评价方法。

质性评价法的理论基础是自然主义的评价范式,其在认识论上反对科学实证主义的观点,反对把复杂的教育现象简化为数量,认为那样可能提供歪曲的教育信息,且会丢失重要的信息。它主张应全面反映教育现象的真实情况,为改进教育实践提供真实可靠的依据。

四、课程评价中的一些具体方法

1. 专家判断法

专家判断法是指利用专家的知识专长,来提供对课程教学的意见和判断。专家是某一领域具有很深造诣的人,具有权威性、中立性和说服力,并且成本较低。

在课程评价中,专家可以发挥提供、选择、批评、引导和支持的作用。不过需要找准专家并选择不同专长的专家。此外,收集专家的分析判断意见,可采用送审法、调查法、会议法、对抗评价法及内容分析法等。

2. 观察法

观察是指研究者或评价者凭借自己的感觉器官和辅助工具,在自然状态下,对有关的现象和过程,有目的、有计划地进行考察和研究的一种方法。观察可以是系统的,也可以是随机和即时的。在系统的观察中,强调要按照预定的时间表观察和记录预定的事件,其中检验表、频次计算、间隔编码都是常用的手段。而随机和即时的观察没有预定的问题,记录的是所观察的行为和事件,其中轶事记录是常用的方法。

在课程评价中,使用观察法,常常会收集一些数据资料,以供研究之用。但是并非收集到的所有数据都是有用的,研究表明,在下列情况下,观察数据是有用的:① 测量课堂过程变量。② 测量课程目标的达成度。③ 测量课程实施的状况。④ 确定课程使用中遇到的困难。⑤ 发现教师在实施课程中提出的变革建议和措施。⑥ 发现教师通常采用的教学过程。⑦ 发现课程未预计到的结果。①

换言之,课程评价中观察法用途极广。它的恰当运用可以帮助评价者测量课堂过程变量、测量课程目标的达成度、测量课程的实施状况、确定课程使用中遇到的困难、发现教师在实施课程中提出的变革建议和措施、发现教师通常采用的教学过程、发现课程未预计到的结果等。

3. 论文测验法②

论文测验法即学生写的短文可以被教师作评价之用。论文测验给学生提供了机会,让他们证明自己具有综合多种话题和提出自己见解的能力。在帮助教师确定学生是否理解了课程所具有的意义和重要性方面,论文测验特别有效。但是,这种测验不能有效地测出学生是否学到或是否能够回忆起特定的知识条目,因为它所给出的问题允许学生以个人的方式做出反应。学生回答的质量可能因为压力、健康状况甚至天气的变化而发生变化。同样,教师对于判断一篇好论文也可能有非常不同的观点。

值得注意的是,给学生的任务规定得越具体,学生就越少有机会证明他们的创造性思考。由于论文测验是通过与意义相关的自然方式进行,因而把它们作为具体的事实知识的表征而使之具有相当的信度,这种努力与它们的基本目的是相悖的,因此应当特别谨慎。

论文测验法的优点表现在:它便于快速地准备;给学生提供了证明自己理解、组织和表达能力的机会。其不足是,它的评分太耗时间;它不能系统地测量事实知识。

4. 实验法

实验法是在课程与教学评价时,将课程与教学方案当作实验处理加以操纵,再处理产生的结果,对课程材料或教学方案做出判断。实验时需要按照教育实验设计的基本原理,进行专门的实验设计,可能设置实验组和控制组,进行实验前测和后测。

实验法用来评价课程与教学,有科学、客观、系统、控制等优点,更重要的是,实验法强调将课程与教学方案付诸实际操作,通过实际运作得到的资料信息是十分宝贵的,具有实证价值。

一般而言,在课程与教学评价中运用较多的是准实验设计。此外,由于实验法本来是从自然科学领域借鉴而来,运用于本来属于人文社会学科领域的课程与教学评价中,必然会有一定的困难和局限。

5. 纸笔测试法

客观的纸笔测试是使用得最为普遍的一种课程评价方法,其形式多种多样。其中最常用的是选择回答或多种选择测试,在这种测试中,学生必须从几个备选的回答中选择正确的或最佳的回答。这种测试的其他形式有真假判断题、配对题和简要回答问题。多重选择形式在大规模的评估中是常用的。

---

① 廖哲勋,田慧生. 课程新论[M]. 北京:教育科学出版社,2003:443-444.
② 钟启泉,李雁冰. 课程设计基础[M]. 济南:山东教育出版社,2000.

纸笔测试的另一种形式是主观测试,为学生提供使用、显示其所学所得的机会。这样获得的信息是丰富的、比较定性的,有利于洞察学生的心理活动过程。一般而言,主观测试比客观测试更难评分,因为没有唯一正确的答案。在用于大规模的评估时,必须制订清楚的评分标准,评定人必须在一致地运用这些标准上接受培训和监控。

与纸笔测试有关的是试卷分析。除了课程评价者当场的纸笔测试外,还应注重对学生平时测验试卷内容和结果的分析,从中评价者可以发现与课程有关的一些问题。这方面的信息对修订课程、增强课程对学生的适应性是十分重要的。

6. 日常考察法

这是一种伴随着日常课程教学而进行的经常性的检查和了解学生学习情况的方法。通过日常考察,可以从多方面获取学生学习的动态信息,为师生提供及时反馈。

日常考察法的具体形式主要有以下三种:

(1) 口头提问或让学生板演。这种形式利于反映学生当堂学习的情况,帮助教师了解学生对某些具体知识、技能的掌握程度。教师一般对学生的回答或板演情况给予口头的评价,以激励和教育学生。

(2) 批改作业。通过批改学生的书面作业,教师可以了解学生理解与运用知识的质量,发现课程教学的漏洞及不足,也可了解学生有关的能力水平,从而为改进课程教学提供信息,给予学生及时的反馈与强化。

(3) 课堂测验。主要是在课堂教学中进行的小型考试,一般在课题或单元课程教学结束后进行,以利于用较短的时间了解在阶段时间内全体学生的学习状况。

7. 调查法

课程评价中的调查法是间接地收集有关课程活动的现状及其历史的材料,弄清事实,借以发现问题、探索解决途径的方法。调查法具有如下功能:其一,了解社会各界对课程目标和课程材料的意见。其二,了解学生的感受。其三,了解教师实施课程的困难和建议。其四,了解学生的学习结果。其五,了解社会各界对课程研制的意见和建议。

调查的具体方法包括访谈调查法、问卷调查法、成品分析调查法等。调查法具有对时空因素的非限制性、调查对象的自然性、调查手段的多样性等特点。

在课程评价中,调查法可用以收集范围广泛的信息。在具体的调查中,调查者可以就预设的问题以结构化的形式了解情况,也可以选择非结构化的形式了解课程使用者的看法和想法。调查法是课程评价和教育研究最基本的方法之一,也是教育工作者和课程评价者必须掌握的基本功。

8. 专门心理测量法

为了全面地评价学生的学习态度、方法及有关的能力发展水平,有时需要借助专门的调查和心理量表来测量学生的有关心理发展状况,这是学生学业成就评价的重要途径。比如,为了评价课程教学活动对学生创造力发展的作用,可以在课程教学活动之前和之后运用专门的创造力测验量表来加以了解;学生的思维能力、智力、人格等方面的发展水平,也可以用相应的专门量表来测定。

9. 档案袋评价法[①]

档案袋评价法是由学生和教师系统地收集相关材料,以检查学生的努力、进步、过程和成就,并对很多正式测验结果做出相应的解释。从理论和实践两个层面看,档案袋评价有以下几个特征:档案袋的基本成分是学生的作品,且数量众多;作品的收集是有意的而不是随机的;档案袋中应提供给学生发表意见和对作品进行反省的机会。

档案袋评价法具有如下优点:其一,提高了评价的效度,能与课程保持一致,可评价广泛领域的任务和活动。其二,是一个有意义的平台,允许学生有更多的参与,由学生自己选择将什么装进档案袋、评估自己的作业并对自己一定时间内的学习进行反省;允许学生较多地为自己设定教育目标。其三,能为教师提供有用的信息,有利于教师检查学习过程和结果,反映学生的发展。其四,对教师行为产生积极影响,有利于教师形成对学生的准确预期,方便教师参与评价,影响整个教学和学习过程。

档案袋评价也有其自身的缺点:一是此方法的实际应用需要教师花费更多的时间和精力。二是其效度很难保证。三是档案袋的标准化程度很低,所记录的内容缺乏一致性,在用于较大范围的评价时难以控制。四是需要对教师进行理论培训和指导,运用的背景与目也很难界定,公众对于这些过于详细的信息往往缺乏兴趣。

本章小结

本章主要讨论了三个问题:① 课程评价的内容专题与标准;② 课程评价的一般程序;③ 课程评价的技术与方法。基本要点是,课程评价的内容专题是指在课程评价的实践中至为重要的几个方面专题性的子系统评价内容,主要包括国家层面的新课程改革评价、课程评价、教材评价、课堂教学评价、学业评价以及元评价等。而课程评价的标准是指课程评价内容的细则及等级评定。课程评价的一般程序主要包括课程评价的准备、实施、结果处理与结果反馈三个阶段。课程评价主要有社会测量图示、等级量表、非干扰性技术等主要技术。课程评价主要有观察、调查、纸笔测试等方法。作为教师,必须尽可能多地熟悉和掌握上述各种课程评价的技术与方法,以提高课程教学质量。

复习与思考

1. 理解课程评价的主要内容及其评价指标体系。
2. 试结合课程教学实例,阐释课程评价的一般程序,并思考课程评价一般程序的各个阶段之间的相互关系。
3. 运用课程评价的技术与方法的相关知识,就学校某门课程方案进行评价。

---

① 张传燧.课程与教学论[M].北京:人民教育出版社,2008:399-401.